中华泰山文库·著述书系

泰山风景名胜区管理委员会　编

葛遵瑞　主编

泰山索道志

山东人民出版社·济南

图书在版编目（CIP）数据

泰山索道志 / 葛遵瑞主编 . -- 济南 : 山东人民出版社, 2023.5
（中华泰山文库·著述书系）
ISBN 978-7-209-14599-2

Ⅰ.①泰… Ⅱ.①葛… Ⅲ.①泰山－索道－历史 Ⅳ.①U18

中国国家版本馆CIP数据核字（2023）第081740号

项目统筹　胡长青
责任编辑　张艳艳
装帧设计　武　斌　王园园
项目完成　文化艺术编辑室

泰山索道志
TAISHAN SUODAO ZHI

葛遵瑞　主编

主管单位　山东出版传媒股份有限公司
出版发行　山东人民出版社
出 版 人　胡长青
社　　址　济南市市中区舜耕路517号
邮　　编　250003
电　　话　总编室（0531）82098914
　　　　　市场部（0531）82098027
网　　址　http://www.sd-book.com.cn
印　　装　山东新华印务有限公司
经　　销　新华书店

规　　格　16开（210mm×285mm）
印　　张　23
字　　数　375千字
版　　次　2023年5月第1版
印　　次　2023年5月第1次
印　　数　1—4000
ISBN 978-7-209-14599-2
定　　价　280.00元
　　　　　如有印装质量问题，请与出版社总编室联系调换。

《泰山索道志》编纂委员会

立岱宗之弘毅

——序《中华泰山文库》

一生中能与泰山结缘，是我的幸福。

泰山在中国人民生活中有着广泛而深远的影响，人们常说"重于泰山""泰山北斗""有眼不识泰山"……在中国人心目中，泰山几乎是"伟大""崇高"的同义语。秉持泰山文化，传承泰山文化，简而言之，主要就是学做人，以德树人，以仁化人，归于"天人合德"的崇高境界。

自1979年到现在，我先后登临岱顶46次，涵盖自己中年到老年的生命进程。在这漫长岁月里，纵情山水之间，求索天人之际，以泰山为师，仰之弥高，探之弥深。从泰山文化的博大精深中，感悟到"生有涯，学泰山无涯"。

我学习泰山文化，经历了一个由美学考察到哲学探索的过程。美学考察是其开端。记得在20世纪80年代，为给泰山申报世界文化与自然遗产做准备，许多专家学者对泰山的文化与自然价值进行了考察评价。当时，北京大学有部分专家教授包括我在内参加了这一工作。按分工，我研究泰山的美学价值，撰写了《泰山美学考察》一文，对泰山的壮美——阳刚之美的自然特征、精神内涵以及对审美主体的重要作用，有了较深的体悟。除了理论上的探索，我还创作了三十多首有关泰山的诗作，如《泰山颂》：

> 高而可登，雄而可亲。
>
> 松石为骨，清泉为心。
>
> 呼吸宇宙，吐纳风云。
>
> 海天之怀，华夏之魂。

　　这是我对泰山的基本感受和认识。这首诗先后刻在了泰山的朝阳洞与天外村。

　　我认为泰山的最大魅力在于激发人的生命活力。我对泰山文化的学习，开端于美学，深化在哲学。两者往往交融在一起。在攀登泰山时，既有审美的享受，又有哲学的启迪（泰山自然景观和人文景观的结合，体现了一种天人合一的艺术境界）。对泰山的审美离不开形象、直觉，哲学的探索则比较抽象。哲学关乎世界观，在文化体系中处于核心地位，对人的精神影响更为深沉而持久。有朋友问我：能否用一个词来概括泰山对自己的最深刻的影响？我回答：这个词应该是生命的"生"。可以说，泰山文化是以生命为中心的天人之学，其内涵非常丰富，可谓中国文化史的一个缩影。泰山文化包容儒释道，但起主导作用的是儒家文化，与孔子思想有千丝万缕的联系。《周易·系辞下》中讲"天地之大德曰生"，天地生育万物，既不图回报，也不居功，广大无私，包容万物，这是一种大德。天生人，人就应当秉承这种德行，对于人的生命来说，德是其灵魂。品德体现了如何做人。品德可以决定一个人的人生方向、道路乃至生命质量。人的价值和意义离开德便无从谈起。蔡元培先生讲："德育实为完全人格之本，若无德，则虽体魄智力发达，适足助其为恶，无益也。"

　　"天行健，君子以自强不息；地势坤，君子以厚德载物。"这两句话深刻地体现了"天人合德"的思想。学习泰山文化要与时代精神相结合。泰山文化中"生"的精神对我影响很大，近四十年，我好像上了一次人生大学，感到生生不已，日新又新，这种精神感召自己奋斗、攀登，为人民事业做奉献。虽然我已经97岁，但生活仍然过得充实愉快，是泰山给了我新的生命。

　　泰山文化是中华民族优秀传统文化的主要象征之一，是我们民族文化的瑰宝。在这方面，历史为我们留下了浩瀚的资料，亟待整理。挖掘、整理泰山文化，是推动中华优秀文化遗产的创造性转化、创新性发展的迫切需要。

　　日前，泰山风景名胜区管理委员会的同志来舍下，告知他们正在编纂《中华泰山文库》。丛书分为古籍、著述、外文及口述影像四大书系，拟定120卷本，洋洋五千万言，计划三到五年完成。我听了非常振奋！这是关乎泰山文化的一件大事，惠及当今，功在后世，是一项了不起的文化工程。我对泰山风景名胜区管理委员会领导同志的文化眼光、文化自觉、文化胆识和文化担当，表示由衷钦佩；对丛书的编纂，表示赞成。我认为，编纂《中华泰山文库》丛书，将其作为一个新的文化平台，重要意义在于：

首先，对于泰山文化的集成，善莫大焉。关于泰山的文献，正所谓"经典沉深，载籍浩瀚"（刘勰《文心雕龙》）。从大汶口文化时期的象形符号，到文字记载的《诗经》，再到二十五史，直至今天，在各个历史阶段都不曾缺项。一座山留下如此完整、系统、海量的资料，这是任何山岳都无法与其比肩的，在世界范围内也具有唯一性。《中华泰山文库》的编纂，进一步开拓了泰山文化的深度和广度，对于古今中外泰山文化资料及研究成果的发掘、整理、集成、保存，都具有无与伦比的综合性、优越性和权威性，可谓集之大成；同时，作为文化平台，其建设有利于文化资源和遗产共享。

其次，对于泰山文化的研究，善莫大焉。文献资料是知识的积累，是前人智慧的结晶，是文化、文明的成果。任何研究离开资料，都是无米之炊。任何研究成果都是建立在资料的基础上。同时，每当新的资料出现，都会给研究带来质的变化。《中华泰山文库》囊括了典籍志书、学术著述、外文译著、口述影像多个门类，一方面为学术研究提供了所必需的文献资料，大大方便了研究者的工作；另一方面，宏富的文献资料便于研究者海选、检索、取舍、勘校，将其应用于研究，以利于更好地去伪存真、去粗取精，提高研究效率和研究质量。

再次，对于泰山文化的创新，善莫大焉。文化唯有创新，才会具有更强大的生命力。所以说，文化创新工作永远在路上。新时代泰山文化的创新，质言之，泰山文化如何引领新时代的精神文明，服务于新时代的精神文明建设，是一个重大课题。就其创新而言，《中华泰山文库》丛书的编纂本身就是一种立意高远的文化创新。它有目的、有计划、有系统地广泛征集、融汇泰山文献资料，集腋成裘，聚沙成塔，夯实了泰山文化的基础，成为泰山文化创新的里程碑。另外，外文书籍的编纂，开阔了泰山走向世界、世界了解泰山的窗口，对于泰山更好地走向世界、融入世界，具有重要的现实意义。而口述泰山的编纂，则是首开先河，把音频、影像等鲜活的泰山文化资料呈现给世人。《中华泰山文库》的富藏，为深入研究泰山的文化自然遗产，提供了坚实的物质保障。

最后，对于泰山文化的传承，善莫大焉。从文化的视角着眼，随着经济社会的发展变革，亟须深化对优秀传统文化重要性的认识，以进一步增强文化自觉和文化自信；通过深入挖掘优秀传统文化价值内涵，进一步激发其生机与活力；着力构建优秀传统文化传承发展体系，使人民群众得到深厚的文化滋养，不断提高文化素养，以增强文化软实力。毋庸讳言，《中华泰山文库》负载的正是这样一个优秀传统文化传承发展体系。如上所述，集成、研究、创新的最终目的，就是为了增强泰山文化的生命力，祖祖辈辈传承下去，延续、共享这一人类文明的文化成果。这是一个民族兴旺发达的源泉所在。《中华泰山文库》定会秉承本初，薪火相传，继往开来。

更为可喜的是，泰山自然学科资料的整理和研究，也是《中华泰山文库》的重要组成部分，无论是地质的还是动植物的，同样是珍贵的世界遗产。

中国共产党第十九次全国代表大会报告中指出："文化自信是一个国家、一个民族发展中更基本、更深沉、更持久的力量。必须坚持马克思主义，牢固树立共产主义远大理想和中国特色社会主义共同理想，培育和践行社会主义核心价值观，不断增强意识形态领域主导权和话语权，推动中华优秀传统文化创造性转化、创新性发展，继承革命文化，发展社会主义先进文化，不忘本来、吸收外来、面向未来，更好构筑中国精神、中国价值、中国力量，为人民提供精神指引。"这是我们编纂《中华泰山文库》丛书工作的指南。

编纂《中华泰山文库》丛书是一项浩繁的文化系统工程，要充分考虑到它的难度、强度和长度。既要有气魄，又要有毅力；既要正视困难，又要增强信心。行百里者半于九十，知难而进，迎难而上，才能善始善终地完成这项工作。这也是我的一点要求和希望。

值此《中华泰山文库》即将付梓之际，泰山风景名胜区管理委员会的同志嘱我为之作序，却之不恭，写下了以上文字。我晚年的座右铭是："品日月之光辉，悟天地之美德，立岱宗之弘毅，得荷花之尚洁。"所谓"弘毅"，曾子有曰："士不可以不弘毅，任重而道远。仁以为己任，不亦重乎？死而后已，不亦远乎？"故而，名序为：立岱宗之弘毅。

杨辛
2018年7月

《泰山索道志》序

泰山是中华民族崇伟形象的象征，被联合国教科文组织列为世界文化与自然双遗产。四十年前，泰山索道作为我国真正意义上的第一条山岳型旅游客运索道，由党中央、国务院决定建设，国家旅游部门投资，时任党和国家领导人亲自剪彩，奠定了泰山索道在我国旅游业和客运索道行业的地位，具有重要的历史意义和社会意义。

盛世修志，志载盛世。在全面贯彻党的二十大精神的开局之年，中国索道行业"双喜临门"。一喜是中国索道协会成立20周年；二喜是泰山索道安全运营40周年。作为一名中国索道的老者和索道事业发展的见证人，我倍感欣慰和自豪。

泰山索道在40年的发展历程中，始终坚持安全第一，预防为主，综合治理的方针，牢记"责任重于泰山"的使命，并敢为人先、敢争第一，以开拓创新的精神和扎实认真的工作，探索和创造了很多索道安全管理和运营服务的"泰山经验"，在行业内创造了多项"第一"。如2008年，泰山索道与消防救援队伍首

图1 登天之路

图2　谁持彩练当空舞

创的客运索道应急救援联动机制和成功实践，以及《关于完善我国客运索道应急救援机制问题研究》等，为建立健全我国客运索道应急救援机制做出了重要贡献。《泰山索道志》是国内客运索道行业第一部索道企业的志书，特别是将《泰山索道志》纳入《中华泰山文库》著述书系，彰显了泰山索道在泰山保护与发展中的重要作用。

　　《泰山索道志》的出版，为索道企业相互学习借鉴提供了有利条件。我国客运索道行业经历了40年的持续进步和发展，但无论是科研能力还是管理运营能力，与发达国家相比，与广大人民群众的要求相比仍然存在较大差距，客运索道行业高质量发展任重道远。值得高兴的是，以泰山索道为代表的行业中坚力量，在项目建设、设备维保、事故预防等方面不断精益求精，在人才培养、技术攻关、管理创新等方面用心用力，创造和积累了宝贵经验，为推动我国客运索道行业安全健康、高质量发展做出了重要贡献。《泰山索道志》全面总结提炼了泰山索道40年发展中的经验和教训，值得各索道企业和从业人员学习借鉴，并从中找到切合自身实际和发展需要的新理念、新途径和新方法。从这个意义上讲，《泰山索道志》是一部索道建设、管理和发展方面的重要参考教材。

　　《泰山索道志》的出版，也有利于社会各界，包括学术界、政府及相关主管部门更加客观、科学、理性地评价客运索道在发展旅游业中的积极作用，为促进我国客运索道行业高质量发展创造更加宽松的政策环境和舆论环境。索道是山岳型景区最安全、最快捷、最环保的交通运输工具。但一段时间，社会有关人士曾对在景区建设客运索道，特别是对泰山索道存在一些偏激认识，甚至"妖魔化"

倾向。《泰山索道志》客观还原了当时党中央、国务院决定建设泰山索道的时代背景和泰山索道的建设过程，既肯定成绩，也正视泰山索道建设过程中留下的历史遗憾，毫不遮掩在桃花源、后石坞索道建设中有的专家的反对意见及其影响。这是一种实事求是的态度，有助于社会各界及相关方面从历史中探寻真实的答案、在现实中作出公正的评价、在未来发展中作出正确的决策。正如泰山索道40年的实践一样，坚持以人民为中心的发展思想，努力实现客运索道建设与景区保护发展的有机统一，实现人与自然的和谐发展，顺应人民群众的呼声，改进人民群众的旅游体验，满足广大人民群众，包括老年人、儿童和残疾人等对亲身感受大自然壮丽美好的向往，从而为我国客运索道发展赢得应有的政策支持和舆论尊重。

了解历史才能看得远，理解历史才能走得远。值此《泰山索道志》出版之际，受泰山索道同志盛情邀请，欣然提笔作此序。希望泰山索道以安全运营40周年为新起点，在未来新征程中行稳致远，为中国索道行业安全健康、高质量发展作出新的更大贡献！

癸卯年春节于北京

闪淳昌：国务院原参事、国务院原应急管理专家组组长、国家减灾委专家委员会原副主任、国家安全生产监督管理局原副局长，中国索道协会第一任理事长。

目　录

概述

岱宗夫如何

　　泰山，是世界文化与自然双遗产，是中华民族灿烂历史文化的缩影。自古以来被视为与天地相连，成为先皇初祖、远古帝王柴望山川、封禅天地的神圣之山；也吸引着历代圣贤名人前来登高望远、抒发情怀；并作为民俗信仰的偶像，为世代百姓朝拜。唐代诗人杜甫在《望岳》一诗中，以"会当凌绝顶，一览众山小"的宏大气魄，描绘出泰山高大雄壮的气象，表达了诗人勇攀高山、俯视一切的雄心壮志，让人心潮澎湃，对登临岱顶充满期盼。但无论是帝王封禅，还是明贤抒怀、百姓祈福，都会指向一个容易被忽视却至关重要的问题，即泰山的道路交通问题。一位泰山作家曾经这样写道：

　　　　泰山无语。于是我们便也无从得知，从山下攀往玉皇极顶的第一条道路，到底何时浮现于历史的长河。随手翻开任何与这座大山有关的记载，跃入我们视野的是斑斓恢弘的古老建筑，磅礴隽永的摩崖碑刻，天子王侯大驾光临，文人骚客千古绝唱，……但对于道路的叙说却终是那么简短。在一代又一代的泰山研究者们倾情演绎着泰山的雄浑壮丽博大精深的时候，很少有谁乐意多费几句口舌或几滴笔墨，告诉人们一个再简单不过的道理：没有道路，泰山依然只能是一部大自然孕育出的杰作，遍布山峦沟壑的所有人类文明，将不会出现更谈不上绵延。或者用一句我们更容易理解的话说：道路是泰山与人类得以水乳交融的血脉。

　　　　这条血脉无以取代。①

---

① 宗良煜：《泰山索道二十年》，《泰安日报》2003年8月4日第3版。

因此说，可进入性是泰山渊远厚重历史文化的重要前提，登山道路在泰山漫长历史文化创造过程中，发挥着极其重要的作用。

一、天路历程

泰山，地处华北大平原的东侧，四周是较平缓的齐鲁丘陵平原，较高的山峰如鲁山、沂山、蒙山、徂徕山等高度大多低于泰山，使泰山异峰突起，从山脚下到主峰玉皇顶（海拔1545米），在6～7公里的水平距离内与其山前平原相对高差近1400米，给人以"高山仰止"的视觉冲击。泰山地质地貌以岩层的断裂突起为主要特征，地质构造特点为断块掀斜抬升，其地势差异显著，地形起伏大，山的南部上升幅度大，北部上升小，总体地势呈现南陡北缓、东高西低的特点。山南主要分布有泰前断裂、中天门断裂和云步桥断裂三大断裂，由此形成了陡峭险峻的三大台阶式地貌，中天门与山脚的高差近700米，玉皇顶与中天门的高差近700米，加之受构造抬升的强烈影响，中天门以上谷幽壑深，壁立千仞，登山非常艰辛。宋真宗登泰山时，"以天门斗绝，给从官横板，选亲从卒推引而上，卫士皆给钉鞋"[1]。

泰山登山盘道历经两千多年修建，是我国最古老、工程量最大的工程，也是泰山丰富历史文化的重要景观。

普通百姓最早进入泰山，并无任何史料记载，无从考证。最早有史料记载进入泰山的，是起源于原始社会末期"泰山封禅"的记载：管仲说"古者封泰山禅梁父者七十二家"[2]。上古"七十二家"封禅泰山的登山路线，包括孔子"登泰山而小天下"的登山路线，也无任何史料记载，故无从考证。

泰山登山路线首次出现在历史记载中，源于第一位封禅泰山的秦始皇。秦始皇"自定礼制，整修山道，自泰山之阳登山"。汉武帝元封元年三月至泰山，从东面登泰山。姚鼐在《登泰山记》记载，"古时登山，循东谷入"。对秦始皇、汉武帝登泰山的路线，有研究表明：秦始皇、汉武帝封禅泰山，是从泰山东麓即今天的泰山东御道进入泰山、至中天门再向北到达岱顶。东汉光武帝刘秀封

---

① 〔宋〕李攸：《宋朝事实》卷十一《仪注》。
② 〔汉〕司马迁：《史记·封禅书第六》。

禅泰山时，登山路线发生重大变化，改为从泰山南麓即今天的红门进山，至中天门再向北登临岱顶。此后，泰山南麓的登山路线初步形成。唐高宗、唐玄宗封禅泰山，"取道中谷，辟路设盘"，称为御道，并成为各级官员、文人墨客和普通百姓登泰山的主要通道。北宋时期，从中天门到南天门有了盘道，历史上第一次出现"十八盘"的称谓，宋邵博《闻见后录》记登岱所历，有"又经天门十八盘"之语。①

明朝万历十六年（1588），参政吕坤又于开山北另建新盘，以使登岱者"上从东而下从西"；十八年（1590）山东抚按司道又委人"在后石坞建独足盘，岱阴自此亦辟磴道"②。

此后，清代、民国及至中华人民共和国成立之后，泰山盘道历经多次整修，形成了今天的泰山中路盘道石阶7800余级，绵延13公里。特别是十八盘，是泰山盘道最险峻地段，仅1公里的山谷垂直高度达400余米，共86盘、1818级，犹如天门云梯，成为泰山一大象征。

图1 云海逍遥游

---

① 〔宋〕邵博：《邵氏闻见后录》卷二十六。
② 〔明〕沈一贯：《喙鸣文集》卷五，四库禁毁书丛刊本。

　　改革开放以后，泰安市人民政府、泰山风景名胜区管理委员会先后建成了天外村至中天门的公路、桃花峪至桃花源的公路以及从天烛峰、东御道进入泰山的登山路。至此，泰山形成了红门路、天外村路、桃花源路、天烛峰路、东御道路共五条登山道路。1983年8月，往返于中天门至南天门之间的中天门索道建成通车。1993年先后建成后石坞索道和桃花源索道。一索跨沟壑、越峻岭，为众多无法通过登山盘道登临岱顶的百姓架起了一条"天路"，轻松实现"一览众山下"的夙愿。

二、登山交通及工具的沿革

　　"高而可登，雄而可亲"[①]。事实上，泰山自然和地质特点，造就了泰山险峻雄奇的风骨，使人们油然产生亲近之感。但在20世纪80年代前，登泰山难度非常大。如果说，道路是泰山与人类得以水乳交融的血脉，那么，通往大山的交通工具，则是流淌于这条血脉之中、畅通这条血脉的血液。

　　登泰山的交通工具，最早"古者封禅为蒲车"[②]，蒲车，就是用蒲草裹着轮子的车子，上古封禅时乘坐蒲车登山。

　　学者叶涛认为，泰山山轿，民间俗称"山檋子"，是古代直至近代攀登泰山唯一的交通工具。《尚书·益稷》记载，大禹治水时"山乘檋"，"檋"就是轿类的雏形，也就是说大禹登山时乘坐的是最早期的山轿。随着时代发展、技术进步，山轿逐步改进，乘坐山轿登山成为帝王的特权。最早有关泰山山轿的记载，是汉光武帝刘秀封禅："事毕，至食时，天子御辇登山，日中后到山上，更衣"[③]。这里所记的"辇"就是山轿。唐玄宗、宋真宗封禅泰山，也都是乘辇或者舆上山。受礼制限制，乘坐山轿是帝王特权，一般士庶百姓是明令禁止乘坐的。直到明代中期以后，泰山山轿成为一般游人的代步工具。民国时期，蒋介石等一些重要人物曾乘坐山轿登泰山。1952年，政府明令取消抬山轿行业，在泰山盛行的山轿一度退出历史的舞台。20世纪90年代，泰山景区旅游综合服

---

① 杨辛：《泰山颂》。
② 〔汉〕司马迁：《史记·封禅书第六》。
③ 〔宋〕司马光：《资治通鉴》卷四十四。

务中心专业为游客提供山轿服务，属于"官办"性质。后解散，具体时间不详。2021年9月底，泰山南天门景区新上4台山轿，2人一组、一前一后抬轿，有从南天门至碧霞祠、从南天门到玉皇顶两条服务路线，途中每个景点都可以下轿休息拍照，泰山山轿又重新回到人们的视野。

泰山上有一处叫"回马岭"的景点，据传与东汉光武帝刘秀、唐玄宗李隆基、宋真宗赵恒三位帝王封禅泰山骑马上山有关，说明辇、舆（车一类）既有人抬也用马拉。明代记载"人人皆小舆，无一骑马者"①，"马"应该也是古人登泰山的一种比较重要的交通工具。

登泰山过程中，古人往往还借助绳索。汉代记载，"遂至天门之下……赖其羊肠逶迤，名曰环道，往往有绠索，可得而登也"②。绳索或铁索在登山中的妙用，启发了古人对索道的探索和运用。

泰山挑夫有挑山工和轿夫两种。挑山工运送物资，轿夫则是抬山轿之人。

一般认为，泰山挑山工起源于帝王封禅即达官贵人登山时，运送用品、行

图2 天上人间

① 〔明〕顾起元：《客座赘语》卷七。
② 〔汉〕应劭：《汉官马第伯封禅仪记》，见《后汉书》志第七《祭祀上》注。

李等。随着平民香客进入泰山，登山人数逐渐增加，特别是新中国成立后对泰山的修缮和改革开放后泰山旅游的快速发展，大量生活物资、建筑材料等由泰山挑山工肩挑上山。泰山索道建设过程中，泰山挑山工发挥了重要作用，驱动轮、支架、电缆等超重超长设备设施，都由泰山挑山工抬运。2000 年后，泰山总体修缮工作基本结束，公路、货运索道和客运索道构成的多样化交通体系，使得泰山内部交通条件极大改善。此后，导致泰山对泰山挑山工的需求量大幅减少，挑山工人数锐减，仅少量泰山挑山工从中天门至南天门登山盘道的沿途商户挑运货物，以及从客运或货运索道上站向岱顶各处挑运货物或建筑材料等。

泰山轿夫古称"舆人""舆夫"。据叶涛《泰山的山轿》介绍，历史上泰山轿夫的来源，主要是泰城东胜街、清真寺街的回族居民，以及泰城东关、北关一代的汉族居民。这是专业轿夫的基本队伍。另有四乡及山区的穷苦农民组成的兼职轿夫，忙时务农、闲时抬轿。泰山轿夫人数随泰山山轿的兴衰而增减，并一度在泰山销声匿迹，2021 年泰山南天门景区新上 4 台山轿之后，聘用 8 名专职泰山轿夫。

三、索道的渊源

索道是利用绳索支撑、牵引运载的一种运输设施，在我国具有悠久的历史。现代索道是以钢丝绳为支撑牵引、以电力为驱动的交通运输工具，具有安全快捷、节能环保等突出优点，自然地形适应性强，爬坡能力大，占地面积小，对地形地貌破坏较小。从功能上讲，索道分为货运索道和客运索道。客运索道的型式分为架空索道、地面缆车和拖牵索道。

道阻且长，行则将至。古代，当人力无法逾越大山大河的阻隔时，中华民族以无穷的智慧，创造性地采用溜索解决了交通难题。相传早在 5000 年前，我国西南地区的先民，就使用溜索运送货物、动物和人员跨越沟壑和江河。溜索是索道的原始雏形，直至 21 世纪初期，云南怒江、西藏墨脱等地的溜索才被改建，是见证我国交通发展的活化石。

18 世纪 60 年代至 20 世纪初，西方经过两次工业革命后，机器代替手工生产，各种新技术、新发明层出不穷，生产力得到飞速发展。现代意义上的索道，随着钢丝绳和动力机的问世而出现。1868 年，英国在苏格兰架设了世界上第一条钢丝绳货运索道。1888年，香港太平山顶缆车正式开通运营，是亚洲最早的客运缆车。

20世纪初，第一次世界大战爆发，西方列强的主要精力集中于战事，为中国近代工业的发展，特别是煤炭和有色金属开采行业的发展带来了机遇。而对更高效率的运输方式的需求，催生了我国最早的货运索道。1907年，北京房山运煤索道开始修建，采用德国重力抱索器双线循环式技术，1910年5月建成运营，20世纪60年代拆卸。1923年10月，云南个旧锡业公司引进德国螺旋抱索器双循环技术，建成我国第一条往复式货运索道，1947年停运。1928年建成的河北张家口下花园煤矿单线循环式货运索道，是我国第一条自行设计制造、使用鞍式抱索器的货运索道，充分显示了中国人民的聪明才智。此后，山西阳泉、河北井陉、江西萍乡等地矿山也建造了多条货运索道。

我国客运地面缆车起源于斜坡缆车和矿山斜井提升人车，第一条客运地面缆车——重庆望龙门缆车，由著名桥梁专家茅以升设计，于1945年5月建成通车。

据不完全统计，1840～1949年，我国先后建设23条索道，其中约有一半建造在东北三省，是1931年日本侵略中国、占领东北三省之后疯狂掠夺中国资源时建设。

1949年新中国成立后，中华大地百废待兴，社会主义建设如火如荼。优先发展重工业的战略，对冶金、煤炭、建材等行业的快速发展提出了更新更高的要求，建设货运索道成为提高运输能力最好的方式，改建、新建了一大批货运索道。

我国第一个五年计划期间，不仅从苏联、德国引进了货运索道的成套设备，其规划、图纸以及工程设计规范和设计计算资料也同时传入中国，冶金部北京有色冶金设计研究总院、长沙有色冶金设计院、昆明有色冶金设计院、第一机械工业部北京起重运输机械研究所等一批索道科研设计单位应运而生，同时培养了我国第一批索道设计、使用、维修与管理等索道专业技术人才，石奉强、曹龙海、王庆武等最早投身新中国索道事业的技术人员，从此走上了建设中国索道的人生道路。新中国成立之后的30年里，我国货运索道得到快速发展，数量发展到130余条，为我国矿山运输乃至新中国经济建设发挥了重要作用，也为我国客运索道的兴起和发展奠定了坚实基础。

20世纪70年代中后期开始，泰山林场修建了多条简易货运索道，以运送木材和石料为主，也称"运材索道"。据多次参与泰山货索建设的张洪杰回忆，泰山临时性的货运索道包括1976年的花园木材货索、1981年的樱桃园石料货索、1984年的樱桃园遥边木材货索和桃花源猴愁峪木材货索、2015年的天烛峰货索。这些货索都是简易索道，哪里需要往哪里搬。运行时间较长的货运索道有黄石崖至二虎庙货索（1976年建成，1987年改建为黄石崖至神憩宾馆，1996年拆除），北天街运送垃圾货索和桃花源货索（1994年建成，2000年改建运营至今）。

党的十一届三中全会之后，中国踏上了社会主义现代化建设的新征程，向世界打开了封闭已久的大门，改革开放的春风吹遍大江南北，走出家门饱览祖国壮丽河山成为中国普通百姓日常生活的一部分，走进中国、了解中国也成为国外朋友揭开东方古国神秘面纱的潮流，中国更需要向全世界宣传展示形象，旅游成为新兴行业，现代化的客运索道走上中国的历史舞台。1982年1月1日建成通车的重庆嘉陵江索道，是我国第一条城市交通索道，跨江桥梁建成后拆除。同年10月1日投入使用的北京香山公园索道，是我国在旅游景区建设的第一条客运索道。1983年8月5日建成通车的泰山中天门索道，是我国第一条从国外引进成套设备的山岳型旅游客运索道，拉开了我国著名山岳型风景区建设客运索道的大幕。广州白云山索道是我国自行设计、制造、建设的第一条脱挂式客运索道，于1986年2月5日正式对外开放。黄山第一条索道——云谷索道于1986年7月1日建成投入运营。1988年4月29日，万里长城上的第一条索道——慕田峪长城索道开业。峨眉山第一条索道——金顶索道于1988年5月26日建成通车……从此，我国客运索道事业方兴未艾，到2022年底我国客运索道已达1114条。

四、泰山索道的应运而生

其实，泰山附近索道建设在古代便已开始。清乾隆时宁阳灵山出现最早的无动力原始索道，泰山上的"蝃蝀"构造原理已同索道近似。民国二十二年（1933），泰安学者王连儒提出"于泰山陡峭处能有悬空电车之设置"，得到冯玉祥赞许，并提出"大名山，电车造"的畅想[1]。

---

[1]　周郢:《名山古城》，五洲传播出版社2015年版，第53页。

　　"文化大革命"结束，党和国家的工作开始重新走上健康发展的轨道，全党的工作重点转移到社会主义现代化建设上来，各方面都在为即将到来的社会主义现代化建设和改革开放作准备，外交部、国家旅游总局密集邀请各国驻华使团、外国友人参观考察国内著名景点，向世界推介中国。

　　1978年5月，泰山先后迎来两批重要客人。外交部和国家旅游总局领导先后陪同外宾游览泰山。尽管为了迎接这两批外宾泰安提前一个月做了充分的准备，但是各方面条件依然比较简陋。在这两批重要客人游览途中，作为即将走向世界前台的泰山，高耸入云的岱顶、陡峭难行的山路，让远道而来的客人望山兴叹，也让陪同随行的国家部委领导略显尴尬。外交部和国家旅游总局的领导在和泰安地区革委会领导交流中，不约而同地提到了加强泰山建设、解决登山运输工具的问题。

　　为了解决泰山登山工具问题，国家旅游总局和冶金部派人到泰山进行实地勘察，提出架设索道的建议。泰安地区革委敏锐地捕捉到了这次历史机遇，于1978年6月初向山东省革委提报了架设泰山索道的请示报告。此后，各项审批、论证紧锣密鼓。1980年9月1日，国家基本建设委员会正式批复同意建设泰山索道。1981年7月1日，泰山索道建设项目正式开工，1983年8月5日泰山索道正式通车，泰山从此结束了延续了几千年只能沿山路盘道攀登的历史，从此有了一条在云中漫步的天路。

　　泰山索道填补了中国高山客运索道发展的历史空白，也开启了泰山旅游事业发展的新篇章。

　　中天门索道作为我国第一条山岳型旅游客运索道，而且建在具有广泛影响力的泰山，引起建筑和园林方面专家的高度关注。国家相关部门先后召集专家进行会商和论证，初始从中天门西侧的凤凰岭、跨越十八盘至象鼻峰的路线被专家否定，调整后从中天门西侧的黄岘岭到南天门西侧的月观峰路线得到专家认可。索道建设过程中因新发现地质断裂带，不得不将上站（南天门站）向后移6米，使得月观峰岩体受损，留下了难以弥补的遗憾。1987年5月，世界遗产委员会专家、国际自然资源保护协会副主席卢卡斯乘坐中天门索道考察泰山，高度赞扬"泰山是自然与文化遗产融为一体的典范，泰山索道因避开了行人登山主道，两面除局部外，互不影响，其选址还是可以的"，并在中天门索道站欣然题写了"泰山把自然与文化独特地结合在一起，并使人们在人与自然的观念上开阔了眼界，这是中国对世界人民的巨大贡献"的留言。同年12月，泰山被列入世界自然与文化遗产名录，成为世界首例自然与文化双遗产。在此后世界地质公园、国家5A级旅游景区等评审中，泰山索道为国内外专家提供了安全、快捷、便利的服务。2013年至2018年，泰山索道作为泰安旅游交通行业典型代表，参与泰安市国家级旅游服务综合标准化示范市项目建设，助力泰安成为全国首个旅游服务综合标准化示范市。

　　泰山中天门索道建成后，泰山旅游迎来了全新的春天，游客量从每年20万余人增长到100多万人，以中天门索道单程每小时240人的运量，远远无法满足游客的乘坐需求。同时，自古形成的泰山中麓传统旅游线路，使得人们的脚步和目光始终聚集在泰山历史文化中枢线范围之内，素有泰山奥区的后石坞和泰山西麓的桃花源等景区景点，因为交通不便而人迹罕至，养在深闺无人识，世人无法领略泰山的全貌。有了中天门索道成功的经验，人们自然而然地会想到，建设客运索道无疑是解决这个难题最现实也是最有效的途径。1990年，建设后石坞和桃花源两条客运索道提上日程，1993年8月28日和11月8日，后石坞索道和桃花源索道相继建成通车。

　　至此，泰山上有了中天门、桃花源和后石坞三条客运索道，形成了以岱顶

图3　雾凇中天

为中心，贯通泰山中麓、西麓和东麓的空中交通网络。

岁月如梭，时光如水。转瞬之间，世界进入新千年。17岁，对一个人来讲正值青春韶华，但对中天门索道这套设备而言，却已进入风烛残年。何况，这是高强度、大负荷运行的17年，中天门索道老态龙钟、故障频出。2000年5月8日，服役了17年的中天门往复式索道终于停下脚步，正式向泰山告别，取而代之的是世界上最先进的单线循环自动脱挂式8人吊厢索道。设备更新改造的同时，受损的月观峰岩体和索道站前碎石冲沟得到有效治理，昔日裸露的月观峰岩体和堆满碎石的沟壑恢复了郁郁葱葱的风貌。

在这次改造过程中，国内遗产专家和风景园林专家曾提出不同意见，国家建设部委托山东省建设厅组织召开专家论证会并同意实施中天门索道改造，在140天内完成中天门索道的拆旧建新。泰山索道在新的世纪继续保持与时代同行、与世界最新客运索道技术同步，修正和弥补了初建时遗留的一些缺陷。

五、泰山索道建设的前瞻意义

泰山索道成就了无数游客游览泰山的梦想，并进一步延伸了世人拥抱泰山、感悟泰山的触角，游人乘坐泰山索道到达了前人难以涉足的泰山奥区和秀区，更加全面丰富地领略到泰山的神奇和伟大。

泰山索道随着我国改革开放的春风而生，踏着中国社会主义现代化建设的步伐而行，开创和见证了中国客运索道40余年的发展历史，既是我国山岳型风景区旅游客运索道的领航者，也是泰安繁荣发展的助推器；既是泰山泰安对外开放的交流纽带，也是泰山泰安形象的展示窗口，在我国客运索道发展史、泰山泰安旅游经济发展史上写下了浓墨重彩的篇章，具有重要的历史价值、社会价值、生态价值、景观价值和经济价值。

建设泰山索道，是党和国家推进改革开放的一项重要决策。建设泰山索道，由外交部和国家旅游总局领导提议，论证、审批由国务院原副总理谷牧召集会议论证、作出批示，设备引进合同由国家旅游总局和外贸部与日方签订，在百废待兴、外汇储备非常少的改革开放初期，国家旅游总局全额出资70.5万美元购买设备。泰山索道的通车典礼，两位党和国家领导人参加并剪彩。这不仅在客运索道项目是第一次，在国家其他重大项目中也实属罕见。1980年3月底，国家旅游总局、外贸部机械进出口公司与日本日棉实业株式会社签订泰山索道设备引进合同。在1982年2月底召开的泰山索道建设施工单位负责人会议上，泰山索道工程领导小组负责人表示，建设泰山索道，不仅是一项重要的经济任务，也是一项关系国家荣誉和民族尊严的大事。中日经济协会常任顾问、被周恩来总理誉为日中友好"掘井人"的冈崎嘉平太率领中日经济协会访华团参加泰山索道通车典礼。因此，泰山索道是改革开放初期中日两国外交关系、经贸关系的一个载体。建成后的泰山索道成为展示中国形象的重要窗口和重要的外事活动场所，多位外国元首、政要以及众多外国游客乘坐泰山索道游览泰山，饱览中华泰山的雄奇险峻，感受华夏文明的博大精深。

　　泰山索道在我国客运索道史上具有举足轻重的地位。作为我国第一条由国外引进的大型山岳型旅游客运索道，中天门索道的建成以及投入运营后的良好综合效益，促进了客运索道在我国的快速起步和发展，加快了国内知名风景旅游区的开发建设步伐。泰山索道不断探索、日积月累，在客运索道设备管理、安全监督、技术更新和运营服务等方面，形成了较为丰富的理论和实践经验，持续为国内后续建成的客运索道提供组织架构、管理制度、操作规程等方面的经验，开展人员培训和业务交流。1989年1月，召集第一次客运索道（泰山、黄山、峨眉山等三山索道）经营管理经验交流会，就索道的经营管理、技术管理、财务管理、后勤管理、组织机构设置等情况进行交流探讨，总结经验教训。1998年11月，参加中国客运索道首届年会。2003年4月，在泰安召集中国索道协会筹委会分组会议，为中国索道协会成立作筹备。在同年8月份召开的中国索道协会成立大会上被选为副理事长单位，2020年起担任轮值理事长。2008年11月，承办中国索道协会第一届理事会第七次会议暨"治理隐患保安全、自主创新促发展"论坛。泰山索道为我国客运索道规范和标准体系的健全完善作出了积极贡献，多项管理制度、操作规程规范作为国家相关法律法规、标准规范的重要参考，多次参与编制国家标准和行业规范。泰山索道积极采用新技术、探索新机制，大力开展企业文化建设、智慧索道建设，引领我国客运索道发展方向。泰山三条索道（包括新建和改造）均采用当时世界最先进的索道技术，推动其在国内的广泛运用。2008年成功探索联合消防救援力量开展客运索道应急救援并在全国推广。2009年完成财政部、工业和信息化部、国资委委托的《关于完善我国客运索道应急救援机制问题研究》课题。2013年率先开展安全生产标准化建设，推动实施客运索道行业安全生产标准化创建评审，多名员工被聘为中国索道协会安全生产标准化评审专家。2019年，率先完成客运索道安全双重预防机制建设，先后在山东省特种设备行业和全国客运索道行业推广。2020年首家完成国家级服务业标准化试点。2020年至2022年，参与北京2022年冬奥会和冬残奥会索道的前期设备调试验收和冬奥会、冬残奥会期间的运行维护、技术保障。2022年自主研发国内第一条脱挂式模拟教学索道。泰山索道走出本土、抢占国内旅游资源制高点的前瞻性发展战略，以及股份制改造、上市融资等现代化企业经营战略，为国内客运索道企业发展壮大提供了方向指引，武汉三特索道、陕西骏景索道在国内建设运营多条客运索道，黄山、峨眉山、张家界、九华山、丽江等景区内客运索道均为上市公司重要业务组成，三特索道则以客运索道为核心业务。泰山索道的建设，也为泰安及至山东培养了客货运索道安装和索道线路地质勘测勘探专业队伍，泰安建筑工程公司、泰安市索道安装公司、山东省经纬工程测绘勘测院有限公司，因参与泰山三条索道建设，在国内客运索道安装、测绘领域享有盛誉。

泰山索道在保障游客生命安全和泰山资源安全方面发挥着不可替代的作用。"登泰山，保平安"，是芸芸众生登临泰山最朴素的情感和愿望。但是，泰山海拔高，盘道险，气候多变，天有不测风云，人有旦夕祸福，每年都有游客因为摔伤、突发疾病等原因，需要紧急运送下山抢救。泰山索道与泰山消防救援队、山下医院共同构建了守护游客生命安全的"绿色通道"，泰山消防救援队将伤病员抬到南天门索道站，乘坐索道10分钟到达中天门，医院救护车在半小时内能将游客送往山下医院，为抢救生命赢得宝贵时间。2020年初新冠肺炎疫情发生后，为了尽可能减少疑似病例、密切接触者或者次密切接触者与其他游客的交叉，最大限度降低疫情传播风险，桃花源索道成为岱顶疫情防控应急处置专用通道，全天候24小时承担运送相关异常人员下山的任务，保障了泰山疫情防控安全。另外，泰山索道以速度快、运量大等运输优点，成为泰山景区处理火险、治安等紧急事件中不可替代的应急交通工具，大量人员、物资、装备通过泰山索道快速运送到岱顶，极大提高应急处突效率，避免事态或损失进一步扩大。泰山索道24小时备勤值守工作机制，多次及时发现景区火险火情等异常情况。环中天门、桃花源、后石坞三条索道六个索道站建成的水灭火系统，为泰

图4　一苇渡航

山处置火险火灾提供了水源保证。同时，泰山索道还是泰山管理部门职工上下班的通勤交通工具，大大提高了泰山管理人员的通勤效率。

　　泰山索道是泰山景区内最具生态环保价值的现代化旅游交通工具。泰山索道能实现直线运输，运量大、距离短，与公路、步行道等设施相比，对景区地形地貌的影响和破坏最小，且具有可恢复性。中天门到南天门地面距离2.6公里，台阶3296级，修建盘山公路至少需要7公里。中天门索道全长仅为2078米，以电力为驱动，每小时耗电400度、双向7分钟运送3260人，能耗约为汽车的五分之一。索道运行不产生废水、废弃和固体废弃物，全线支架占地仅72余平方米，与盘山公路不可同日而语，是泰山景区内安全高效、节能环保的现代化旅游交通设施。泰山索道半封闭式的车厢设计、防火期内全封闭式运行（后石坞索道因其为敞开式，每年11月至次年3月的泰山防火期内不对外运营），使得游客很难将垃圾抛洒至索道车厢之外、丢弃于索道沿线沟壑，同时也能最大限度规避因吸烟等不文明行为带来的森林火灾隐患。泰山中天门、桃花源单向每小时4000人的运量，加快了人员流动速率，减轻了岱顶和登山盘道的人员聚集压力，降低了人员滞留聚集对生态环境的破坏、对资源安全的威胁，以及发生踩踏性群体安全事故的风险。旅游高峰期间，桃花源索道分流从泰山红门、天外村上山的人员，疏导下山游客从岱顶、十八盘等核心区域流向非核心区域。中天门、桃花源、后石坞三条索道构成的环岱顶空中旅游交通网络，将泰山游览面积由19.5平方公里扩大到近70平方公里，降低了游客密度，提高了旅游舒适度。

六、泰山索道的景观效应

泰山索道为古老的泰山融入现代化高科技元素，是高度融于泰山的一道靓丽新风景。客运索道作为近现代科学技术发展的重大发明创造，集电子信息、自动控制、智能制造、人工智能等现代高新技术于一体，随着第三次、第四次工业革命蓬勃发展而更加信息化、智能化、美观化，设备体量越来越小，与景区更加协调。现代化的中天门索道与古老的登山盘道交相辉映，是泰山古老文化与现代文明的热情相拥和深情对话。索道车厢轻盈地往来于山涧沟壑，远远望去像一只只翩翩起舞的天鹅。作为中天门索道配套设施而修建的天桥和飞云洞，成为游客打卡留影的网红地。游客乘坐中天门索道游览泰山，极目远眺只见群山环抱、层峦叠嶂，山脚下的泰安尽收眼底，安静祥和。不远处的徂徕山或清晰可见，或若隐若现如海市蜃楼，大汶口文化发源地的大汶河如泰安的一条玉带，蜿蜒绵长，让人由衷赞叹泰山之壮美、山河之多娇、天地之广阔。往下看，盘山公路蜿蜒曲折，犹如少女腰间的飘带灵动飘逸；多云之季，天空特别低，白云就在身边头顶，伸手可摘；浓雾之时，窗外一无所见，宛若腾云驾雾，倏忽之间便到达山顶，给人以步步高升、平步青云、一步登天等美好寓意，欧阳中石先生留下了"平步青云、一路安绥"的感慨与祝福。桃花源索道沿线自然风景优美，春有遍山连翘，在阳光照耀下金光闪烁，夏天雨后瀑布飞下，秋天层林尽染，冬天冰瀑成片。后石坞索道作为国内目前唯一一条脱挂抱索器双人吊椅索道，演绎出雄壮泰山的温柔与浪漫。著名书法家舒同先生1983年9月乘坐泰山索道后写下了著名诗句："泰山冠五岳，索道飞高峰。风景呈新色，游途胜旧通。"著名科学家钱伟长乘坐泰山索道后，欣然留下了"旅游也要现代化"的题词。奥地利前总

图5　飞云洞舒同题词石刻

统基希施莱格先生乘坐泰山索道后欣然提笔留言道："我来自一个有两千条索道的山国，谨向这条索道祝贺，祝贺它为人们提供的舒适和安全，对它为未来攀登高峰表示真诚的祝愿。"

　　泰山索道满足了广大人民群众对美好旅游体验的需求，为泰安改革开放和经济发展注入强大活力和动力。泰山索道的建设，是泰山旅游的革命性事件，推动了泰山旅游服务档次和水平的显著提升，多位党和国家领导人通过泰山索道登临岱顶、视察泰山，大大提高了泰安知名度和美誉度，泰山成为泰安对外开放和双招双引的金字招牌。泰山索道还有力推动了泰安旅游的繁荣发展，泰山游客量由索道建成前的每年20万人逐年增长至2019年的400余万人次，1983年中天门索道建成运营后，国内外游客纷至沓来，争先恐后一睹风采、迫不及待乘坐体验，仅4个月时间运送游客高达37万人次。2000年后，中天门索道每年运送游客量超过300万人次，占进泰山游客总数的比例超过80%，索道乘坐率达到100.6%，即进山游客平均每人至少乘坐过一次索道，充分体现了游客对泰山索道旺盛的需求。泰山索道特别是中天门索道是否运行，成为游客决定是否来泰山旅游的重要决策依据，游客出于对美好旅游体验的向往和期待，主动选择了泰山索道。习近平总书记反复强调，人民对美好生活的向往，就是我们的奋斗目标。泰山索道节省了游客体力，增加了游客游览时间、减少下山时间，为上山游客腾出了盘道空间和游览空间，充分体现了"旅要快、游要慢"的现代化旅游特征，为游客有更多时间、更多精力在山下消费创造了条件。40年来，

图6　苍茫云海间

泰山索道历经多次体制改革，促进泰山旅游企业由小、散走向集团化、规模化、专业化发展。"泰山旅游"股票于1996年9月23日在上海证券交易所挂牌上市交易，是我国旅游行业第一家上市公司，被誉为中国旅游"第一股"。一度作为泰山旅游集团核心企业，引领泰山宾馆、神憩宾馆、泰山客运车队、旅游汽车公司、女儿茶商贸有限公司、泰山中国国际旅行社等6家成员企业发展。

七、小结

总体而言，我国客运索道起步晚、基础薄、技术弱、发展速度慢。

我国客运索道起步于20世纪70年代末80年代初，比国外晚近80年。到2020年底，我国客运索道总数达到1124条，位居世界第十位，年均增幅5%左右，与我国幅员辽阔、地形多山、旅游资源丰富、人民群众需求广泛等基本国情不相适应。随着中国特色社会主义现代化强国建设的持续推进，以及2022年北京冬奥会圆满举办所引发的冰雪运动热潮，必将有力推动包括山岳型旅游索道、滑雪索道、城市交通索道等在内的客运索道产业快速发展。

我国客运索道开发研制与客运索道在我国的兴起同步，历经40余年不断努力，虽然取得长足进步，但仍处于世界落后水平，客运索道制造、安装、改造能力和自主创新能力、现代化水平较低，主要以引进外国技术和设备为主，与我国作为世界制造大国的地位不相称。20世纪80年代，我国客运索道主要引进

图7 缆车送归鸿

图8　岱宗夫如何

日本技术和设备。20世纪90年代之后，我国客运索道主要引进奥地利、法国和意大利等欧洲国家技术和设备。

1993年，我国第一次参加第七届国际索道协会大会，开启了与国际客运索道行业交流合作的大幕。2013年在西安成功举办第63届国际索道安全技术与监管机构会议，提高了中国索道行业的国际地位。

当今时代，世界客运索道迎来了以信息化、智能化和智慧化融合发展为特征的技术革命，我国客运索道行业面临新的机遇和挑战。

泰山索道紧跟世界最新技术潮流，在设备安全质量升级中坚持引进世界最先进技术和设备，加强专业技术教育培训，全面提高设备安全管理和运营服务能力，继续为我国客运索道行业高质量发展探索新途径、积累新经验，为泰安文旅产业融合发展和泰山景区安全发展增添新动能、贡献新力量！

第一章
造化钟神秀——泰山景观

泰山，地处华北大平原的东侧，主峰位于今山东省中部的泰安市境内，其地理坐标为东经116°50′～117°12′，北纬36°11′～36°31′，总面积426平方公里，主峰玉皇顶，海拔1545米，是鲁中南丘陵区的最高峰。

就是横亘在我们面前的这座大山，五岳独尊。她是世界文化与自然双遗产，世界地质公园，全国重点文物保护单位，全国重点风景名胜区，国家5A级旅游景区。

亿万年来，泰山始终在维系着一个古老民族国泰民安的信念及企盼。人们在仰视、登攀这座大山的同时，也以各自的思维方式，见仁见智解读这座大山：神山，圣山，中华传统文化的地标，一个民族的精神家园……这种解读，可以说自人类诞生之日起，就从来没有停止过。

斗转星移，岁月沧桑，无论历史怎样变迁，泰山的品质和风骨从未有过任何改变，人们对泰山的敬仰和崇拜也从未有过任何的改变。

"天地有大美而不言，四时有明法而不议，万物有成理而不说。"①索道成就了人们"飞天"的梦想。当你乘坐缆车，穿云破雾，飞天而上，俯视临下，美轮美奂的泰山景观，当是"大美无言"最完美的注脚。

---

① 〔战国〕庄子：《外篇·知北游》。

第一节　地质公园

在地质学上，石，一般是指物质而言，是内在的；而岩，通常是指体貌，是外在的，直观上可以看到的。现代科技手段测定，泰山岩石形成于28亿年前，地质学上的名词叫作新太古代。而地球的生物物质，大约40亿年左右。

泰山玉皇顶有一块刻石：拔地通天。巨擘隶字，浑厚端庄，气势沉雄。题刻者宝清，为清道光年间山东的地方大员。所谓"通天"，是因为此处位于泰山极顶，气通帝座，惟天在上，是人们与上天对话的地方。而"拔地"呢？宝清大概不会明白，题刻的这块岩石，正是造山运动让它从地下十几公里深处拔地崛起。造物主神奇的偶然，与题刻者形成了无意中的默契和巧合。

地质学将地质变迁的偶然，归类于必然之中。

一、古老而年轻的山

我们说泰山是一座古老的山，是说它的岩石最古老。地球上大规模的岩浆活动，集中在25亿年前左右。泰山的主体就形成在这个时期。研究成果表明，目前泰山上最古老的岩石代表，是望府山片麻岩，它分布于泰山主体的望府山、天街一带。由于没有遭受强烈的变质反应，那些带状、花纹的岩石非常美丽，距今已27.2亿年；排名第二位的是位于桃花峪彩石溪中的黑色岩石，距今26.7亿年；接下来是分布在南天门、十八盘一带的岩石，距今26.5亿至26.3亿年；傲徕峰上的浅色岩石，以及大众桥、中天门处的岩石几乎是同时形成的，距今25.5亿年；普照寺附近的深色岩石，距今24.9亿年；泰山上最"年轻"的岩石距今也有16.2亿年了，分布于红门一带。同时，在玉皇顶处岩石中发现的残留矿物质表明，有相当数量的二批锆石距今超过30亿年，最远的年代在距今37亿年。由此可以说明，泰山上还存在年代更古老的岩石。

我们说泰山是一座古老的山，还可以从他的人文历史来追溯。泰山的文明由石头萌发，泰山的历史从石头写起。几千年的华夏文明赋予泰山石以博大的内涵。远古时期的传说中，就有七十二帝王封禅泰山之说。从秦至清，历代帝王封禅祭祀，接踵而起，逐步使泰山不断在多民族的社会结构中，担当起无可取代的凝聚作用。

我们说泰山是一座年轻的山。地质工作者认为，早在28亿年前的太古代时期，整个华北地区还是一片汪洋。现在泰山所在的位置，则是一个沉降带；到了太古代晚期，在泰山附近发生了强烈的地壳运动即泰山运动，经过褶皱、隆起和变质作用形成了厚度达12公里的泰山群变质岩，并出现了古泰山。经过十几亿年的历史变迁，也就是到了距今约6亿年的古生代初期，古泰山再次沉入大海，并在其上沉积了石灰岩和砂页岩。大约距今4亿年前时，华北地区上升成陆地，不久，泰山逐渐隆起成为一个低矮的丘陵。在距今1亿年左右的中生代后期，地球上发生了燕山运动，这时，覆盖在泰山之上的由火山灰形成的岩层，在造山运动中被抖落，古老的泰山岩石再次露出地表，形成今日泰山的雏形。大约又过了三四千万年，喜马拉雅山运动将泰山继续抬高，到新生代晚期，即3000万年前，泰山基本形成现貌。此后，虽然再没有经历以前那种大规模的地壳运动，但泰山仍在各种内外力作用下发生变化。新构造运动使泰山现在仍以每年0.05毫米的速度上升。因此，虽然说泰山石是世界上最古老的岩石之一，而泰山的山体却是世界上最年轻的山。

图1-1　首出万山

　　我们说泰山是一座年轻的山，还表现在它的人文意义上。雄峙天东的山体，伟岸而挺拔，充满阳刚之气。登临送目，岱顶自古有"泰山四观"之称谓。日观，可见日出。秦观，可望长安。吴观，可望会稽。周观，可望齐之西北。旭日从东方的泰山之巅升起，天地间云霞海曙，飞金流丹，光明烨烨，壮丽恢宏。亿万次的日出，会有亿万次不同的意象。固然，天下何处不日出？但因了泰山特殊的文化背景，泰山日出作为生命和活力的象征，朝气蓬勃！

二、主要地质景观

　　地质是构成自然景观的基本要素之一。泰山形成的年代久远，地质作用类型多样，内外力地质作用不仅造成泰山雄浑的轮廓，还形成了许多奇特的地质景观。自然的力量，之所以使人类敬畏臣服，就因为它是人类永远不可企及的。这些造物主的鬼斧神工，妙手天成。像筒状结构醉心石——这个千万年来难以破解的地质谜团，就是大自然不经意间的一个小动作完成的。这类地质奇观，对泰山的雄、险、奇、秀、幽、奥、旷等自然景观的形成有重大的影响。

　　丹青长卷彩石溪　彩石溪为泰山世界地质公园内著名景点，其景观的形成是地质演变的结果。彩石溪大片的岩石黑白分明，黑灰色斜长角闪岩和浅白色长英脉条带，加上其他颜色的侵入岩脉，组成了彩色斑斓的彩石，溪水漫石而下十分壮观秀丽，彩石溪因而得名。因此，彩石溪不仅有很高的观赏价值，成为泰山奇石的重要产地，而且其地质现象十分丰富，地质内涵极为深广，具有重要的地学价值。

　　"桶状构造"醉心石　在红门的东北沟涧内，出露有一条黑绿色的辉绿玢岩脉，其中发育有许多大小不一横卧着的圆柱体，从柱体的横断面上看，它由很多同心圆状的环圈和一个内核所组成。这些圆柱体状若群狮伏地而卧，又像堆垒着的汽油桶，或一个个的蛋卷，故俗称之"桶状构造"。时空的年轮，素面朝天，裸露出泰山岩石的赤诚之心。醉心石不仅具有很高的观赏价值，而且还具有重要的科学研究价值。

　　刺破青天锷未残　在中天门以北500米处路西，有一上尖下扁的巨石，形似宝剑，峭然耸立于方台之上，扬眉出鞘，直刺青冥，上书"斩云剑"三个苍劲有力的大字。传说它能斩云播雨，故而得名。当幽谷中形成的暖云沿谷底向上飞涌,到达斩云剑所在的谷口时,正好与山巅滚滚而来的寒云相遇,此时往往出现谷口以上云开雾散,谷口以下细雨淅沥的奇异景象。前人把这块奇石摆放得如此恰到其处,可谓独具匠心。

云步桥飞瀑垂龙涎 云步桥在快活三里的北首。中溪流水像从云间奔流而来,沿着4米高的陡崖直泻而下,喷珠溅玉,生云化雾,尤其夏秋多雨季节,悬崖飞瀑,犹如垂练千匹,蔚为壮观。人们来到云步桥,不仅可以观赏到云桥飞瀑的胜景,领略云步桥周围的秀丽景色,饱览众多的摩崖刻石,同时,还可以看到断裂的露头,了解到云桥飞瀑的成因,研究断裂的性质和特点,抚思和想象当年断裂活动的壮丽情景。真可谓几多诗情画意,几多科学的探索。

图1-2 云桥飞瀑

三石两崖渡仙桥　仙人桥位于瞻鲁台西侧，是岱顶的重要景点之一。三石巧接成桥，既非天仙的垒砌，又非出自建筑师或能工巧匠之手，而是大自然的杰作。桥下为一深涧，南侧面临万丈深渊，地势十分险要，集险、奇、峻于一体，令人望而生畏。正是这种偶然巧合塑造了许多令人难以置信的奇观异境。当你知道了三石巧接成桥的由来之后，不仅为仙人桥奇妙的景观所陶醉，而且也定会为大自然这种神奇造化赞叹不已。

拱北探海迎旭日　在岱顶日观峰下面，有一巨石平

图1-3　"三石两崖渡仙客"——仙人桥

地向前探出两丈多远，名曰"拱北石"，又称"探海石"。它是一块长10米、宽3.2米、厚1.5米左右的巨石，颇像一把带鞘的利剑斜刺苍天。因它向北探伸，故而得名。其实它并非指向正北，而是北偏西8°左右，方位角为352°。此巨石与地面夹角为30°，高出周围地面，其北、东两面又均为悬崖峭壁，显得神奇而又险峻。游人常攀爬其上，朝望日出，暮观晚霞，晴赏山河，阴看云海。所以拱北石成为岱顶著名景点之一，人们也常把它当作泰山的象征和重要的标志。

深潭迭瀑见云龙　黑龙潭是泰山的著名景点，尤以龙潭飞瀑著称。它位于长寿桥之南，白龙池以北。在东百丈崖脚下有一潭，俗称"老虎窝"，瀑布在此缓冲后便顺着约30米的斜坡注入第二个潭，再顺着20米左右的斜坡直冲第三个潭，组成了潭瀑相连的三叠式瀑布。因第一、二潭的规模和深度均较小，并不为人们所注意，而第三个潭则是一个天然大岩穴，此穴腹大口小，形若瓦坛，直

径约5米，深愈数丈，潭水碧绿，清澈见底，因传说其与东海龙宫相通，故名"黑龙潭"。黑龙潭东西两侧峭壁如削，其东北为东百丈崖，西称西百丈崖，西南有南百丈崖。每当夏秋多雨时节，三道瀑布奔泻而下，犹如玉龙飞舞，被誉为"云龙三现"，为泰山一大奇观。尤其是东百丈崖的瀑布，从20余米高处飞流直下，声若雷鸣，水花四溅，如雨似雾，蔚为壮观，誉为"龙潭飞瀑"，是泰山胜景之一。

清风无极扇子崖 傲徕峰及其东侧的扇子崖，

图1-4 东方红

是泰山西南麓的险要幽绝之处，是观察深沟峡谷、悬崖峭壁、奇峰峻岭的侵蚀切割地貌最佳地点之一，也是泰山的著名旅游景点。

三、地学价值

首先，泰山是地球发展早期早前寒武纪（晚太古代—元古代）阶段的突出模式。其次，泰山北侧张夏寒武纪地层标准剖面，是华北地区地球演化历史早古生代阶段地质和古生物记录的代表性模式。再次，泰山是研究新构造运动及其形成地貌景观的理想地，是研究正在进行的各种地质作用的最好实验室，是"在地形发展过程中正在进行的地质作用"的范例。第四，泰山的地学内容极为深广，几乎囊括了地学的有关基础学科，分布有众多奇特的地质地貌现象，保存有许多很有科学价值的地质遗迹，地学旅游资源十分丰富，是一个天然的地

图1-5　天堑通途

学档案馆、博物馆。

　　泰山的地学旅游资源，是泰山地学价值的一个重要方面体现，也是泰山具有特别自然美景的主要表现。泰山的地学价值是巨大的，既有广泛的代表性又颇具特色，具有世界性的意义。泰山的地学信息量十分丰富，地质内涵极为深邃，随着今后科学研究的进一步开展，将会有更多新的发现，泰山的地学价值还会有更大的提高。就泰山现在所具有的地学价值和它在地学方面所占有的重要地位看，它完全符合世界自然遗产在地学方面的要求条件。泰山作为世界自然遗产是当之无愧的。

第二节　自然景观

　　大自然的造化，赋予了泰山生命和生机。充满生机和活力的泰山，在阴阳交代、时序更替的运行中，交响天地间的黄钟大吕。春日的泰山，是生命的萌动；夏日的泰山，是生命的热烈；秋日的泰山，是生命的丰硕；冬日的泰山，是生命的尊严。泰山体现的是生命之大美：生生不息！

一、灵秀于水

山高水长。泰山山脉广袤的植被，涵养了丰富的水源。

由此而发源的大汶河水系，五汶（牟汶、柴汶、瀛汶、石汶、泮汶）汇聚山前，浩浩汤汤的流水，像一位乖戾的独行侠，倚天仗剑，夺路高歌西去，不舍昼夜。

她身后的沉淀，便是上接北辛，下迄龙山的东夷海岱区域核心文化发祥地——大汶口文化。在这里你可以顺手捡起石斧、玉铲、纺轮、骨针……逐水而居的先人，手捧薄如蛋壳的黑陶罐，吮吸着汶水的甘泉，跪拜着泰山的神灵，在汶阳田里演绎了古老的农耕文化和农业文明。

发源于泰山南天门的通天河，至山麓大众桥进入城里易名渿河。渿河是民俗信仰里至关重要的界河，它把泰安山城分成了三重天：天界——人间——地府。山上的天界逍遥着佛祖神仙；城里的人间快活着凡夫俗众；而渿河彼岸的地府，则拯救一切苦难的灵魂。固然，大德曰生。而叶落归根，魂归泰山，作为一切灵魂最理想的归宿，人们对泰山的神圣向往，体现了泰山对人的终极关怀。渿河流淌的安魂曲，令人怦然心动。她为汶水注入了庄严的浪花和音符。

图1-6　灵秀于水

　　仁者静而智者动。水滋润了泰山，水空灵了泰山，水睿智了泰山。如果说纵横交织的溪流，是泰山汩汩的血脉。那么，星罗棋布的山泉，则是泰山的脉搏。潺潺的凸涌，淙淙的细流，叮咚的韵律，活泼的跳跃，一下子欢腾了涧谷，通灵了泰山。

　　泰山清泉汇集成溪，溪流顺势而下，九曲连环，如蛟龙搏浪翻飞。遂有"云龙三现"，号"泰山八景"之一。激流至陡涧跌落生瀑，泰山瀑布遂蔚为大观。西溪长寿桥下悬崖危耸。溪流由悬崖俯冲而下，势如天河倒泻，形如白练凌空，声如雷公出巡，云烟空濛，雨帘摇风。瀑下而潭生焉，黑龙潭深不可测，直通龙穴。斗母宫听瀑楼下。瀑布分三个台级依次倒挂，隔窗凭栏聆听，大音訇然。瀑泻又生三潭，潭而发云，遂生"云龙三现"。

　　在山泉水清。进山汲水，属于泰山的《清明上河图》。一年四季，相伴晨钟暮鼓，携大桶小瓢，老幼相扶，爱侣相依，三五成群，接踵比肩，取水者昼夜络绎于途。既强身健体，又得饮美泉。外地游客往往驻足观此景致，品味泰山人得天独厚的甘甜，赞叹不已。走进山里，人们持瓢恭候泉边。泉如团瓢，一泓汪汪，丝丝缕缕，跳珠吐玉。泰山人进山取回了清泉，也取回了哲理——"一箪食，一瓢饮，在陋巷，人不堪其忧，回也不改其乐。贤哉，回也！"[①]

图1-7　"画入水中秀，水在画上流"——彩石溪

――――――――――

① 〔春秋〕孔子：《论语·雍也篇》。

二、风骨于松

清康熙年间，普照寺有幸迎来一位高僧元玉，号石堂老人。高僧必有高徒，元玉和尚接纳了一位弟子，名叫理修。收徒之日，师徒不种贝叶，不树菩提，却共植一松，并写一佛偈："佛栽松，松荫僧，你我相度如同生；松也僧，僧也松，依佛门，论弟兄。"风趣诙谐，松与僧，佛与人，人与自然，灵犀一点通。毫无疑问，这松，就是佛门高僧禅机中的空空精魄，就是大自然赋予泰山的绿色魂灵。如今，泰山古树名木载入世界遗产名录的，多达百株。

泰山的仙风道骨，尽显于山阴之后石坞。后石坞无松不秀，无松不奇，无松不高古，无松不俊逸。千万株秀、奇、高古、俊逸的青松，或似远古沉雄，或似强秦狂飙，或似汉家乐府，或似盛唐诗歌……而更多的，则是魏晋名士的风流倜傥。峨冠博带，神采萧散，他们或坦腹东床，或雪夜访戴，或拔剑起舞，或扪虱谈玄，或使酒啸傲，或广陵绝响，或枕石观云，或偃待归鹤……呼吸宇宙自由的空气，吐纳天地诡谲的风云，张扬放浪形骸的个性，遨游驰骋八极的心怀。清流的风致高标，天然率真，一骑绝尘。

青松无穷碧落，白云蒸腾滚沸，松涛连天浩荡，松风虎啸龙吟。挟带着和

图1-8　"料青山见我应如是"——望人松

图1-9　"深闺二乔"——姊妹松

煦的阳光，吞吐风云，释放馨香。经白云过滤后的绿色空气，清新鲜美，不染人间烟火。呼吸之间，满腔清爽直透五脏六腑，荡思涤虑，身心一派舒泰清凉。置身其间作休闲健身游，不仅心旷神怡，纳天地之灵气，且能祛病健身、益寿延年。

　　然而，真正把泰山松赋予无产阶级革命精神，使之家喻户晓的，则是现代京剧《沙家浜》"要学那泰山顶上一青松"。响遏行云的谭派唱腔，略带几分苍凉沙哑，引领三个高八度来讴歌岱顶青松。或许，松字拆开，便是十八公，以此来喻示逆境中的十八位新四军战士。如今激情岁月虽已成过去，但泰山松所象征的革命精神，听来依然让人心血偾张，涕泪泫然。这仅仅是怀旧情愫，抑或呼唤传统回归？

　　毕竟，人是要有一点精神的。

三、幻化于天

　　造物主钟情于泰山，它把神奇的力量，赋予泰山，把无穷的魅力，赐予泰山。泰山自然天象的幻化，造就了"四大景观"：

旭日东升　旭日从东方的泰山之巅升起，天地间云霞海曙，飞金流丹，光明烨烨，壮丽恢宏。亿万次的日出，就会有亿万次不同的意象。固然，天下何处不日出？但因了泰山特殊的文化背景，泰山日出作为生命和活力的象征，震撼、折服着古今中外的攀登者。

云海玉盘　微雨新霁，云瀑飞泻。雾蒸霞蔚，盘旋缭绕，云层像一个巨大的玉盘，悬浮于半空；蓬瀛长风挟白云而行，波涛连天，奔腾不息；尔或松浪滚滚，流云追月，山间神宫仙阙、海市蜃楼浮动于缥缈之间，扑朔迷离、难识泰山之危乎高哉。

碧霞宝光　在适宜的气象条件下，置身岱顶，面对浓云迷雾，背后的日光强烈照射，眼前顿现七彩光环，使人有飘然若仙之感。而宝光又多现于碧霞祠之上，七彩宝光笼罩铜墙铁壁的飞檐金殿，恍然望去，蔼然如碧霞元君为苍生祝福平安，一派吉庆祥和的意象。"宝光"的形成是由于太阳光照射到云雾上，其反射光经过衍射发生色散而形成的五色光环。它是一种大气光学现象。光环的大小与构成云雾的水滴大小有关，云雾中水滴越大，光环越小、越清晰。当云雾中有大小尺度不同的水滴同时存在时，还可以形成两个以上、大小不同的同心光环，称为"多重宝光"。人，端坐于宝光之中，人就是神，天神合一。

黄河金带　秋高气爽，驻足望府山，西眺落照如烧，峰峦如炬，彤云如燃。晚霞中的黄河波涛，或急遄而激流勇进，或徐缓而闲庭信步，金带临风，飘然东去归海。

另外，还有"雾凇"奇观。冬季泰山气温常在零下10摄氏度以下，每当浓

图1-10　东岳如此多娇

云迷雾从山顶飘过，云雾中的水滴一遇到冷却的物体，就会迅速升华为冰、晶，结成洁白晶莹的霜雪，气象学上称之为"雾凇"。泰山顶平均出现雾凇的时间为56.3天，最多达83天。每逢此时，泰山晶莹剔透，冰清玉洁，变成了粉白世界、琉璃乾坤。

第三节　文化景观

六千多年前，大汶口的先民在泰山之巅钻木取火，智慧的火种闪烁欢跳，点燃起第一堆圣火。他们以这种崇高的礼赞，昭示人类对大自然的虔诚之心，苍天可鉴。冲天的大火，通感于上帝和神灵，吞噬了混沌和黑暗，一轮红日喷薄而出，率先给东方带来了光明和温暖。

不仅如此，伴随着人类在泰山烧柴祭天的"燔燎"活动，泰山文化的大幕徐徐拉开！

一、政治巡礼——封禅

历史残存的道理，往往能够折射出历史背后的真相。"国之大事，在祀在戎"，上升到政治层面，无非是国家的祭祀有两件大事，一是攻城，一是攻心。然而，"攻心为上，攻城为下；心战为上，兵战为下"[①]。历代帝王政治攻心的重要策略之一，就是封禅泰山。因此，泰山在世界上有着独一无二的封禅文化。封建帝王对泰山封禅祭祀的"旷世大典"，执着地演绎了数千年。尽管他们通过泰山这个平台，力图炫耀的是君权神授、代天司命的王道，但这种独特的封禅文化，在客观上则促进了中华民族的"四海一统"。

---

① 《裴注三国志·蜀志》卷九，钦定四库全书本。

图1-11 "置身霄汉称大观"

二、儒家风范——小天下

耸立在《诗经》里的泰山，独具岩岩气象。说它"独具"，一是在没有摄影术的彼时，一个"岩岩"，使我们穿越了岁月的时空隧道，阅读了泰山的真容；二是"岩岩"既出，几乎空前绝后，吟诵泰山再鲜有如此绝妙好辞。

图1-12 海天之怀

"孔子圣中之泰山，泰山岳中之孔子"①。两千五百多年前，我们民族的先哲孔子，践行仁道，"登泰山而小天下"。从此，泰山成为一座文化的大山。

三、道佛丕显——和合

泰山是宗教的福田乐土。和而不同的宗教文化特色，使儒道释在泰山各得其所。如此和谐共生的宗教文化，最能体现泰山文化的吸纳性和包容性。不管儒、道、释是以何种角色入主、做客或皈依泰山，不管入世的执着还是出世的洒脱，也不管自我实现的道义担当还是自我超越的心灵遨游……最终，泰山都使他们落地生根，各得其所，融会贯通，共同发展。因此说，和合——是泰山基本的宗教观。

四、天门长啸——风雅颂

《诗经》以降，讴歌泰山的诗文浩繁，码起来恐怕比泰山还高。一座大山，能够赢得文人如此的青睐，这本身就是情感的巅峰。文人对泰山如此钟情，泰山究竟给予了他们什么？一百个文人可能有一百种体味。但有一点是公共的认同，那就是泰山征服了他们——"江山如此多娇，引无数英雄竞折腰！"

"一览众山小"②，是泰山的敦厚之子；"天门一长啸"③，是泰山的豪迈之子；"千秋长愿颂东风"④，是泰山的赤诚之子；"兴云化雨，泽被禹甸"⑤，是泰山的感恩之子……文化同时具有反哺的功能。文人之于泰山，不惜挥霍灵气，热诚的讴歌，使泰山更加靓丽，更加博大，更加宏富，更具人性化。

---

① 〔明〕严云霄：《咏孔子庙》。
② 〔唐〕杜甫：《望岳》。
③ 〔唐〕李白：《游泰山六首》。
④ 郭沫若：《登泰山杂咏六首·咏普照寺六朝松》。
⑤ 季羡林：《泰山颂》。

五、心灵圣殿——建筑

泰山庙宇，作为泰山宗教的物化、有形的遗产，是信仰中人们心灵的殿堂。拜谒泰山庙宇，能够吸纳宗教的文化，感悟信仰的力量，抚慰人们的灵魂，找到精神的皈依，从而和谐内心，和谐社会，引领向善，促进文明。不仅如此，数量众多的古建筑，也成为泰山重要的历史人文景观。其完美的建筑理念、精湛的建筑艺术、灵动的建筑技巧、鲜明的时代特征，高度凸显了古人的卓越智慧、辛勤劳动和灿烂文化。同时它们又作为宗教信仰和宗教文化的载体，在历史和现实的两重意义上，承载着丰厚的宗教内涵和信仰寄托，成为人类文明的宝贵遗产。

六、镌书文明——石刻

千百年来，历代帝王封禅祭祀，达官贵人即景感慨，文人墨客抒怀浩叹，黎民百姓禳灾祈福，为泰山留下了一笔巨大的文化遗产——泰山石刻。据统计，现存各类刻石2200余处，数量之多为中国名山之冠。这些石刻，秦始皇首倡其风，发声"皇帝诏曰"；汉武帝以阙代字，赋予千古哑谜；唐玄宗御书摩崖，宣示政务公开；清乾隆技痒难挠，处处抓石留痕。微言大义的，可以是公卿大夫"五岳独尊""雄峙天东"的大雅风韵，妙趣横生的，可以是下里巴人的"虫二""风月无边"的秀才人情……言及书法艺术，泰山石刻神融笔畅，真草隶篆，兰亭瘗鹤，可见各家门户；各家门户之中，又可见各家看家的功夫。小不盈寸，大可广亩，集历代书法精品之大成。可以说，泰山石刻镌刻的是一部中华民族的文明史。

七、天路巍巍——盘道

登山即登天。人们无不期望通过登山的途径，实现潜意识里登天的心灵诉求和美好憧憬。这条从通天街到极顶，长达十几公里的天路，作为中轴线，人们始终不渝地营造了数千年。城池的中轴线关乎礼制。这在3000多年前（《周

图1-13　鲁邦所詹

礼·考工记》），我们的先人已经就此取得共识。然而，一座山与一座城池在同一条中轴线上，这似乎并不多见。登山难，难于上青天！在赫然拷问着每一个攀登者的意志。然而，十八盘攀登天路的感觉，对于坚毅执着的登山者来说，在艰辛劳苦中享受愉悦和幸福，实在是快乐的极致……

八、飞渡南天——索道

20世纪80年代之初，泰山索道的建设，又为泰山平添一道壮丽的景色。开天辟地，宇宙洪荒，幽林云雾之中，钢索凌驾，缆车竞渡。游客轻松便捷，不胫而走，不翼而飞，怀抱流云，抓放飘风。仰止转换俯视之间，七千级盘道优

图1-14　玉树琼枝

哉游哉，聆听松涛浩荡；一千五百米高空，俯视市井俨然；快活三愈加坦坦荡荡，十八盘只几个台阶蜿蜒，红尘天界，近在咫尺之间……泰山雄幽旷奥奔来眼底，东岳擎天捧日昂首外天！

索道飞天，一苇渡航。现代科技，把敦煌壁画里的神话故事，变成唾手可得的现实。飞跃天路，抵达南天。山高我为峰！

第四节　民俗景观

泰山信仰是生的信仰。创造生命，延续生命，尊重生命，生生不息，是泰山信仰的本质所在。登泰山，保平安。平安，是泰山文化的核心元素。在泰山文化的语境中，平安是一个关键词。

信仰是抽象的，而民众对于信仰的虔诚，则是具象的。他们把登泰山称为爬泰山，一个匍匐而进的"爬"字，足以证明顶礼膜拜的至虔至诚。时至当今，索道凌空，人们则可以张开理想的翅膀，与神明追风逐日。

民众信仰，一直是改变世界的力量。

一、天地之主——东岳大帝

如果说，在中国历史上找一位能贯通中华文化脉络的神祇，除了黄帝、炎帝等人神之外，在自然神祇方面，最有影响的非泰山神莫属。东岳大帝是泰山的化身，是泰山信仰中的天地之主。具体到东岳大帝管那些大事，第一是生与死；第二是贵与贱；第三是命之长短。同时，东岳大帝又是个多种文化色彩、多种文化融合、多种文化认同的产物。人们在敬畏天地的同时，进而把东岳大帝视为"天地之主"。这大概是在人世间无与伦比的权威。把这样无与伦比的权威赋予东岳大帝，标明了东岳大帝信仰的神圣和至尊。存在的就是合理的，更何况信仰这个问题"道可道，非常道"。如果这样的解读可以浅尝辄止的话，那就是：人们信仰东岳大帝，就是对天地神明的敬畏。

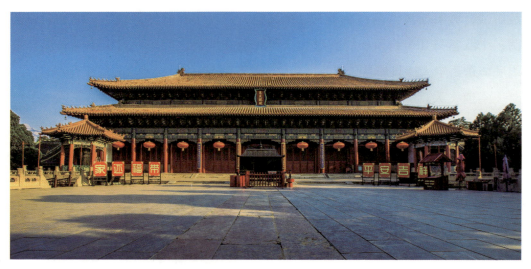

图1-15　岱庙天贶殿——东岳大帝的圣殿

二、家之慈尊——碧霞元君

　　盘道上的香客川流不息。他们共同的终极目标，就是拜谒碧霞元君——泰山奶奶。元君的称谓，显然有官方化、贵族化的色彩；而奶奶，则是平民化，世俗化，亲情化的。布衣裙钗远胜于凤冠霞帔。人们相信只要亲近泰山奶奶，一炷香，一叩首，就会受赐于平安吉祥，求福、求寿、求子、求财、求学、求官……有求必应。于是，精神得到抚慰，心灵得到净化，生活充满信心，生命更具意义，人与人更加和谐。这就是根深蒂固、牢不可破的世俗信仰！鉴于女性神祇作为大慈大悲的象征，对民众具有天然的亲和力，以至碧霞元君和观音菩萨在影响方面有许多相像之处。观音菩萨本是佛的护法之一，唐代以后由男相化为女相，慈悲为怀，普救众生，在民众中的地位超过了佛祖。碧霞元君的地位，也经历了从低于到超越泰山神的信仰发展过程，成为中国北方影响力最大的女神。

三、平安使者——泰山石敢当

　　2006年5月，"泰山石敢当习俗"被列为首批国家级非物质文化遗产名录。平安是中华民族的不懈追求，平安文化是中华传统文化最重要的组成部分，其

图1-16　岱巅石敢当

影响至深至远，凡在中华文化圈或受到中华文化影响的地方，都能看到平安文化的影响。泰山被赋予"国泰民安"的意蕴，泰山脚下的古城名曰"泰安"。于是，人们坚信泰山的石头是有生命、有灵性的。于是，遍于街衢巷院的"泰山石敢当"，成了为民众除暴安良、镇鬼厌殃、驱祟避邪、造福消灾的身体力行者。进而，这些小小的石头，作为这座大山的平安使者，随着华人的漂泊和迁徙，走向世界，走遍世界，成为"登泰山、保平安"这一理念的物化和延伸。

四、平民盛典——东岳庙会

泰山东岳庙会源远流长，信仰主体明确，庙会体制完备，生动地表现了人们生活、生产、精神等各个方面。其影响之深，主要是指它的渗透性强，具体表现在：一是涉及的面宽，涵盖了社会信仰、经济、文化等多个领域；二是所涉及的人广，参与庙会活动的人数众多。庙会的影响之广，则表现在：一是地域传播上的广泛，从泰山周边波及全国各地；二是延续时间长，自出现以来，历经千年而不衰，对社会、对百姓产生着持续不断的影响，直至今天依然活跃在民俗舞台上。泰山东岳庙会是泰山周围民俗风情的具体体现，其规模宏大，辐射全国，影响深远。它不仅是我国广大地区东岳庙会的源头，也是我国庙会文化乃至世界庙会文化中的典型。考察泰山东岳庙会，对于研究泰山历史文化，了解泰山民俗风情，以及传承中华民族传统，都具有重要的意义和作用。

第五节　泰山挑山工——流动的风景

　　泰山挑山工，又叫泰山担山工，是伴随泰山的旅游和建设而兴起的一个古老的行业。其相类行业，还有泰山轿夫。早年的挑山工，主要为香客运送行李，为客栈运送日用生活用品和香火物资，为山上的建筑运送建材。如今的挑山工，则主要运送日用生活物资和建筑建材。泰山山轿，近年已很少见。作为旅游项目，已对游客缺乏吸引力，但它却是缆车的承前启后者。

图1-17　天关之门——南天门

一、新时期的挑山工

　　新时期最典型意义的泰山品格的践行者、传承者，莫过于泰山挑山工。他们处于一种原始的劳动形态，用简陋的工具、简单的技术、直接的劳动方式，来从事劳动。然而，当挑山工俯身登攀、健步行进在泰山十八盘的时候，他们就成为一道璀璨的人文风景，众多登山者无不仰而视之！人们对泰山挑山工的景仰，是把他们的载体升华之后的挑山工精神。这种精神，作为泰山的元素，在泰山的磁场上发散出满满的正能量。对于挑山工，冯骥才先生说过这样一段话："我想，因为泰山挑山工他的一个概念，是任何一个地方的挑山工都没有的概念，泰山也有文学的想象，他是像挑着一个山一样，挑山，他挑的是山，挑的不是东西，他把泰山人的精神和他们所承受的分量都表现出来了。"①

二、新时期的挑山工的品格

什么是挑山工品格呢？要而言之，那就是：肩负重担，永远登攀！负重登攀，既是个人奋斗的必须，又是社会责任的担当；既是实现梦想的必由之途，又是生生不息的源泉活力。这些，都从泰山挑山工的身上折射出来，成为生命的光芒，照耀着人类生生不息的轮回。

"志欲小天下，特来登泰山"。成千上万的登山者，寒来暑易，接踵比肩，用形而下劳其筋骨的艰辛备尝，考验着形而上精神世界的苦其心志。挥霍着体力和毅力，攀登不止，自强不息，无不为"凌绝顶"而"小天下"感到自豪。

登攀的过程，就自身机理而言，是一个新陈代谢、平衡阴阳、强身健体的过程，是一个吐故纳新、净化机能、强化生命的健康之旅。然而，当热汗被天风抚干，激情被理性冷却，沉静下来思考，感悟宇宙之浩茫，自然之博大，时空之倏忽，自身之渺微；进而慨叹生命之意义和价值，激励自己在有限的生命历程中，

图 1-18 万众翘首

---

① 王玉林、张玉胜：《泰山挑山工》，山东人民出版社2018年版，第62页。

图1-19 1982年驱动轮通过云步桥、十八盘盘路向岱顶抬运

奋进之信心，奉献之无穷。同时，登攀的过程，又是发现美、欣赏美、感悟美、享受美的过程。历经一次登攀，就是一次铁肩道义，实现自我，陶冶情操，净化心灵的躬身践行。

"登泰山而小天下"。古往今来的攀登者，无不视此为最高层次的精神感悟和精神享受。尽管当今旅游的观念和旅游的功能越来越趋于休闲健身，但面对这样一座大山，没有人能够无动于衷。因为它不仅仅是对于人们视觉的冲击，更重要的是对于灵魂、对于精神的震撼和折服。这种震撼和折服，就在于它使你发现了一个民族的价值寄托，找到了自己的精神坐标，感悟到了个体生命存在的意义。这就是泰山与众多名山大川的不同，这个功能是任何名山大川都不能取而代之的。

第二章

会当凌绝顶——索道建设（上）

　　泰山拔地通天。自古以来，无论是坐轿乘辇的帝王将相，还是徒步向上的平民百姓，登临岱顶，唯有脚力。但山路崎岖，险峻难攀。会当凌绝顶、一览众山小，需要付出超长的时间和超常的体力。何时、以何种方式改变登山难的状况，世人在等待，泰山也在等待。

　　1978年，是一个伟大的历史转折，对世界、对中国是如此，对泰山亦是如此。改革开放的春风吹遍神州大地，亘古神秘的泰山向世界敞开怀抱，一种高科技、现代化的，在日本以及欧洲多国广泛运用、被称作高山旅游客运索道的登山交通工具，在五岳独尊的泰山掀开了新的历史篇章，一步登天的梦想即将成为现实。

　　1983年8月5日，是一个值得载入史册的日子。这一天15：30，一辆橘红色的车厢，满载着第一批30名尊贵的乘客，以每秒7米的速度、历时7分钟，轻盈地跨越群峰沟壑、滑过2078米，安全平稳抵达南天门。这是我国第一条大型山岳型旅游客运索道，从动议建设到建成通车，历经5年多、1000多个艰苦奋斗

图2-1　云霞出海曙

的日日夜夜。

泰山从此结束了只能沿山路盘道攀登的历史。

泰山从此有了一条在云中漫步的天路。

泰山索道的成功建设，结束了中国高山旅游客运索道空白的历史，拉开了我国风景名胜区建设客运索道的历史大幕，客运索道在我国扬帆起航。

这条现代化的天路，与古老的盘道交相辉映，沟通了泰山的历史与今天，沟通着泰山的明天与未来。

第一节　建设缘起

1978年的春天，尽管党的十一届三中全会还未召开，但改革开放的步伐已经迈开。根据中共中央8号文件精神，5月1日，泰山正式对外开放，成为中国走向世界、世界了解中国的一扇窗户。

国门悄然打开，客人如期而至。短短一个月之内，泰安地区革命委员会接待了80多个国家的驻华使节，总人数达380多人。

在接待驻华使团过程中，外交部负责同志发现，半数外宾在泰山脚下望而却步、因体力不济不能登顶，错过了领略神山、圣山的大好时机。有的即便登山，但发生疾病或意外也不能及时送下山来。另有建筑材料、食品、蔬菜、煤炭等生活用品，都是靠光着脊梁的挑山工肩挑人扛，运输十分艰难。这种落后的境况，也不利于中国的形象。

这是一个尴尬，更是一个契机。由此，催生了中国第一条大型山岳旅游客运索道的诞生。泰山，与代表现代化景区旅游交通工具的"空中客车"——客运索道缘定于此。

一、动议

在泰山架设客运索道，由外交部和国家旅游总局领导首先提出，并经过国务院有关领导同意后，开始前期勘察论证。

1978年5月，外交部副部长刘振华、张海峰、仲曦东，部长助理曹春耕、林中陪同四批驻华使团，国家旅游总局副局长李全忠陪同朝鲜友好参观团游览泰山，部分外宾因体力原因未能登上泰山极顶。同时，登山途中挑山工们肩挑货物、艰难攀登的景象，也让外交部领导感到尴尬。为此，外交部领导向泰安地区革委领导就如何加强泰山建设和解决登山运输工具问题进行商议，建议在泰山修建现代化的客运索道。

使团刚刚离去，经国务院有关领导倡导，国家旅游总局派出规划处同志，并邀请冶金部北京有色冶金设计研究总院（后更名为中国有色工程有限公司暨中国恩菲工程技术有限公司）索道工程技术人员来泰山，现场考察泰山是否具备建设索道的条件。经过王庆武、曹海龙等同志现场实地考察，北京有色冶金设计研究总院认为"泰山有建设客运索道的条件和可能性"。

6月2日，泰安地区革委向山东省革委呈报《关于架设太山索道的请示报告》。

省革委：

　　在中央八号文件精神鼓舞下，我们通过放手发动群众，大打人民战争，经过一个月的努力奋战，改善了接待条件。五月份先后接待了外交部安排的四批驻华使团和国家旅游局邀请的朝鲜友好参观团来太安参观游览。在接待过程中，外交部付部长刘振华、张海峯、仲曦东，部长助理曹春耕、林中和国家旅游局付局长李全忠等负责同志先后陪同外宾来太安，检查了我们的工作，对如何加强太山建设和解决登山运输工具等问题作了具体指示。国家旅游局并先后派规划处的同志和冶金部有色冶金设计院王庆武、曹龙海同志来太山进行了实地勘察，认为从中天门至南天门架一条往复式索道，包括附属设备在内共需投资120万元，造价低，运输方便，可解决高山运输的各种困难，白天运客，夜间运货，每小时单程客流量可达一百八十人，能够满足年老、体弱游客登山的要求，适应旅游事业发展的需要。

6月8日，省革委主任办公会议研究决定，同意修建泰山索道和泰山公路，并决定立即拨款30万元，边设计、边动工，先行建设泰山公路，为索道设备的运输铺平道路。6月15日，山东省以省计委、省外办的名义分别向国家计委和国家旅游局报告。

7月4日，省革委向北京有色冶金设计研究总院下达《设计任务书》，泰安地区行署以《泰山客运索道设计任务书附件》提出设计具体要求：初步计划索道全长2500米，单向小时运输量180人左右。

勘测工作随即开始，山东省第一地质大队（省勘测局原磁窑地质九队）勘测人员进入苍茫的泰山山谷。踏勘选线是索道建设的基础，泰山地形复杂，气候变化无常，测量工作困难类别属五类地区。

8月，国家旅游总局以泰山为试点，作出"基建投资由国家旅游局拨付"的决定。

10月，为保障索道设备运输，泰安地委组织修建泰山环山公路。公路由黄溪河鹿场经四间房（护林工住所）延伸到中天门和南天门盘道口。此前，泰山公路仅有1968年前由黑龙潭水库到黄溪河养鹿场铺设的一段不足三米宽的土路。

二、设　计

为了完成泰山索道设计任务，北京有色冶金设计研究总院党委组织专门班子，抽出各方面工程师20多人，组成泰山索道设计组。他们多次现场实地考察、测量、选线，并提出多种方案由国家旅游总局、泰安地委和行署提意见、做比较。同时，设计组在技术上也做了许多准备，先后去三个国家专门对索道技术和建设进行考察，邀请三批日本有名的索道专家到泰山帮助选择路线和站址以及勘察设计。

1979年5月，根据设计任务书要求，北京有色冶金设计研究总院向山东省旅游局、泰安地区行署提交初步方案并征求各方面意见，索道下站位于中天门风景点的小山岗上，上站在天街途中巨石陡壁的"五岳之尊"石刻的顶上。

6月12日，国家计委《关于安排一九七九年旅游基建计划的通知》明确，批准在泰安新建泰山索道工程，基建投资二百万元；索道工程设计控制在二百万元以内。基建投资所需材料、设备，由国家物资总局和有关部门拨付，专款专用。

　　1979年6月，北京有色冶金设计研究总院提出并完成扩大初步设计，送交省计委、旅游局、省建委等有关单位审批。8月2日，泰安地区行署计委、建委向山东省计委、建委提报《关于请求迅速审批泰安客运索道初步设计的报告》，请求加快审批建设索道项目。省建委接到泰山索道扩大初步设计后，9月份组织有关人员到现场核实。

　　自此，长达一年之久的泰山索道线路、站址论证拉开了帷幕。

第二节　线路站址论证及项目审批

　　在泰山修建索道，在学术界引起关注、引发讨论。一些专家认为，泰山是五岳独尊，任何现代化设备都会对泰山古建、碑刻、古树造成破坏，与景观不协调。而绝大多数专家学者和百姓认为，在泰山上建索道，符合时代发展需要，只要线路、站址选择合理，索道不但解决了很多人"望峰息心"的遗憾，更是为泰山增添一景、而不是破坏一景，从根本上实现保护与发展的融合。论证的焦点是索道线路和站址的选择问题，不是是否建设泰山索道的问题。论证的出发点和落脚点都是为了使我国第一条高山旅游客运索道更好地融入泰山、保护泰山、发展泰山，经得起历史的检验。

一、线路和站址论证

　　泰山索道的线路和站址论证从1979年9月延续到1980年8月。1979年5月，北京有色冶金设计研究总院设计方案为，索道下站位于中天门风景点的小山岗上，上站在天街途中巨石陡壁的"五岳之尊"石刻的顶上。1979年9月，省建委组织相关人员现场核实后建议，下站改在快活三里小山腿上，上站设在南天门西侧。1979年10月，省政协科技组和省建筑学会组织相关专家召开座谈讨论会建议，下站设在中天门北快活三里的途中、在与中天门登山公路终点站相连的小山岗上，上站在南天门西南一百公尺处。1979年11月，省建委联合省外组织有关人员，并邀请国家建委城建总局、国家旅游总局相关人员对泰山索道设计方案进行审查，为考虑索道的货运功能，建议保持5月份确定的方案。1980年8月，国家建委、中国建筑学会、山东省政府以谷牧副总理的名义，邀请12位全国建筑和园林方面的专家、教授在泰安召开现场讨论会，决定泰山索道起点为中天门西侧的黄岘岭，终点为月观峰西侧。

1979年9月，省建委接到泰山索道扩大初步设计后，组织有关人员到现场核实。他们认为，下站设在中天门破坏了中天门原有的风景，且中天门平地面积小、容易造成人员拥堵；上站站址跨过天街，对行人不安全。而且站址高于南天门，破坏了南天门的风景。两站建筑形式均属于现代化建筑物，与泰山古建筑群不协调。同时提出设想：下站改在快活三里小山腿上，上站设在南天门西侧。

这个设想提出后，有关工程技术人员（包括日本专家）和各级领导同志多次进行了现场踏看和研究。因原计划还要建设一条从经石峪到中天门的索道，按照这个设想，两条索道无法衔接，旅行者需要看完中天门后，回来再乘坐索道，游览路线不顺；快活三里小山腿地面狭窄，设站和人员疏散尚不如中天门；此地地质条件不好，岩石比较破碎；上站距南天门近且位于南天门的前面，与南天门更不协调；这个设想线路支架高，估计70～80米左右，这对设计、施工安装、维护管理都会带来一定的困难；货物运输距离岱顶较远，还需修一段公路才能通过南天门到达宾馆（神憩宾馆）。因此，绝大多数同志和技术人员不太同意这一设想。

10月，省政协科技组和省建筑学会邀请省和济南市的园林、建筑、城市规划方面的工程科技人员，风景古迹以及园林规划整修方面的专家学者以及画泰山的画家，对"泰山客运索道建设方案"进行座谈讨论。与会专家一致认为，工程构筑及安全设施没有问题，但选线和起讫站站址的选定存在严重的不妥之处，尤其是上站建在天街途中巨石陡壁的"五岳之尊"顶上，形成了更加高大的第二个南天门，这自然要破坏岱顶古建筑群的原有景色。两位名画家说："索道建成后，我们画家只好搁笔了。"部分专家发问，优越的风景胜地与交通运输构筑何者为重？中天门究竟应作为重点风景游览区，还是应作为一个交通运输中心？专家们建议，下站设在中天门北快活三里的途中、在与中天门登山公路终点站相连的小山岗上，上站在南天门西南一百公里处，下临陡坡，是设站较好的地点。

一时间，各方观点相互碰撞、难以抉择。但不管哪一种观点，背后蕴含的都是对泰山、对泰山旅游的炙热情怀，是对泰山保护与发展的深切关心，牵动着泰山索道建设者每一根神经，他们的行动更加谨慎，论证范围不断扩大。

11月4日至8日，经时任山东省委书记兼秘书长李子超同志批准，省建委再次联合省外办组织有关人员对设计进行审查，并邀请国家建委城建总局、国家旅游总局等单位共25人参加。与会人员一直认为："在泰山上建第一条索道，有着重大的意义，泰山是中国的名山，在某种意义上来说是有世界性的。泰山是南北交通的要道，黄山设计的比泰山还早，但交通条件不行，峨眉山交通条件也差……全国第一条索道要搞好，要经得起舆论。"

会上，国家旅游局人员再次提起1978年5月的外事活动，当时外宾对泰山"挑山工"那种"好奇"的目光，深深地刻在了他们心里，他们强调了泰山索道的货运功能。有专家认为，如果上站设在南天门西侧，从南天门到岱顶还有一段距离，无法解决泰山货运的问题，所以站址依然倾向于原有的设计方案。最终，中央和省、地三级负责同志统一认识，决定设计方案不变，两站站房尽量往后靠，关于索道线路越过游客头顶的问题，可以考虑在天街上搞一个安全阁。会议形成了《泰山索道会商会议简况》。

1980年3月8日，山东省政府正式批准工程设计，并致函国家旅游总局，称"索道计划'明年'建成使用"。3月28日，中国机械进出口总公司和日本日棉实业株式会社签订设备引进合同，设备价格64万美元（后调整至70.5万美元，由国家旅游局拨款）。按照合同规定，1981年2月份日方全部交货。

尽管省政府批准了工程设计，与日方签订了设备引进合同，但是泰山索道线路和站址的争论没有因为已经"板上钉钉"的合同而停止，国人对泰山的敬畏和爱护是无可比拟的，很多专家学者依然不屈不挠地向各相关部门阐述着他们的观点。

鉴于此，1980年8月8日，国家建委、中国建筑学会、山东省政府以谷牧副总理的名义，邀请12位全国建筑和园林方面的专家、教授在泰安召开现场讨论会。会上，山东省政府介绍了前期两年的工作并表示，曾"先后考虑了四个方案作了比较，最后选择了从中天门到象鼻峰的方案（即东线）。并于3月8日批准了初步设计"。

会议进行了五天，专家学者普遍认为就索道设计本身来说没有问题。但是"在泰山上兴建索道，必须坚持保护而绝对不能破坏的原则"，特别是从中天门到南天门这一段，是泰山最精华之处，在这上面建索道，和泰山独有的风景特色、特有的宁静不协调，因此绝大多数人建议索道线路应避开风景区中轴线，建在隐蔽处。

会后，根据专家的意见，山东省会同国家建委、旅游总局、北京有色冶金设计研究总院又作了反复踏看、研究，最终决定"起点为中天门西侧的凤凰岭（相关资料均为凤凰岭，但据泰山专家认为，中天门西侧应为黄岘岭），终点为月观峰西侧"。

至此，泰山索道的线路、站址一锤定音。

二、项目审批

1980年8月15日，山东省政府向谷牧副总理并国家建委提报《关于泰山索道问题的报告》，详细汇报了泰山索道选址的相关情况。谷牧副总理批示"我同意，请以建委名义批复"。9月1日，国家基本建设委员会作出批复，充分肯定了重新选定的线路设计方案，并提出三项建议：抓紧组织勘测、设计和施工，在建设过程中，尽量缩短延误的时间；索道上下站房的设计，注意吸取专家们的合理建议，体量尽量减小，附属设备尽量压缩，建筑材料尽量做到就地取材，建筑造型应与泰山地区的古建筑相协调；在抓紧建设泰山索道的同时，注意进一步做好泰山的全面规划，希望尽早解决好山上供水问题及食宿问题。

1980年12月完成泰山索道地质勘测。其间，由于不断变化的线路问题，测量工作进行了三次。最后确定：下自中天门西北侧，上至望府山西侧，测点全长1991.603米，上下站测点高差622.787米。

1981年3月14日成立泰山索道工程领导小组，由泰安地区行署领导和17个相关部门组成。领导小组下设筹建办公室。泰山索道建设时期，筹建办公室在领导小组协调下，根据需要先后从泰安各企事业单位抽调一批专业技术人员参与泰山索道建设，他们成为中国索道行业第一批专业技术和管理人员。

4月20日，泰安行署正式向北京有色冶金设计研究总院下达《泰山客运索道设计委托书》。

4月27日，中国机械进出口总公司与日本日棉实业株式会社签订《中国泰山客运索道基本设计审查协议书》，双方在充分合作的基础上，对设计有关原则、方案、技术、条件、分工、图纸资料提交等问题达成一致。

5月7日，泰安行署外事办公室向地区建委提交《关于委托建设泰山索道工程的报告》，详细列出泰山索道工程安排顺序："1981年上半年搞三通一平、宿舍（已在进行）。下半年搞土建主体工程。1982年上半年搞机械安装、调试。1982年国庆节正式运行投入生产。"

7月1日，胡耀邦同志在庆祝中国共产党成立60周年大会上号召全党全国人民要以攀登十八盘到达玉皇顶的精神，努力建设社会主义现代化。

这一日，泰山索道工程破土动工。

三、国内外反响

泰山确定建设我国第一条大型客运索道消息传开以后，在国内外引起了强烈反响。香港《大公报》于1978年7月14日在显著版面公开泰山筹建索道的消息："为方便外宾、港澳同胞游览。泰山正筹建登山缆车"。《人民日报》于同年7月30日以《泰山起宏图》为题，对泰山筹建索道车作了详细报道。

作为当时代表世界先进索道技术的日本，对泰山索道建设高度关注，多家企业在访问中国时表达了向中方提供设备的意愿。

1979年6月，日本企业家松下幸之助访问中国，受到邓小平同志接见。同年秋天，日本东急集团访问中国，受到李先念同志接见。接见中，日本外宾询问泰山索道的事，李先念同志说（泰山索道）1981年建成。此消息在日本广为流传。

9月6日至9日，以日本索道株式会社白水通商取缔役索道部长小松直茂为团长的第二批索道车访华团一行四人，对泰山索道车站址、走向、支架点、距离、高低差、风向、气象、地形、环境等情况进行了现场踏看，并在现场进行了简短技术交流。小松直茂表示：愿将日本第一流的索道设备提供给中方，希望实现这一愿望，完成这项任务，为中国四个现代化做出贡献。

1980年3月28日与日本东京索道株式会社、日锦实业株式会社正式签订引进成套设备合同后，在日本索道界引起很大震动。

5月27日，时任国务院总理华国锋访问日本。日本媒体《工业新闻》报道了泰山建设客运索道并与日本企业签订合同的消息。日方选在华国锋总理访日时刻发表这个消息，不是偶然的巧合，而是有意的安排，是将泰山索道项目作为中日友好合作成果。

7月16日，《北京晚报》对泰山建设大型客运索道作了报道。

泰安地区对台办公室也向台湾同胞和海外侨胞就泰山建设索道作了多次宣传和报道。国际国内对泰山建设索道宣传报道的深度和广度空前，在国内外引起强烈反响，都盼望早日建成索道、登山观赏泰山风光。很多革命老干部和年纪大的群众说：现在登不上去，等建成索道一定坐车到山顶看一看。很多港澳台同胞、海外侨胞和外国朋友表示，建成索道以后再来游览泰山。因此，泰山索道的建设，将对我国的旅游事业产生极大的影响，也必将赚取大量的外汇，为四化建设做出贡献。

泰山索道就在这举世瞩目的关注与期待中破土进发……

第三节　设备引进

明确采取往复式型式、建设泰山索道意向后，相关部门开始向国外了解索道设备和价格。当时历史条件下，世界上客运索道以日本技术和欧洲技术最为先进。同时，改革开放前夕，中国与日本正在为恢复正常外交关系共同努力，日本对泰山索道建设项目表示出浓厚兴趣，多次主动表示愿意提供最优质的设备和服务，中国迫切需要通过引进外国技术和资本推动经济建设。经多方调研比较，最终选择从日本引进设备。

一、设备询价与谈判

1979年6月，泰安地区外办委托中国机械进出口总公司（简称"中机公司"）开始向国外询价，并提请北京有色冶金设计研究总院在技术上给予配合和协助。经过一个阶段调研后，中机公司认为欧洲设备较贵，日本设备价格便宜，加之日方多次主动表示，愿意为泰山索道建设提供最优质的设备和服务，最终决定从日本引进索道设备。

中机公司对日本索道设备制造企业进行了广泛考察，决定选择东京索道株式会社生产的索道设备。双方进行了多轮技术和商务谈判，于1980年3月签订设备引进合同。合同价款由最初4亿多日元的报价，压到1.3950亿日元的成交价，约合64万美元。外汇额度由国家计委、国家旅游局、山东省旅游局共同承担。

1980年9月，由于调整了泰山索道设计方案，我方通知日方暂停设备制造，并就有关问题由中机公司和日方磋商，于1981年4月就调整设备引进合同达成一致，设备价格由原来的13950万日元调整到15370万日元，即由此前的64万美元调整到70.5万美元。设备交货期由此前的1981年2月调整为1981年11月末交付。

日方于1981年7月提交基本设计方案。经中方审查，中机公司代表中方于8月向日本方面发出《泰山客运索道基本设计批准书》，双方同时签署《泰山客运索道基本建设审查协议书》，作为中日双方施工图设计和设备制造的依据，同时明确了技术指导和人员培训等事宜。1981年11月至12月，中方安排6名实习生到日本志贺高原索道接受现场培训，学习索道维修管理和规章制度，实习期为一个月。在设备

图2-2　1981年泰山索道技术人员在日本学习

安装调试过程中，从1983年3月至1983年8月，日方分6批8人次来泰山索道建设现场工作324个工作日，超出约定的工作日94天。

泰山索道设备包括备件在内净重150.96吨，其中钢丝绳76.64吨，机电设备59.934吨，钢结构件14.86吨。1981年11月21日，首批设备在日本横滨港装入中国建昌号货轮发运，于11月26日17时抵达青岛军用港口，最后一批设备于12月3日抵港。

二、设备运输

由于索道设备数量多、体量重，进口设备通过火车从青岛港口运到泰安临时仓库，与其他设备一起由人工运送到中天门、南天门，运输难度非常大。曾考虑通过直升机吊运，经实验后未能成功而放弃，全部采用人工运输，过程非常艰辛。但是广大人民群众，特别是泰山"挑山工"，创造了一个又一个充满智慧的挑运方式，完成了一个又一个看似不可能的重任。他们笃定坚毅、顶天立地，彰显了团结的力量和集体的智慧，在泰山建设史册上谱写了浓墨重彩的篇章，为索道建设立下汗马功劳。

从日本进口的泰山索道设备共51（箱）件，采取边卸船边发运的方式，通过铁路托运47件。另有2件钢丝绳（每件34吨）和2件大轮子（每件5吨），因超高超宽无法铁路托运，委托青岛外运公司使用其用从瑞典进口的拖盘（重44吨）进行运输。

1982年1月，进口设备全部安全无损地运抵泰安，存放于泰安外办临时仓库。

2月12日，泰安行署向省政府办公厅提出请求济南军区协助空运索道设备的报告，得到济南空军某部的大力支持。经过实验，各方面条件均不允许而放弃，全部采用人工抬运方式。

4月2日，泰山索道筹建处与麻塔公社沙岭、大津口两个大队（乙方）签订第一批机械设备运输合同。合同要求，为对设备安全负责，双方采取四联单交接办法。筹建处在中天门将79件（运抵泰安后重新拆装组合）设备编号交给乙方，乙方当场检验机件数量和质量无损，即可按照运输机械设备的方案要求，运至山顶南天门内，交于安装队从南天门内运往上站站地。安装队验收无损，交于乙方收据，方可算完成整个运输任务。时间上要求22天、5月份内运到南天门内，始至时间由乙方灵活掌握。为了确保人员和设备的绝对安全，筹建处要求在运输过程中加强思想教育，对民工及时排队，有不适应者及时调换，对设备要及时检查，严防任何事故发生。合同明确，根据国家和省、地有关规定，以及机械重件高山运输、道路险要狭窄崎岖、难度比较大的实际情况，本着在保证人与机械设备"双安全"的前提下，实事求是，承包单位（乙方）付出一定劳动，就获得一定报酬。如承运单位按质按量完成79件机械设备运抵上站（望府山）站地的光荣任务，达到了"双安全"，除支付24004元的劳动报酬外，再提取奖金1000元。购买机具、架子木材、架子制作、绳麻、棘、木工、医务人员以及夜间护卫机械设备人员等，再支付2000元。如机件有损坏，将酌情罚款。为保证设备运输安全，筹建处派出4名保卫人员在运输中维持秩序，劝导游客为运输民工让路，确保人与设备的"双安全"。

索道设备沿着已经拓宽加固的泰山公路陆续运抵中天门，随后动用人工656人次、历时22天，将大小79件、总重量24.89吨的设备于5月底安全运抵南天门索道站站地。运输期间，组织得当，民工食宿问题得到很好保障，实现了人与设备的"双安全"。

三、设备检验问题

在设备检验问题上，中机公司四处的同志提出，"设备在国外已试装、检验过，设备质量没有问题，不要再进行品质等项检验"。经山东省建委、青岛进出口商品检验局多次现场督促，但至1982年11月上旬，部分设备未能进行品质、性能等检验。11月9日，青岛商检局根据国务院文件规定，明确提出"客运索道设备在未检验前不准安装使用"。10日，山东省建委向国家建委、国家商检局提报《关于泰山索道进口设备检验问题的报告》，同意青岛商检局意见。16日，国家商检总局发文同意山东省建委、青岛商检局的意见，"这样有关千百万人民生命安全的大事，一定要认真对待，严格检验，任何人无权宣布不检验就安装使用"，要求"抓紧检验，切勿误期"。泰山索道筹建处、济南商检处、北京有色冶金设计研究总院、泰安建筑工程公司安装队（后更名为山东泰安建筑工程集团有限公司泰安市索道安装公司，简称索道安装队）对所有51箱设备进行开箱检查，确认所有进口设备外观处于良好状态，实际数量和应到数量也基本相符。12月6日，泰山索道筹建处向山东省建委、济南商检局作了详细的汇报。围绕索道进口设备检验的"小插曲"圆满解决。

第四节　基础施工

建设大型山岳客运索道在我国尚属首次。北京有色冶金设计总院专家们也从未参与大型山岳型客运索道建设。索道建设工地位于崇山峻岭之间，山高路远、地势险峻，而且索道建设涉及水、电、道路等诸多方面，复杂而烦琐。同时，国家相关部门将泰山索道建成投产时间定在1982年秋季，工期非常紧张。

没有现成的经验，没有先进的装备。在这样一穷二白的条件下，泰山索道建设者们一头扎进深山，以英勇无畏的革命英雄主义、乐观主义精神和敢于斗争、艰苦奋斗的创业精神，克服诸多难以想象的困难，信念坚定、信心百倍，从通水、通电、通路等"三通一平"基础设施建设开始，为泰山索道站房建设和设备安装创造了良好条件。

泰山索道建设者们无愧于泰山，他们应该永远被铭记。

一、"三通一平"

1980年7月，日方陆续提交基本设计图纸。索道筹建办公室与泰安第一建筑安装工程公司（后更名为山东泰安建筑工程集团有限公司，简称泰建公司）以及泰安周边各公社签订初步用工协议，"三通一平"建设工程陆续启动。

最先入场的6个单位迅速在6个不同的场地上开工。下港公社在山顶望府山平整地面，省庄公社负责山顶南天门以西的便路及县三所（后更名为神憩宾馆）后边的小水坝整修加固工程，祝阳公社在拦住山和帽沿山两个支架场地平整以及修建朝阳洞通往这两个支架点的人行运料便路，角峪公社在中天门索道下站场地整平，竹林分场负责的中天门公路延伸工程开工建设，泰建四工区负责的中天门索道单身宿舍以及伙房餐厅的土建工程全面铺开。整个工地最多时有近千人一同劳作。

转眼进入三秋大忙时节，也恰恰是"三通一平"工程最紧张之时，各个公社的农民都回家抢收抢种，施工现场劳动力减少，组织不起有运输能力的队伍，岱顶所需大量沙、水泥等建筑材料运不上去，给施工造成很大困难。在泰安地委协调下，各公社想尽办法，男女老少齐上阵（支付费用），用大打人民战争的方法，解决了三秋和索道施工的矛盾。其中粥店公社抽调了6名干部专门组织运沙，运沙人员一天最多达1800余人。

为解决建设期间以及后续索道运营的"水、电、路"问题，山东省副省长刘众前、省外办副主任徐天瑞于1981年11月2日专程来到泰安调研。经研究决定：修建一个较大的水库，以彻底改变泰山的供水问题；在泰山东关至中天门一段增设一条新的3.5万伏输电线路，在中天门至山顶一段增设一条1万伏的输电线路；对泰山游览路从泰山管理局苗圃至黄西河口（今黄溪河）一段进行加宽改造。

11月8日，泰山索道工程领导小组及有关部门负责人用三天时间考察现场，先后两次召开会议研究"水、电、路"工程的具体问题，分别成立"水、电、路"工程领导小组，随即组织勘察设计。

水的问题，经过反复勘察、比较，最后确定在黄西河建130米长的水坝，建成后可蓄水140万立方米，解决"水"的问题。

电的问题，开展东关至中天门的输电线路测量，突击设计、制图。中天门变电站的位置，确定在拦住山西沟，开始砸桩放线。中天门至山顶线路，因天寒只做了初步目测、没有具体测量。

路的问题，11月30日开始测量、12月13日测量完毕。本次改造的路段，原总长3200米，改造后缩短到2925米，需要用工80000个。所需石料选自黄西河至竹林寺一段的河中。1982年2月10日，泰山公路建设开始施工。由于人力和材料准备充分，于4月5日完成施工任务、全线通车，为索道设备运输打下了坚实的基础。

1981年12月底，索道筹建办公室整理了开工以来的工程：中天门站的场地整平，共开挖土石方约2.5万立方米，砌挡土墙1.5万立方米。完成约8万个劳动日，已基本完成场地整平；通往各工地的人行便道除南天门站人行便路的天桥正在积极施工外，其他便道均已修通；施工用水暂时得到保证。在顺天桥上游建成的小水坝已蓄满500立方米水，此水通过水管自流到中天门停车场建成的容量为50立方米的水池内，再用水泵将水从这个水池扬到工地。山顶修成了一个容量为600立方米的小水库，一个容量为80立方米的小水池，安装了两台水泵及输水管道，直通工地现场。由于干旱，蓄水量仅仅能保证短期施工，明年（1982年）2000立方米施工用水将是一个非常严重的问题；施工用电已解决，中天门站施工用电从中天门变电室接出。一、二号支架工地施工用电，用功率一部为40千瓦、一部为7千瓦的柴油发电机解决。南天门站施工用电从山东省电视转播台接出。

　　至此，除了南天门站场地整平尚在施工外，"三通一平"施工基本完工，索道站房建设主体工程具备基本的开工条件，各施工单位无缝衔接到下一个阶段。

　　泰山的冬季，冷风肆虐，哈气成霜，冰雪覆盖的地面，稍不留神就会滑倒，春节前，在保证安全的前提下，泰山索道的建设者们一直干到腊月二十五。1982年正月初九（2月2日）再次开工。节前节后，索道筹建办公室做了大量协调工作，解决了21顶帐篷、37吨生活用煤，民工生活问题有了较大改善。

二、解决用水难题

　　因山顶水源枯竭，在南天门站施工的各单位无水饮用，喝水成为一个突出问题。有的砸池内残存的冰块，有的到背阴处雪窝中、拣雪化水饮用。为了解决山顶用水困难，地委和行署领导带领有关部门负责同志跑遍泰山、踏看水源，研究如何解决索道工程用水问题。研究过程中，曾设想架设土索道，从山后三岔运水，或从泰山西路黄西河通过龙角山架设土索道向山上运水。后因土索道投资较大，且施工时间较长，不能按时解决索道施工中的用水问题而放弃。经反复研究决定，从中天门经云步桥、朝阳洞、对松山、南天门设一条全长3400公尺的五级揭水（295柴油机敷做动力）管道，泰建四工区从工区各单位抽调20余名技工突击备料安装。经过20多天的努力奋战，2月25日全部接通管道、26日正式将中天门的水顺利送到南天门工地，每小时输水6立方米，比原计划3月15日接通管道送水提前20天。困扰泰山索道建设工程8个月的关键问题得到彻底解决，对土建工程的顺利施工和争取"十一"通车起到积极促进作用。

三、输变电工程

1981年11月2日山东省委领导在泰安召开"水、电、路"问题会议决定，在泰安东关至中天门一段增设一条新的3.5万伏的输电线路，从中天门至山顶增设一段1万伏的输电线路。11月4日，输变电工程领导小组成立，明确了工程建设责任，工程设计除变电站土建设计由区设计室设计外，其余勘测、设计、施工均由泰山索道筹建处组织力量进行。17日进入实地测量。勘测队分为两组，一组测量3.5万伏输电线路，另一组测量变电站站址。由于时间紧迫，技术人员白天上山测量，晚上回家画图，边测量、边设计方案。3.5万伏线路地形复杂，没有直接通往沿线的道路，普通水泥杆运输困难。设计人员经过反复研究，专程去鞍山等地考察，最终确定线路架设采用水泥电杆和铁塔混合杆型，水泥杆采用小段水泥杆法兰联接方式。

中天门变电站的位置确定在拦住山西沟，站址位于重冰区与轻冰区交界处。为了确保安全运行，设计人员采用3.5万伏室内布置方案。此设计方案在山东省没有先例，设备也不知何处能加工。设计人员四处联系、寻找资料未果，最后由电力部介绍去北京水泥制品厂参观学习，带回了不少有用的资料。1982年2月15日，完成全部设计图纸和零件加工图纸，明确了主要电气设备、编制完成工程概算，转入施工阶段。

输电线路是泰山索道建设的重要配套项目。泰山索道筹建处采取集中人力、突击施工的办法，组建线路施工和变电施工两个施工队。施工期间，全线33组水泥塔杆和17组铁塔杆，分布在向阳果园、车家岭、斗母宫、吴家西沟、白杨坊、回马岭一线的层峦叠嶂，地形复杂、跨度很大，运输极为困难。尤其是斗母宫以上除1组塔坑外，其余16组铁塔坑址均处在磐石上，且按要求不能爆破，给挖坑架线带来很大困难，非常影响工程进度。泰安供电局的工程技术人员，利用合金钢钻头，每组塔坑打16个直径6厘米、深2米的孔，再把2米长的圆钢用五百号水泥固定在孔内作为塔基。经两个多月的奋战，攻克了这项难度大、要求高的工程，为架杆、放线、混凝土浇灌以及电器设备安装争取了时间。

省政府拨款70万元，解决了东关至中天门变电站9公里3.5万伏输电线路资金问题。

中天门变电站至中天门索道站敷设电缆线路长1120米，至南天门索道站敷设电缆线路长2700米。电缆沟里需敷设4条电缆，其中2条为供电电缆（一条为山东省广播电视传输保障中心泰山转播台电缆），1条为控制电缆、1条为通讯电缆。

1982年夏季，电缆运到中天门。每根电缆长约800米，要沿着十八盘依靠人工抬到南天门，再沿着山脊已经挖好的电缆沟一段一段敷设。承担本次电缆敷设任务的泰前迎胜大队派出近500人，隔2米安排1人，其余人员作为替换和保障随队前行。800米长龙弯曲有限制，首尾要互相配合，途中电缆不能拖地。于是每人带一根树杈，休息时将电缆架在树杈上。为了确保电缆安全，队伍行动必须整齐划一，所有人必须一起动、一起停。就这样，整个抬运电缆的队伍从中天门到南天门，再往西行至索道站站址，然后顺着挖好的电缆沟下行再回到中天门。炎热的夏季，挑山工背上的汗珠迅速汇成"小溪"、汩汩流淌。经过1个多月的努力，包括供电电缆、通讯电缆、控制电缆在内的电缆全部到位。随后，各技术部门完成电缆接线，输变电工程圆满完成。

第五节　站房建设

站房是索道的重要附属设施，其体量及功能必须满足索道设备型式需要。泰山索道线路及站址确定后，上下站站房具体位置基本确定。为了与周边景观和泰山建筑风格保持一致，泰山索道站房采用古建形式。

中天门站房施工历经冬春两季。特别是站房主体施工期正值冬季，施工人员冒严寒、保质量、抢工期，在部队官兵大力支持下，历时近一年时间建成了古色古香的站房，让日方专家大为惊叹。

南天门站房施工环境恶劣、条件艰苦，周边山势陡峭、地质情况复杂，施工难度巨大，施工方案多次调整。因原设计方案中站房基础存在断裂带，不得不将站房北移6米，造成月观峰山体受损，同时施工碎石溅落于索道站前形成冲击沟，严重破坏了泰山自然生态环境，成为泰山索道心中永远的"痛"，也成为日后专家学者反对后石坞、桃花源索道建设以及中天门索道改造的重要"证据"。

一、中天门站房建设

中天门站房建设在"三通一平"展开之后不久就提上议事议程。1981年8月，索道筹建办公室和泰建公司签订施工协议。负责施工的泰建四工区在中天门站初步具备施工条件后迅速进入现场开始施工，整个施工进展顺利。12月，正在赶抢中天门重锤坑640立方米混凝土浇筑工程期间，寒流数次袭击，最低温度达到零下16摄氏度。施工人员在重锤坑上搭起面积为250平方米的保温棚，棚内设置4个焦炭炉，使棚内温度确保在3摄氏度以上。为了加厚模板，在模板外面钉上了三层草帘，风口附近的模板还培上锯末，有力保证工程质量。12月22日，中天门重锤坑完成四壁灌浆。

1982年2月24日，泰山索道工程领导小组召开施工单位负责人会议，研究部署泰山索道春季施工问题。会议要求各施工单位加快施工进度，保质量保安全，按期完成任务，确保国庆通车。为力争索道按期通车，经泰山索道筹建处（1982年2月17日，经泰安行署办公室批准，"泰山索道筹建办公室"更名为"泰山索道筹建处"。）研究，决定采用"集中力量打歼灭战"的方法，让泰建公司四工区将南天门站施工人员调整到中天门站，突击中天门站主体工程施工。力争主动，尽量提前完成。南天门站条件成熟后再突击南天门站主体工程施工。

3月1日起，中天门主体工程进入关键阶段，投工人数超过100人。由于是边设计边施工，北京有色冶金设计研究总院技术人员吃住在现场，及时解决施工中出现的问题，中天门站房主体工程进展迅速。截至4月上旬，完

图2-3　车厢驶出南天门站

成重锤架结构的70%，混凝土浇筑高度达到6.8米，重锤西附房主体砌毛墙已完成60%以上。5月底，中天门站主体工程混凝土结构完成。7月底垒砌工作基本结束。8月底基本完成室外装修。8月和9完成室内外装修和琉璃瓦装配。

9月23日，日本东京索道株式会社索道专家在察看中天门索道工程后称赞说："你们的索道站是世界之最。"他们认为，在工作环境这样艰难、工作量这样大的情况下，能在很短的时间内搞到这个程度，感到很惊讶。要不是亲眼看到的话，简直不能令人相信。他们一再伸出大拇指说："了不起，真了不起！"

二、南天门站建设场地整平

南天门站站址坐落于山势险峻的月观峰。这里壁立千仞，坡陡岩高，岩石结构复杂，场地整平工作进度缓慢，成为泰山索道项目建设的"卡脖子"工程。

1982年春节后，泰山索道筹建处将主要技术力量驻在南天门站工地，实行面对面指导，突击场地整平。54825部队派出技术过硬的骨干带着7部凿岩机，与下港建筑队施工人员汇合，共同战斗在冰天雪地的工地上，任由雪水、汗水把安全帽和头发冻在一起。所有施工人员都按照3月底交工的进度，倒排工期、加紧奋战。

但是，南天门站场地整平出现了难以想象的困难，建设方案多次修改。

3月13日，地质专家现场勘察后提出，"为保证工程质量，边坡必须放六十八度坡"，并认为，不处理边坡就不能开始南天门站房施工。东坡是40米高的绝壁，放坡施工难度大、危险性强，且放坡影响挡土墙、基础坑、主体和锚杆的施工。自确定放坡后，地质队经两次测量后于4月10日形成断面图供设计院设计，4月14日形成放坡图纸，当天下午立即开始按图放坡，整个放坡石方量为1000立方米。同时，放坡和砌挡土墙昼夜施工、穿插进行。

三、月观峰山体受损及索道站前碎石冲沟的形成

5月11日，泰山索道筹建处、北京有色冶金设计研究总院和山东矿业学院决定将原定的打锚固桩锚固方法，改为打混凝土砂浆锚杆的办法。5月底，"混

凝土砂浆锚杆方案"基本准备就绪。但是施工人员清理场地时又发现建筑物范围的南侧基础，被一东西向、宽80公分的结构断裂带切割，对地基的稳定性和建筑物的安全构成潜在威胁。技术人员经过会诊后认为，如果续用锚杆方案，就不能消除其对站房的潜在威胁。

由于索道线路已经确定，起点站站房正在建设，两个支架正在安装，南天门站房位置不能左右位移，只能沿现有线路前后变动、也就是向南缩短或者向北延长。断裂带的威胁是潜在的，有可能发生也有可能不发生，但是改变站址带来的施工压力却是实实在在的巨大。在潜在危险与施工压力之间，泰山索道的建设者们没有丝毫犹豫，果断选择改变站址。这是一种对安全的高度尊重，也是对历史的高度尊重。

6月2日，经各方共同研究决定：上站站址沿索道中心线方向后移6米，也就意味着要削掉一部分月观峰山体。除此之外，没有别的选择。这一变更，给泰山造成了极大的破坏和伤害，成为泰山索道心中永远的"痛"，也成为日后专家学者反对泰山索道最重要的"把柄"。

为了加快施工进度，筹建处在审慎周密探讨研究并经泰山索道工程领导小组同意，决定采用先进的控制爆破办法，定点炸掉月观峰部分山体，由山东矿院负责实施。经过紧张筹备，组织泰安地区钢联、水河铁矿、华丰煤矿、电子管厂、山东矿院、54825部队、下港公社建筑队等单位210人开展控制爆破。

6月26日，施工点燃第一炮。当时正值雨季，岱顶气候多变，雨说下就下，施工人员小雨不停工、阵雨间隙搞突击，晴天一身土、雨天一身泥，一天24小时连续作战，施工进度没有受到天气影响。至7月16日已放1700炮，处理石渣3000多立方米，边坡整齐。负责爆破设计和技术指导的矿院胡峰教授，因腿疾无法走路，多次乘担架到现场指导。

经过两个月的紧张施工，完成了移址、基础坑、边坡和场地清理。地质队测量结果证明，场地范围、诸点高程、边坡坡度均达到设计要求。至此，整个南天门站场地整平、连同基础挖掘，共开挖土石约18000立方米，前后历时一年全部完成。

8月23日，经泰山索道筹建处、北京有色冶金设计院、泰建公司、泰建四工区四个单位的代表共同鉴定，一致认为具备站房施工条件，正式进行场地交接。

由于爆破产生的碎石崩落，大量碎石泄流在南天门站房前山沟中，形成索道站前碎石冲沟，对景观造成了极大破坏。包括裸露的月观峰岩体，尽管泰山索道建成后想了很多治理办法，但收效甚微。2000年中天门索道改造时，泰山索道在各方专家指导下，月观峰破损岩体和南天门索道站前碎石冲沟得到有效治理。如今，月观峰裸露岩体和南天门站前碎石冲沟已被浓密的各种乔木、灌木覆盖，夏天郁郁葱葱，与周边自然环境融为一体。

四、南天门站房建设

8月底场地交接完成后，负责南天门站房施工的泰建四工区计划，力争10月底完成框架部分，为放索做好准备。随后的两个月，施工紧锣密鼓，在寒潮到来之前，四工区完成主工程四层混凝土框架，为施放承载索创造了条件、争取了时间。

10月25日，经泰山索道工程领导小组同意，泰山索道筹建处就泰山索道工程不能按原计划竣工事宜与四工区达成延期竣工协议。

1983年2月中旬，经过一个冬天的奋战，南天门站北边坡坡度和危石清理基本达到设计要求。对东边坡的处理，分别邀请山东省地质局、济南铁路局、山东矿业学院专家现场查看分析。专家们一致认为不再需要放坡，但上下站所有边坡都需要用钢筋混凝土封闭。这个任务非常艰巨、工程量非常大，而且与其他工作相互影响。泰山索道工程领导小组高度重视，决定将这项工程与南天门站房施工统筹安排、交叉进行。

3月15日，泰建四工区在提交给泰山索道筹建处关于南天门站施工问题的报告中指出，将在气温不突变很冷的情况下，力争3月底或者4月初将五层框架梁板框架结构完成，为下一步施工高峰创造工作面。天公作美，3月中旬以来天气状况非常好，南天门站房施工昼夜进行，五层框架梁板比计划提前10天于3月底完成，主跨和附房的料石砌筑于4月底基本完成，实现了站房主体封闭。

4月25日至28日，泰安地区建委组织泰山索道筹建处、北京有色冶金设计研究总院、泰建公司四工区、索道安装队等单位对泰山索道工程建设情况进行检查。检查组认为，南天门站房施工基本完成，个别部位的装饰正在穿插进行，其他配套项目也正在进行。已完成的工程质量均达标。至6月中旬，南天门站房建设进入内部装饰和附房建设阶段。

五、驻地部队的积极参与

泰山索道建设，无论是场地整平还是站房建设，都离不开人民子弟兵的大力帮助。工程开工不久，驻泰54825部队就组成援建小组，主动前往泰山索道工程领导小组请求援建任务。他们派出三个连队，在副参谋长率领下，带着四台运输车、一部压钻机及其他施工器材，在中天门搭起帐篷、安营扎寨，哪里最苦最累，哪里就有人民子弟兵的身影。经过两个月的奋战，人民子弟兵为中天门站房建设作出了巨大贡献，开挖土石方五千多立方米。中天门站施工结束后，他们的身影又出现在南天门站施工现场。一身绿色、满腔热血，融在泰山的崇山峻岭，仿佛是行动着的"泰山松"，为泰山索道建设描摹出浓墨重彩的精神画卷。

第六节　支架建设

泰山索道线路沿着拦住山和帽沿山之间而行。考虑索道建成后的景观效果，同时为了尽最大可能保护线路中的自然景观不被破坏，泰山索道线路仅设两座支架，一个设在拦住山西侧，一个设在帽沿山东侧，共重120吨，架高分别为30米和46米，线路中间最大跨距为917米，客车距地面最高距离为150米。支架塔身为变斜率四棱锥型角钢组合体，最大为200×200×24毫米的大型角钢，最长单件为8.163米，最重单件为796千克。支架制作精度要求高，允许偏差仅为1‰（电力线路铁塔要求为3‰），制作周期短，要求1982年4月份开始现场组装。

支架工程分两部分，一部分是索道线路进行土建施工，一部分是在山下制作支架。

一、支架基础施工

1981年11月11日，由150人组成的一、二号支架混凝土基础工程开工。工程总量为168立方米，24天完成，比原计划提前一天，质量达到设计要求。1982年3月4日，由祝阳公社建筑队负责的一、二号支架点护坡和施工平台开工。工程砌挡土墙310立方米，毛石灌浆290立方米，回填土388立方米。4月17日，支架基础施工全部完成，交付安装支架。

支架的制作图纸由日方提供，由泰建公司支架安装队负责制作。1981年11月，为了保质如期完成支架制作任务，泰建公司动力科购进一台34-16ZD型联合冲剪机，最大剪切能力为直切125×12毫米角钢。在制作区配置一台45T-M悬臂吊车，可以解决杆件吊装。为使制作人员对支架结构心中有数，支架安装队按照1∶20比例，制作了一个二号支架模型。当时，制作索道支架在国内属于首次，缺乏成熟的制作工艺，安装队先后组织有关人员到鞍山铁塔厂、上海宝钢工地参观学习，制定了泰山索道支柱制作方案。本着"宁可麻烦千遍，也要保证制作精度达到要求"的原则，经过一个多月的紧张探索研究，顺利攻克了放样、调直、压弯三大技术难关，为索道支架制作奠定了基础。

支架制造精度要求高，放样准确是第一个技术难关。安装队在预制厂大力协助下，于11月初完成了1100平方米的放样砼平台，为制作准备了场地。放样中采用2″激光经纬仪定线，其偏差控制在2毫米以内。用钢卷尺加20公斤弹簧秤定值读数，提高了丈量精度。将一、二号支架联接板实样全部套出，并测绘出联接板蓝图。

角钢调直是第二个技术难关。规格为200×200×24毫米的角钢，即便40年后的当下也很少见，而且钢号为16锰低合金钢，将如此大规格、高强度的角钢调直，难上加难。为了攻克这一难关，安装队成立攻关小组，利用原有的80T冲床部分配件，历时两个月研制出一台60T校正机，并完成了角钢调直，要求完全符合标准。

压弯是第三个技术难关。索道支架的变曲点角度准确与否，直接关系到塔身的垂直偏差。为确保压弯质量，安装队加工了三套压弯模（共花费1.2万元），设置了压弯模架。通过多次试验，最后采用两套汽焊枪同时加热25分钟、用土压力机压弯，成功压完头部变曲点的八个弯，压弯精度每米1毫米以内。由于采用气焊加热，加热区小，温度均匀，无其他氧化物，确保了弯度精准。

二、支架安装

1982年2月23日，一号支架开始预装。3月15日，泰建公司预制厂院内耸立起一座庞大的铁塔，一号支架完成预装。北京有色冶金设计研究总院、泰山索道筹建处的相关人员对支架制作安装工艺、质量进行检查评议。检查评议结果为：支架顺线路方向垂直偏差7毫米，垂直线路方向垂直偏差11毫米，均小于设计要求（塔高的千分之一）。2100多个螺栓孔，孔孔吻合、未扩一个孔，螺栓个个穿过，做到了装配工艺的高标准。检查人员一致认为，一号支架制作工艺合理，质量良好，达到了日方设计要求。

一号支架预装成功，极大鼓舞了支架制作人员的士气、增强了信心，二号支架制作进度加快。同时，一号支架由麻塔公社沙岭大队运输队分批运往拦住山西侧，边运输边进行现场细装。

一号支架最长件8.2米，最重件806公斤。麻塔公社沙岭大队组成了近百人的专业运输队，并挑选33人组成大件运送小组。他们心往一处想、劲往一处使，齐心协力攀登崎岖的盘路，顺利通过云步桥急拐弯，脚踏"三瞪崖"，翻越坡度大、道路狭窄的拦住山岭。从4月6日开始，他们不畏艰险，一步一个脚印，将一号支架杆件源源不断地运送到施工场地。至4月24日，运送支架杆件达25吨。

5月25日，一号支架安装成功。经测量，支架实际最大垂直偏差小于设计要求值（塔高的1‰），与日本东京索道提供的塔顶鞍准确吻合。

二号支架位于海拔1225米处的帽沿山东麓，塔高46米（最长腿51米）、全重75吨。由于山高坡陡、场地狭小，二号支架的组装比一号支架难度更大。泰建公司安装队从安装底板开始，对每一道工序严格要求，自下而上始终控制中心偏差最小值，装配定位、层层校正，保证了组装的高质量。组装从6月15日开始，至7月31日完成。检测结果显示，二号支架安装后实际垂直最大偏差20毫米，仅为塔高的0.44‰，大大小于设计允许偏差值1‰。

第七节　设备安装调试及通车典礼

泰山索道设备安装是整个工程中难度最大、最重要的一项工作。作为我国第一条大型山岳旅游客运索道，泰山索道运行电控装置是当时世界上最先进的，我方技术人员第一次接触这类设备，无任何安装经验可循。两座支架属于大型索道塔，且处于高山峻岭之上，施放钢丝绳无论是地形复杂程度，还是牵引力等方面，都是世界性难题。但是泰山索道建设者们一鼓作气、有勇有谋，高质量完成各项设备安装任务，泰山索道于1983年8月5日投入运营。

一、施放承载索

1982年9月23日，日本东京索道株式会专家一行三人抵泰，实地察看泰山索道施工及设备保管情况。日方对设备保管十分重视，仔细察看了设备状况后给予高度评价。索道专家中村先生伸着大拇指说："看到你们对设备保护得这样好。我就完全放心了！我是百分之百的满意。"双方就设备安装的有关技术问题作了详细交流。我方根据事先拟定的《安装工程中需要与日方洽谈的问题》提纲，以及《泰山索道承载索架设方案（征求意见稿）》，就承载索架设、设备安装、调试标准值、图纸资料等有关技术问题作了比较透彻的交谈，使我方比较全面地了解了日方对索道工程的技术要求和施工方法。

10月，南天门站房主体工程完成四层混凝土框架后，具备了施放承载索的条件。为保证完成1983年"八一"正式通车剪彩的任务，泰山索道筹建处决定冬季施放承载索。为此，泰建公司安装队从11月初开始进行放索准备，根据地形绑扎各种护架并安装曳引索。为做到万无一失，筹建处邀请北京电力建设研究所配合安装队做拉力测试、进行实地实验，为放索提供了可靠数据。

12月初，寒潮来袭，大风呼啸，山上气温急剧下降。塔高46米的帽沿山二号支架恰处风口，凛冽的寒风吹透了在支架上高空作业的施工人员。但是他们顶风冒寒、坚守岗位，按指令准确地操纵卷扬机，使钢索稳步上牵，坚持按计划完成每天的放索任务。

放索过程中，索道安装队认真总结施放"西索"经验，及时加强曳引设施，调整放索工艺，将一台可以连续工作八吨慢动卷扬机配上"磨头"，在曳引"东索"过程中发挥了巨大威力，工效提高一倍多，仅用7天时间就完成了施放"东索"的任务，创出了放索新水平，为紧索奠定了基础。

12月20日，两条承载索安全架设到南天门站的锚固架上。

二、承载索紧索

索道能否安全运转，承载索紧索是关键环节之一。这个工作难度很大，精度要求高。能否高质量完成，关系到投产后乘客的生命安全，中日双方都十分重视。

1983年3月2日，日本东京索道株式会社索道专家一行三人抵泰指导紧索。筹建处人员昼夜靠在山上，负责联络解决施工中的技术难点。当发现问题时，及时召集有关工程技术人员转达日方意见，并向日方提出合理化建议。由于配合较好，注重了轻重环节，使紧索工程有条不紊地进行，于10日按设计要求紧完"西索"，为"东索"紧索工程积累了经验，提供了可靠的理论数据。"东索"紧索顺利，21日完成。经检查验收，质量达到设计要求，整个紧索工程胜利竣工。

日本索道专家黑川武先生说："泰山索道和我们的索道是姊妹索道，是中日友好的象征。我一定把紧索技术和机械安装、维修管理的知识教给你们。"临行前，他将随身多年的试验合金温度的电子温度计和《钢索加工技工必读》一书赠予泰山索道筹建处。北京电力研究所派出两位工程师密切配合紧索施工，义务进行张力测试，为紧索提供了可靠数据。筹建处工程技术人员白天坚持跟班学习、参与施工，遇到难点虚心请教，晚上在会议室看图纸，消化吸收先进技术，设备安装完成后基本掌握了索道建设每个工序的业务知识，为后来管理运营泰山索道积累了较为丰富的理论知识和实践基础。

三、驱动轮拆装

其间，日本专家还指导了驱动轮拆装。索道驱动轮重达5吨，人工抬运

图2-4　1982年驱动轮顺利抵达南天门

图2-5　索道运营前在车厢顶部进行线路巡查

到南天门十分困难。为此，必须对驱动轮组件进行分解，分件运输到南天门后再组装。驱动轮拆解后最大单件重2吨（据参与抬运驱动轮的泰山挑山工口述，他们抬的驱动轮单件最重达4吨）。拆卸后的驱动轮，由100多名挑山工齐心合力，前48人、后64人，加上拦头大顺、小顺杠，在挑山工独有的号子声中，从中天门开始攀登3328级台阶至南天门，历时3天。3月31日，驱动轮组巍然落在南天门站驱动装置机座上。

工作完成后，中日双方将这次工作情况整理汇编成《泰山索道工程承载索紧索工作纪要》和《泰山索道工程驱动轮组件拆、装工作纪要》。

4月3日，日本专家一行离泰回国。他们这次在泰山工作58个工作日。

1983年5月中旬，包括索道综合、机械装备、索道车辆、索道电气等专业技术人员在内的日本索道专家一行5人陆续抵泰，指导牵引索、平衡索的锚头制作和电器设备的安装调试。7月，泰山索道进入调试和试运转阶段。按照合同规定，调试工作以日方为主、中方配合。中方进入各岗位参加调试的人员、试运转的人员，大多是泰山索道筹建处工作人员，他们肩负着日后索道运营管理的重任，十分珍惜这次学习机会，做了严谨细致的调试记录，掌握了索道运营各环节的操作、维护、检修技术。7月11日，泰山索道按照各项技术要求进行了综合性的调试、运转。经中日双方检查测试，各项指标完全符合设计要求，完全具备通车运营的条件。

四、通车典礼

根据调试情况，泰安地区行署外事办公室向省外办、旅游局递交了《关于泰山索道通车剪彩安排意见的请示》，正式提出8月5日举行通车典礼，并成立"泰山索道剪彩筹备小组"。

1983年8月5日15：30，泰山索道通车典礼在泰山索道中天门站隆重举行。时任中共中央政治局委员、国务院副总理王震亲自剪彩，中共中央书记处书记、国务委员谷牧，国家旅游总局局长韩克华、中共山东省委书记苏毅然、山东省省长梁步庭等领导，被周恩来总理誉为"中日友好的掘井人"、中日经济协会常任顾问冈崎嘉平太率领的访华团共250余人参加通车典礼。新华社、人民日报、中央人民广播电台国际部、中国旅游报、北京旅游杂志、香港文汇报、香港大公报以及美国、加拿大、日本等外国媒体对泰山索道通车典礼进行

图2-6　1983年8月5日泰山索道通车典礼

了采访报道。

1985年11月，泰山索道工程通过山东省旅游局、省城乡建设委员会组织的验收。1985年11月4日至6日，泰山索道工程验收会议在泰安召开。参加会议的有国家和省、市有关部门领导，工程勘测设计、施工、建设单位领导、专家和工程技术人员，同时邀请省、市为工程作出贡献的部分老同志、新闻单位及国内其他索道的代表共99人。会议组成了索道工程验收委员会，具体组织领导索道工程验收，听取泰山索道负责人、北京有色冶金设计研究总院泰山索道主要设计人员关于泰山客运索道设计和设备引进工作总结报告，听取泰安市第一建筑安装工程公司负责同志关于土建、安装施工的总结报告，查阅了施工资料，实地检查了工程并进行了认真讨论，形成了泰山索道工程验收鉴定书。1986年1月1日，泰山索道通过国家验收委员会验收，正式投入运营。1990年，泰山索道工程荣获山东省科技进步奖二等奖。

第八节　建设工程小结

泰山索道是我国第一条大型高山旅游客运索道，是中央和省、地三级都高度重视的重点建设项目，是在国家大力压缩基建项目大环境下、由国家旅游总局全额拨款、动用外汇储备的大型基建项目。工程地形复杂、任务艰巨，涉及从国家到地方、到军队100多个单位配合。工程没有经验借鉴，由泰安地委、行署领导及有关部门负责人组成泰山索道工程领导小组，下设各方面人员组成泰山索道筹建处，具体负责工程组织实施。

工程开挖土方18318立方米，石方34731立方米，砌墙16329立方米，回填土6505立方米。人挑肩抬往山顶运输各种建筑材料、工具、机具、生活用品2万多吨（不包括山顶的二次倒运）。动用地方和军队劳动力50多万个，最繁忙的时候每天有上千人住在山顶帐篷里。

山东省第一测绘大队（省测绘局原磁窑地质九队）于1978年7月开始泰山索道工程勘察测量。泰山索道地处高山，交通不便，地形复杂，树木繁茂，气候变化无常，给勘察测量工作带来很大困难。勘察测量人员翻山越岭，跑遍各个山头，查阅各种资料，经过四个多月的努力，完成了野外勘察测量任务。由于线路多次变动，测量工作共进行了三次，野外测量和清绘工作长达一年多时间。根据最终确定的索道线路，两站测点距离为1991.603米，上下站测点高差622.787米。山东省第一测绘大队每次都是以最快的速度，将最精确的数据提供给国内工程设计方和日本设备设计方。

泰山索道工程由北京有色冶金设计研究总院负责，王庆武同志为主要设计人员。设计前，他们组织各专业人员登临泰山百余次，实地踏看现场，并与有关部门多次座谈了解情况，取得了大量的第一手资料，对于设计、施工、预算、设备选型以及设备引进等方案进行客观分析，形成了较为先进、完整、可靠的方案。经过施工、安装和17年的运营实践表明，设计方案科学严谨、安装过程符合要求、技术水平先进可靠、建筑形式独具一格，整个工程是国内建设史上的一个创举。

泰山索道工程总投资1036.5万元。其中，国家旅游总局拨款967.5万元，泰安自筹69万元。其中"三通一平"工程179.8万元，土建256.7万元，安装

图2-7　泰山索道第一次发车

102.3万元，配套工程117.8万元，设备引进215.6万元，运输、生活设施、筹建等其他费用164.3万元。

　　泰山索道属于大型现代化客运索道，由下站（中天门站）和上站（南天门站）、两座支架及其线路组成。在线路两侧的承载索上各挂有一辆车厢。考虑到线路侧型复杂、高差大的特点，索道型式为双牵引往复式，客车容量为30＋1人，运行速度每秒最大为7米，小时单向运输能力为240人，每日可运送2000人左右。

　　泰山索道的建成，减少了山上接待压力，促进了泰安市内旅游事业的发展。游客在山上的周转加快了，并带动了泰安市内各行各业的发展，"一条索道，活跃了整个泰山"，这话在一定程度来说并不夸张。

　　根据1984年统计，来泰山游览的国外游客近1万人，比1978年泰山刚开放时增加80%；国内游客达100余万人，比1978年增加60%；泰安市内各行业从旅游中收入达2000万元，比建索道前增加60%，且正以每年20%的速度增长。由此可以看出，泰山索道的社会效益也是显著的。

图2-8　1983年中天门索道站全景

第三章

齐鲁青未了——索道建设（下）

中天门索道建成后，泰山旅游迎来大繁荣、大发展的春天，游客量从此前的每年20万人左右迅猛增加到100多万人。进入（20世纪）90年代，一方面，经过10多年的改革开放，人们的思想观念和生活水平已经发生翻天覆地变化，旅游成为朝阳产业。另一方面，国家新一轮深化改革、扩大开放政策，即将如泰山日出一般喷薄而出，市场经济的大潮已经暗流涌动，泰山旅游既面临游客大增的新机遇，同时也面临岱顶游览面积小、无法形成循环的新难题。开辟新的旅游线路，增加岱顶游览面积，构建泰山东麓、中麓和西麓线路大环线、旅游大格局，成为泰安市委、市政府的战略选择。

无论是丰富旅游线路，还是构建旅游大格局，都离不开便利的交通条件这个基础。于是，新建后石坞索道、畅通从泰山东麓进出的交通，以及新建桃花源索道、畅通从泰山西麓进出的通道，成为泰安市委、市政府的重要决策部署。在索道设备选型上，选用代表当时世界客运索道最新、最先进技术，且运量大的脱挂循环式索道。

后石坞索道和桃花源索道同步规划、同步建设。其间，少数专家强烈反对泰山新建索道，甚至提出炸掉中天门索道。泰安市政府据理力争，未获持反对意见专家认可，但得到国家主管部门和绝大多数专家支持，两条索道建设顺利推进。

1993年8月和11月，后石坞索道和桃花源索道建成投入运营，与中天门索道一起形成了以岱顶为中心，连通泰山东麓、中麓和西麓的空中交通网络。后石坞和桃花源索道的建成运营，极大拓展了岱顶容量，改善了泰山东西两麓的旅游条件和周边居民的生活环境，桃花峪景区周边区域一夜之间改变了住山伐木的单一经济社会形态，结束了不通路、不通电的历史，迅速跨入现代文明生

图3-1　缆车悠悠

活、融入现代文明社会。更为重要的是，两条索道的建成运营，揭开了泰山奥区、秀区神秘的面纱，游客能更加全面地领略泰山多彩的自然风光和丰厚的历史文化。

第一节　决策过程及审批论证

20世纪90年代，中国旅游进入发展高峰，名山大川成为旅游度假的首选，泰山更是以"五岳独尊"的雄浑气势和世界文化与自然双遗产之优势享誉全球。尤其是自泰山中天门索道运营以来，便利的交通极大解决了登山难问题，国内外游客逐年增多，至1991年已增至250万人次，旅游旺季平均每天有1万人次登山游览，节假日游人则多达几万人。1988年6月，时任全国政协副主席、著名科学家钱伟长乘坐索道游览泰山后欣然题词"旅游也要现代化"。

攀登泰山，岱顶是必达之地、聚集之处。但是岱顶面积仅为0.6平方公里，游客上下山常常出现拥堵。而中天门索道运量远远无法满足游客需求，旺季游客排队长达4～5小时，各方面压力巨大。同时，游客不远千里来到泰山，在岱顶只能沿天街一线游览。而泰山的风光何止于此，位于岱顶东北侧的后石坞景区，峰雄岩壮、石河蜿蜒，扎根于岩石的泰山古松，千奇百态、鬼斧神工。泰山西麓桃花峪、桃花源景区，溪水潺潺、绿潭深幽，春天漫山连翘，夏日浓荫遮蔽，秋时红叶连天，冬季冰瀑高悬。两处胜景都是泰山自然景观的重要组成部分，闻名遐迩。但由于交通闭塞，一直"养在深闺无人识"，直至1992年尚未得到开发和展示，是泰山文化自然资源的极大浪费。

一、决策背景及过程

泰山是中国的泰山、世界的泰山，但首先是泰安人的泰山、泰山人的泰山。没有人比生活在这片土地上的人更加热爱泰山。面对高峰时期巨大的运营压力，游客超长的排队时间，以及无法进入却禀赋异常的旅游景点，泰山索道人终究做不到视而不见、无动于衷，多次向泰安市旅游部门建议，在后石坞和桃花源建设先进的客运索道，形成以岱顶为轴心，辐射中路、西麓、东麓"三龙拱岱"的交通网络，一方面为游客提供便利可选择的登山路线，另一方面拓展泰山旅游发展空间。泰安市委、市政府和旅游部门认为，为缓解泰山前山旅游交通压力、扩大景区容量、促进景区均衡、推动泰山旅游向纵深发展，在后石坞、桃花峪修建两条索道是泰山旅游发展的必经之路、腾飞之路。

至1991年，泰山索道已经安全运营8年，培养了一批具有建设和管理索道的技术骨干与专业人才，对开拓新建索道充满信心。根据泰安市委、市政府和旅游主管部门安排，泰山索道多次进行实地考察，并于1991年秋邀请在"倡议、设计、建设和管理泰山第一条索道中做出突出贡献，全国索道行业的权威人士——北京有色金属设计总院高级工程师王庆武等专家前来实地勘察，对建设这两条索道的必要性、可行性以及选址、走向、型式等技术问题做出了判断，专家认为后石坞、桃花源有建设索道的必要，且两个景区的自然条件具备建设的基础"。

1992年2月，泰安市委、市政府决定建设泰山后石坞、桃花源两条索道，总的指导思想是"保护风景，方便旅游，两者有主有次，彼此兼顾"。泰安市旅游局强调，"索道线路和站址尽可能隐蔽，不与景区争景；尽可能地保护地形、地貌、植被不被破坏；索道站房的规模在满足索道功能要求的前提下，体积要小，附属设施要少，并和景区内建筑物风格相协调一致，便于游人集散和游览"。

泰安市旅游局和泰山风景名胜区管理委员会经多次踏看现场、反复权衡，确定后石坞、桃花源索道站址的初步定点方案：桃花源上站在小水库北约50米处或者小水库处向上150米左右的平台上，下站站址在苹果园和河滩两处可以自由选择。后石坞索道上站在北天门牌坊以南100米处左右或者在"丈人峰"东北侧10多米处，下站确定在石河东西两侧均可。

泰安建设部门组织有关专家经实地勘察，综合考虑建设难易程度、距离各重要景点的距离等因素，确定了两条索道的线路和站址并得到泰安市政府同意。后石坞索道上站在北天门附近，此处地势开阔，树木较少，除了北天门石坊和空军导航站以外，无任何人文景观。下站，为增加索道的神秘感，避免游人从岱顶直接看到索道站房，站址设在进入后石坞景区的入口处。桃花源索道上站选择在距岱顶天街北约300米的空旷地带。该处地势平坦，移栽树木较少，施工作业方便。且这里距离天街较近，非常有利于北天街旅游景点和服务网点的综合规划开发。下站在三岔林场办公室东南约100米的空地上。此地一半是河滩，一半是苹果园，对森林植被破坏小，加之站址处于景区尽头，为该景区增添了新的景观。

拟新建两条索道的站址均远离古建筑和碑文、石刻、古木，充分体现了泰山人对保护泰山的坚定和执着。

2月11日，泰安市政府第三次常务会议决定：新建岱顶至后石坞（后石坞索道）和岱顶至三岔（桃花源索道）两条客运索道。

二、论证审批

桃花源、后石坞两条索道建设项目经泰安市政府常务会议研究同意，以泰安市旅游局（因泰山索道当时是隶属于泰安市旅游局的事业单位）为建设主体、由泰安市计委立项，并对线路站址进行了多次研究论证。

2月24日，市编办批复市旅游局，同意成立泰山后石坞、桃花源索道筹建处（科级事业单位）。泰山索道抽调5名管理和技术人员迅速投入工作。

3月2日，泰山索道向市旅游局提报建设后石坞和桃花源索道的立项报告。

3日，泰安市人民政府办公室发文成立后石坞、桃花源索道建设领导小组，由分工副市长担任组长，泰安17个相关部门负责人及北京有色冶金设计总院、泰山索道负责人为成员，领导小组办公室设在市旅游局。

4日，领导小组召开第一次全体成员会议，通报考察立项等准备情况、国内外索道建设最新动态。会议明确，后石坞索道上站定在北天门牌坊南侧约100米处，下站定在后石坞景区的娘娘庙附近；桃花源索道上站定在岱顶天街北约300米处，下站定在林场办公室以南的桃花源末端（果园与河滩交汇处）。同时，正式确定两条索道的名称，北天门至后石坞的索道称为"后石坞索道"，岱顶至桃花源的索道称为"桃花源索道"。会议要求，从即日起10天内完成立项，先建设后石坞索道。在后石坞索道建设期间，尽快完成桃花源索道工程的报批和前期准备工作。后石坞索道力争明年（1993年）5月1日试运行，桃花源索道争取在1994年5月试运行。会议一致认为，由于我国目前还没有专业生产厂家，国产设备性能无保证，要引进设备而且要引进最先进的，其他配套设备采用国内的。会议决定，建设资金包括所需外汇，从中国建设银行泰安分行贷款，市财政解决部分周转资金（实际向中国建设银行泰安分行贷款人民币，向中国银行泰安分行贷款外币）。供电问题由电业局提供方案，确保索道建成后与社会用电分开。征用土地问题由泰安土地管理局会同有关部门尽快落实。会后在泰安市武警接待处（索道筹建处驻地）举行索道筹建处挂牌仪式。

14日，市旅游局向市计委提报立项请示。17日，市计委批复市旅游局，同意后石坞索道立项，同意该索道上站设在北天门附近、下站设在后石坞景区入口处，两站之间线路全长600米，两站站房及附属设施建筑面积1600平方米。索道型式同意选择单线循环自动脱挂吊椅式，单向运量500人/小时。项目总投资3000万元，其中土建1100万元，设备及其他投资1900万元。索道建设要注意保护环境，建筑物体量要尽可能小，并要与周围的景区相协调。索道线路选择、设备选型要在扩初设计中进一步搞好论证。

28日，领导小组召开第二次会议暨后石坞索道初步设计论证会，邀请山东省建委园林处、山东省园林协会、北京有色冶金设计研究总院、泰山管委规划科、泰山林场、市第一建筑工程公司等相关单位参加。索道筹建处汇报筹建工作进展，完成后石坞索道立项及地质勘察和测量，对引进索道设备进行了多方面询价和调研，落实了部分资金等。会议审议论证了由北京有色冶金设计总院设计的后石坞索道上、下站站房主体初步设计方案。会议认为，站房设计构思可以、方案可以继续完善。设计过程中要提高站房的安全系数、方便游客，站房体量尽量小，要搞得小巧玲珑、新颖别致，与泰山的风格相协调。会议要求，以泰山管委为主、市旅游局协助，设计桃花源景区统一规划方案，把索道站作为规划的一部分，将接待、服务、生产设施融为一体，方案由市建委审查后报市政府研究审定。

6月17日，市计委批复市旅游局，同意桃花源索道立项。上站设在天街以北150米处，下站设在桃花源林场办公室附近；线路全长2200米，两站及附属设施建筑面积控制在5700平方米以内；索道型式采取单线循环自动脱挂吊厢式索道，单向运量1000人/小时。项目总投资5000万元，其中土建1500万元、设备3100万元。索道建设要注意保护周围环境，要与周围风景相协调。

第二节　建设争议

建设后石坞、桃花源索道的消息经媒体报道后引发相关专家学者关注，他们通过媒体发表反对意见，并以其所在机构名义向国家主管部门致函。国家主管部门相关领导、2名专家到泰安实地考察调研。泰安市政府、泰山风景名胜区管理委员会、市旅游局、索道筹建处负责人与专家面对面充分沟通交流，其意见未获2名专家认可。泰安市委及相关方面负责同志赴北京向国家主管部门汇报，得到国家主管部门领导和有关专家认可，建设后石坞、桃花源索道的争议平息，两条索道建设正常推进。

一、媒体报道

1992年5月12日，《中国旅游报》刊出《经泰安市政府批准建设泰山后石坞、桃花源索道》的消息，引发文物保护、园林设计方面专家、学者关注。6月

7日，《中国青年报》刊出《十四位专家学者发出请求，停建泰山索道》，清华大学教授朱畅中、北京大学教授谢凝高等14名专家学者对于建设泰山后石坞、桃花源索道提出否定意见。

据《中国旅游报》3月19日报道，泰安市将在92年"集中精力搞好泰山后石坞、桃花峪两条索道的立项、筹资工作"，现已成立筹备组织并即将开工。我们恳请有关领导予以制止，理由如下：

一、泰山是世界自然文化遗产，根据世界遗产保护公约规定，在世界自然文化遗产范围内，不能随便破坏自然文化遗产原有面貌，我国是签约国之一，有履行公约的义务。

二、泰山是国家级风景名胜区，国务院在《风景名胜区管理暂行条例》中规定："风景名胜区内的一切景物和自然环境必须严格保护，不得破坏和随便改变"，泰安市有关部门应该认识到国家级风景名胜区的重大工程须申报国务院主管部门审批。

三、泰山后石坞景区和桃花峪景区，都是一级保护区，总体规划规定桃花峪到岱顶、后石坞至岱顶，只修步道，不建索道。上述两条待建索道，不符合泰山风景名胜区总体规划的要求。

应该指出，现有的中天门到南天门（月观峰）索道，在兴建前即遭到国内外许多专家的反对，虽然从目前局部利益看，似乎使经营部门获得经济效益，方便了部分游客，但对泰山的景观却造成了有史以来无法弥补的极大破坏！仅南天门站台的兴建，致使月观峰峰面被炸三分之一，损坏植被及地形达19000多平方米。即使远在10多公里以外，仍清晰可见泰山"额头"上的"伤疤"。索道直插岱顶，促使岱顶城市化，人为的造成生态环境恶化，损害了岱顶作为历史文化的面貌。①

二、相关部门意见

6月30日，建设部城市建设司致函山东省建设委员会，转达中国联合国教

---

① 《十四位专家学者发出请求，停建泰山索道》，《中国青年报》1992年6月7日第1版。

科文组织全国委员会的函，要求山东省建设委员会对于专家学者提出的意见充分考虑，引起重视，慎重对待，认真论证。

7月27日，泰安市委按照省委第106号批办件意见，召开会议认真学习研究，形成会议纪要并向省委办公厅汇报泰安市委对修建后石坞索道和桃花源索道必要性的意见。

汇报指出，在泰山修建后石坞、桃花源索道十分必要。一是保护泰山风景资源的需要，两处景区有万顷松林，近年来虫害严重，大有蔓延之势，而且火灾隐患令人担忧，修建索道，治虫防火十分方便，有利于林区的保护和管理。二是进一步开发泰山风景资源的需要。三是发展泰安旅游经济的需要。

汇报指出，新建泰山两条索道，认识不尽一致，有的专家、学者出于对泰山这一世界自然遗产的关心、爱护的心情，提出了一些不同的见解。泰安市委高度重视，先后召开多次专门会议进行研究分析，统一了认识，就三个方面的问题与相关专家交换了意见，并得到了他们的理解和认可。一是继承和发展的关系。泰山已有数千年的历史，是自然景观和人文景观融为一体的风景名胜区。无论自然景观还是人文景观，都渗透着前人的辛勤劳动。其所以成为中国的名山、圣山，是一代一代开发建设的结果。我们这一代，也有一个继承和发展的问题，既要保护好祖先留给我们的珍贵遗产，又要在现有的基础上搞好开发建设，这是历史赋予我们的责任。二是自然形态和经济形态的关系。无论任何资源，都有一个由自然形态向经济形态转变的问题。泰山是我市独有的旅游资源，从其自然形态讲具有丰富的观赏价值。正因如此，才能带来经济价值，二者是辩证的统一。要实现由自然形态向经济形态的转变，除充分利用好现有的旅游条件外，必须进行新的开发建设。三是保护与开发建设的关系。泰山的自然景观和人文景观已经形成，再在泰山上进行新的开发建设，必然或多或少、或轻或重地带来些不利的影响，但是我们不能因噎废食，关键是选择最佳方案，采取措施，保护好自然植被……

三、专家考察

7月30日～8月2日，国家建设部城市建设司风景名胜处副处长王早生、清华大学教授朱畅中、北京大学教授谢凝高组成考察组，就泰山新建后石坞、桃花源两条客运索道进行专题考察。泰安市委、市政府非常重视，指派泰山管委会、泰山新建索道筹建处等单位负责人陪同。考察组对两条新建索道的上下站站址、线路走向、索道长度等进行了详细现场查看和了解，两位教授向陪同人员发表了坚决反对在泰山新建索道的一些看法和意见。8月2日上午，由泰安市市委、市政府组织相关单位负责人，在泰安华侨大厦与考察小组座谈交流。

副市长宋广吉代表泰安市委、市政府表示：市委、市政府作出的在泰山新建两条索道的决策是一件有利当代、惠及子孙的大好事，经过了认真分析、反复论证，广泛征求和吸收省内外许多专家、教授的意见，进行了长时期的可行性论证，并结合第一条索道安全运行8年，且已收到了很好的社会与经济效益的实际而决定再建的，是很慎重的、科学的、可行的。建成这两条索道，使泰山景区形成环路，减轻前山旅游高峰期的压力，也将更加有利于对泰山和泰山林场的保护。建设索道有利于泰山旅游事业的不断发展，能够满足各个层次、年龄结构旅游者的多方面的需求。同时，也给子孙后代留下我们这一代创建的文物成果。总之，我们建索道的目的不是去破坏，而是去保护。泰安人对泰山的建设，对泰山文物的保护做出了极大努力，而且已经取得了有目共睹的成绩。

对两位教授提出的禁止新建索道甚至连第一条索道也要炸掉的观点和言论，宋广吉副市长明确表示不赞成，并恳切希望两位教授"这次来能改变看法，帮助我们出主意，想办法，使两条索道站址选得更合理，把这两条索道建设得更好"。两位教授不肯接受后，宋广吉副市长指出，我们的中心任务是抓住当前有利时机，加速把经济建设搞上去，为振兴泰安、发展泰山的旅游事业做出实际贡献，对这两条索道不但要建，而且还要加速建设，建设得更好。

四、国家建设部意见

8月24日，建设部城市建设司在致山东省建委和泰安市政府的函中指出，自泰山准备兴建桃花源、后石坞两条索道的消息传开后，在社会上引起很大反响。许多新闻媒介报道了部分专家的不同意见，中国联合国教科文组织全国委员会致函我司，对此事表示关注。泰山作为国家重点风景名胜区、世界文化和自然双遗产，在社会上和国际上都有其影响。为此，我们特邀请熟悉泰山情况的我国风景园林界著名专家朱畅中、谢凝高教授赴泰山考察，听取了泰安市政府及市有关部门的情况汇报，对要求兴建两条索道的原因以及两位专家的考察情况汇报进行反复研究后，我们认为，从对泰山的保护、建设和管理的全局考虑，目前这两条索道弊多利少，不宜兴建……

1993年1月9～12日，泰安市委有关领导与索道筹建领导小组一行，赴京向建设部及有关专家作专题汇报。国家建设部及相关专家同意泰安市委意见。建设后石坞、桃花源索道的争议平息，项目建设按计划推进。

第三节　设备引进及运输

20世纪90年代，世界客运索道先进技术和先进制造中心已经转移到欧洲，自动脱挂循环式客运索道成为主流。

由于中天门往复式索道的技术和运量等技术指标，无法满足后石坞索道和桃花源索道需要。因此，后石坞和桃花源索道的设备选型主要面向欧洲国家，最终选定奥地利多贝玛亚公司的自动脱挂循环式索道设备。

泰山"挑山工"再次发挥集体智慧和力量，用铁一般的肩膀和意志，将设备安全顺利抬运到后石坞、桃花源施工现场。

1992年4月，筹建处根据筹建领导小组关于索道主要设备从国外引进的决定，着手进行国外设备询价调研，分别向法国、瑞士、意大利等国厂家提供了报价所需资料。

9月7～25日，以市政府领导为团长的索道设备考察团，赴瑞士、奥地利进行为期19天的索道设备考察，基本确定选用奥地利多贝玛亚公司产品。后石坞索道采用当时世界第一流的双人带罩吊椅脱挂式设备，单程每小时运量最高500人，以直流电机为动力，运行由计算机控制，通过可控硅调速、可在每秒1～3.5米运行速度范围内任选，过支架无失重感觉，无电源时液压马达驱动、无重锤液压张紧。桃花源索道采用当时世界上最先进的6人吊厢脱挂式设备，单程每小时运量1000人。设备采液压缓冲（张紧）可控硅调速，可在每秒1～5米

图3-2　1993年泰山挑山工运送后石坞索道支架

运行速度范围内任选。无电源时由液压马达驱动，运行由计算机控制，CWA车厢。两条索道均选用特制镀锌钢丝绳。预定9月份签订合同，1993年4月底到货、1993年8月可投入试运行。后石坞索道设备报价197万美元，桃花源索道设备报价450万美元。

9月21日至26日，在泰山宾馆举行索道设备进口谈判，奥地利多贝玛亚公司代表以及北京有色冶金设计总院、泰山索道、索道筹建处、庄月集团（香港）公司代表等人员参加。双方围绕主要设备、备件、价格、交货时间、运输、双方责任、安装、培训、保险、不可抗拒因素、仲裁、合同生效期等问题持续谈判近1周时间。据当时参与谈判的同志回忆（口述），我方提出两条索道的支架，由奥方提供图纸、我方制作，但奥方以中国钢材质量不符合奥方标准为由拒绝，待我方拿出钢材质检材料后，奥方作出让步，同意我方制作支架，但支架柱体以上的塔架与平台部分由奥方提供。

由于后石坞和桃花源两条索道是我国首次从奥地利多贝玛亚公司引进，为了打开中国市场，多贝玛亚公司在价格上作出让步，谈判取得双方较为满意的结果，设备价格比初始报价下降14%、节约资金约80万美元。双方于9月25日签订购货合同，泰安市委、市政府领导参加签字仪式。

11月，泰山索道以"山东泰安桃花源（后石坞）索道有限公司"名义向中国投资银行山东省分行贷款290万美元，向中国建设银行山东省分行申请基建贷款1300万元。

1993年2月19日～3月15日和4月9～25日，泰山索道分别派出技术人员赴奥地利进行21天和17天的业务技术培训，同时验收部分设备。

1993年5月16日起，进口索道设备陆续抵达青岛码头并分批运往泰安。后石坞索道设备共6个集装箱、总重量76吨，桃花源设备共17个集装箱、总重量189吨。

钢丝绳和驱动轮、液压张紧等大件运输最为困难。起初，筹建处再次考虑直升机运输，并得到济南空军某部大力支持，但经多次实验、多方分析最终放弃，仍通过泰山"挑山工"人工抬运。

后石坞索道钢丝绳全长1200米，重5.6吨。经慎重考虑和实地勘察，决定委托具有多年挑山经验、在中天门索道设备运输中做出突出贡献的陈广武，带领大津口乡沙岭子村民由后山运至后石坞索道施工现场。

6月24日19时，筹建处将钢丝绳运到沙岭村。25日早5时，陈广武召集村民集合，按照每3米1人放绳，共430人，连同联络人员、烧水人员共450人一同踏上挑山征程。浩浩荡荡、绵延1公里多长的队伍，沿着崎岖的山间小路沉着前行。陈广武手持喇叭、背着对讲机，随时发出停止与前进的口令。村民们身背馒头煎饼，穿林过壑、行程26公里，经过8个多小时的艰难跋涉，于15时到达北天门。队伍一鼓作气、不做停歇，继续前行一个半小时，于17时10分将钢丝绳穿过上下站驱动轮、沿支架两侧放在预定位置，将接头搭接放在5号、6号、

图3-3　1993年部队战士运送桃花源索道钢丝绳

7号、8号支架下。

桃花源索道最重的设备是液压涨紧装置，拆卸掉所有能组合的附件之后净重6.5吨，只能从中天门停车场人工抬到桃花源索道上站。8月10日上午，陈广武再次带领近200人组成的挑山队伍，40人拉纤、148人抬大架。在最难通过的云步桥，几乎是一厘米一厘米挪过去的。经过三天时间，设备抬抵南天门，过北天街到达索道上站。

第四节 建设过程

有建设我国第一条大型旅游客运索道的经验，后石坞和桃花源索道从设计到勘测、从"三通一平"到配套设施建设，从设备安装到调试验收，各环节环环相扣、层层推进。加之20世纪90年代各方面条件有较大改善，除一些特别大、特别重的零部件需要人工抬运外，其余设备和建筑材料等均能通过货运索道和中天门索道运输，大大降低了施工难度。据不完全统计，中天门索道在后石坞、桃花源两条索道建设中，运沙360多万斤、砖30多万块、水泥360吨以及其他材料50多万斤。

后石坞索道建设施工难题主要是冬天的严寒天气。天寒地冻的天气不利于施工，影响施工质量如混凝土浇筑等。办法总比困难多。泰山索道建设者发扬不怕苦、不怕累的精神，迎难而上、想方设法，采取了很多新方法、创造了很多新经验。

后石坞、桃花源索道建设过程中始终把环境保护放在第一位，对泰山的一草一木一石都倍加呵护，尽可能将项目建设影响降到最低，实现了建设与保护的统一。

一、后石坞索道建设

承担索道建设任务的单位为泰安市建筑安装总公司索道设备安装处（当年

注册为泰安索道安装公司）。索道筹建处制定后石坞、桃花源索道工程任务进度计划，分解到月、责任到人，并上墙公示，供所有参建人员监督落实。

3月22日，山东省地矿局第一地质队一行6人背着工具和干粮，走进泰山后石坞的深山密林，踏着没膝的积雪，在通行、通视条件极差的情况下，仅用5天时间便形成测量数据。北京有色冶金设计研究总院技术人员一同奔波在后石坞景区内，根据不断完成的测绘数据加快进行初步设计。

同时，索道筹建处与桃花源货索达成运送材料协议，开始陆续往后石坞运送建筑材料。相较于中天门索道建设时期只能通过人工运输材料的情况，除钢丝绳和特大重要设备由泰山"挑山工"抬运外，其他设备和建筑材料均由货运索道和中天门索道完成。

4月6日，"泰山后石坞索道奠基石"运至现场。

为保证后石坞索道工程施工用水和索道建成后的生活用水，筹建处对后石坞原有的简易挡水墙（市旅游局投资、容量约300立方米）加厚坝体、清淤扩容。4月中旬，祝阳建筑工程公司组织人力进场，开始清淤和加固施工备料。供水设备由财源设备安装工程公司负责设计制作，与水坝施工同步进行，山下制作好后运到现场，一次性安装成功。由神憩宾馆到北天门10千伏电缆的施工任务由泰安电业局安装维修公司承担，建设资金由泰安建行分批逐步落实到位。

5月28日，后石坞、桃花源索道建设奠基仪式在桃花源索道上站举行。

6月9日，后石坞索道"三通一平"开工。这是一片尚待开发的处女地，藤萝像老树一样粗壮、紧紧攀附在岩壁上，脚下是松针和枯叶沤出的土地，踏上去深浅不一。机器的轰鸣声和钢钎斧头交杂的清脆声，打破了山谷万年的寂静，后石坞景区即将迎来新生。一条低压电缆由62名挑山工从中天门索道下站经十八盘、历时6个小时抬至后石坞索道上站。施工人员用脚踏出的小路已渐渐清晰，电缆慢慢施放，施工用电接通。

7月7日，泰山林场与市旅游局就建设占用林地和杀伐树木等问题达成协议。协议指出，项目建设要尽最大可能减少植被破坏，并在索道建成后及时补种。两条索道占用林地10.356亩、杀伐非古木树株177株，市旅游局对林地享有使用权，市旅游局向泰山林场一次性支付林地补偿费12万元、林木补偿费47950元、植被恢复费30115元等总计198065元。

整个夏季，后石坞索道场地整平工作进展顺利。

9月23日，地质队在后石坞索道站上站校对并绘制主站房基础草图，随即转入索道支架点的测量。10月16日，施工队连续48个小时作业，完成主站房800多立方米的爆破基础。19日，北京有色冶金设计院完成后石坞索道工程全部底图，比常规情况增速1.5倍。24日，浇筑柱基垫层。30日，岱顶气温降至零摄氏度。

11月开始后石坞站房主体施工，此时冰冻层已有2公分之厚。为了确保工期，施工队实行三班倒，计划在大冻来临之前将柱子全部浇灌成型。22日，上站站房立柱与驱动设备基础刚刚砼浇筑完毕，泰山迎来降温天气，气温低至零下17摄氏度。为了确保柱体质量和砼强度，施工队用棉被、毛毯、草垫子、篷布、电热毯作整体保温，24小时安排专人加温观测。

下站500多立方米的建筑柱体基础施工同样在严寒中完成。每天工作结束，施工人员的鞋子冻成了冰疙瘩，手与手套冻在一起，伸不直脱不开，只能用冷水慢慢融化。

进入12月份，整个后石坞已是冰天雪地。7个支架的地坑、1000多立方米的石方坑仅用时不到4天，每个支架坑用塑料布和草甸进行保温。

12月18日，为了完成站房砼封顶，在站房内砌起6个1.5米高的土炉以提高屋面底部温度，搅拌机内用水加热到80摄氏度，边浇筑边震动边采取保暖措施，施工人员四班倒、机械昼夜不停。经过两天一夜的奋战，顺利完成工作计划，而此时的气温已达零下21摄氏度。21日，经检查和模块实验，施工质量达到标准要求，为极寒天气下的施工创造了经验。

1993年1月22日是农历除夕，筹建处同志下山回家已是万家灯火。第二天大年初一一早，他们就上山回到工地。

春节刚过，后石坞索道沿线7个支架基础开始挖槽。3月2日，地质队、设计院共同查验确认，支架基础符合混凝土浇筑要求。月底，由财源安装工程公司按设计要求制作的支架，由挑山工运送至后石坞索道施工现场并顺利完成安装。

5月，后石坞索道站上下站配电室、控制室施工进度迅速，为设备安装创造了条件。

6月2日，索道筹建领导小组召集会议，听取筹建处工程进展汇报。筹建处表示，整个工程进展顺利，7500万元资金已全部到位，设备将于6月中旬全部到齐。后石坞索道6月底完成设备安装，7月上旬调试、中旬试运营。会议指出，搞好后石坞、桃花源旅游景区开发建设，是市委、市政府要办好的10件实事之一。会议讨论了开通北天街的问题。会议认为，泰前居委会原天街群众，祖祖辈辈在山上耕种、生活，在过去天街开发、建设过程中遗留下一些历史问题，这次开通北天街，政府有责任、有义务解决好这些问题，对群众给予妥善安置。会后，各相关部门立即落实，北天街顺利开通，畅通了从南天门、天街通往桃花源索道和后石坞索道的步行通道。

7月16日，完成后石坞索道机械和电气设备安装，设备供应商全权执行人尼克指导设备调试和试车运行。8月上旬，经过15天的集中扫尾、清理现场，后石坞索道具备通车条件。后石坞索道上下站房精致小巧，灰墙黛瓦，远望像一块巨石隐匿在浓荫遮蔽、松涛起伏的泰山岱顶西侧，完美地融入泰山。

1993年8月28日，后石坞索道建成通车。

图3-4　幽谷竞渡

二、桃花源索道建设

1992年4月6日，"泰山桃花源索道奠基石"运至施工现场。12日，前期作业人员进入桃花源下站施工现场，用自备发电机开始给工地送电，同时也为林场驻地送去生活用电，结束了当时泰山西麓三岔林场用煤油灯照明、柴火取暖做饭的历史。

4月20日，桃花源索道项目开始线路实地测量和勘测，筹建处人员手持砍刀走在前面，一路披荆斩棘，陪同省地矿局第一地质队勘测队伍，沿着泰山西部沐龟沟底的密林蜿蜒而上，经过大小十几道山梁沟壑到达上站。5月2日完成测量任务。

6月20日，桃花源上站场地开始平整。由于天气良好，施工进展很快，7月10日基本完成。

8月4日至8日，经泰山景区、泰建公司、索道筹建处共同商议，桃花源索道下站"三通一平"施工任务由泰建公司安装处总承揽，景区负责施工，三方签订施工协议。12日，桃花源索道下站"三通一平"正式开工。28日，桃花源索道下站通电。

9月20日，北京有色冶金设计研究总院设计人员再次抵达泰山。至12月底，先后拿出供现场开挖基础用的图纸、站房设计、支架点勘测、建筑施工底图等。在桃花源索道站房设计中，设计师虚心听取筹建处建议，上站建筑外观型式与岱顶古建筑相仿，墙壁白色，主建筑顶部女儿墙，售票亭、长廊顶部装饰琉璃瓦；下站采用现代建筑形制、线条流畅，与索道设备相得益彰，色彩灰白相间，亦与索道车厢颜色匹配。

10月9日至11日，奥地利多贝玛亚公司技术员在桃花源索道现场勘测。

12月22日，泰安市电业局与索道筹建处协商桃花源索道上下站电缆施工事宜，决定由筹建处负责施工，电业局给予技术指导和验收送电。

1993年1月5日，桃花源下站场地完成"三通一平"，随即进入主体施工。此时的泰山早已被冰雪覆盖。

桃花源索道上站处在岱顶西部，地势凹、冻土层厚，一镐下去一个白点，震得双手发麻。下站位于穆桂沟底，占了一半的河床，施工场地狭窄，地质条件复杂。整个冬季，在零下十几度的环境下，施工人员坚持作业。筹建处一方面协调物资保障，一方面盯在施工现场，及时解决施工中的问题。

2月15日下午，索道筹建领导小组听取关于后石坞、桃花源两条索道建设情况的汇报。领导小组组长要求，建设中要切实搞好景区的保护工作，尽量不使树木、景观遭到破坏。当日，市旅游局和泰山林场签署增占林地660平方米的协议，支付林场相关费用70000元。

2月20日至3月2日，桃花源索道完成6根共计2500米长的电缆运输、施放工作。

3月，为方便运送建筑材料和设备，筹建处在桃花源索道线路旁边搭建一条临时货运索道，建设历时1个月。桃花源索道建成后于1993年10月拆除。

支架工程是整个桃花源索道建设中难度最大的项目。桃花源索道全线长2196米，是后石坞索道的4倍多，两站高差670多米，地形复杂，设计支架14座（主体由泰安市财源安装公司制作），大多数在悬崖峭壁上。根据所处位置地形条件，每个支架形状不同，基础有大有小，其中柱体支架7座、塔型支架7座，高度在5～14米之间，有8座支架位于60°～80°山坡或者陡峭石崖。6号、7号双柱支架基础完全是在裸露的花岗岩石上开凿出来的，施工人员需要在腰上捆上安全带，一人把钎、一人抡铁锤，一点一点凿出2×3×6米的石窝基坑。11号支架开挖前，人空手站立都很困难，施工人员把安全带系在腰间、固定在树上才能作业。塔架结构的4号、14号支架最高，基础开挖土石方量、砼基础体量都很大。3月份开挖以来，施工人员吃过早饭、带着馒头就上去干活，一干一整天直到下午天黑。8号～11号支架基础浇筑期间，施工人员连续作战，吃住在施工现场，木工、钢筋工、砼工打破工种界限协同作战，58天完成4个支架、360多立方砼方量。6月底，支架基础混凝土工程完成，具备支架安装条件。

施工期间，筹建领导小组召集会议，对建设过程中的几个问题进行协调。会议确定：桃花源索道线路上段与樱桃园林区自架的货运索道交叉，影响桃花源索道的运行和安全，将货运索道上站由神憩宾馆西侧移至桃花源索道上站下侧。由市旅游局负责迁址，泰山索道具体实施。泰山管委负责南天门景区的思想工作，6月15日之前完成。泰山管委负责抓紧修复桃花峪公路，保证不影响设备和物资运输。桃花源下站站房前30米处的小水坝坝体漏水，影响站房安全，泰山索道出资、桃花源景区施工，将水坝上移160米。泰山索道出资为泰山管委增设两对通信线路，借用泰山管委的电线杆，解决桃花源索道下站通讯问题。

9月初，桃花源索道站房、配套设施基本竣工。中旬，钢丝绳放索成功后完成接头。月底，索道车厢运抵桃花源索道下站。

10月10日，钢丝绳结绳之后挂车、进入负载调试，桃花源索道建设工程进入最后冲刺阶段，下站面临地面、台阶、围墙等大量土建工程需要扫尾结束，加之又遇阴雨连绵、天气渐冷，筹建处将施工队伍分为内外两组，一组铺设走廊至站台的地面，一组负责站外扫尾项目。11月7日，主要土建施工圆满完成。

11月1日，索道筹建领导小组召开现场办公会，组织修通玉皇顶以西的土路和北天街以北到桃花源索道上站的道路。

1993年11月8日，桃花源索道建成通车，比计划提前半年。

三、两条索道效能综述

后石坞、桃花源索道建设项目是举全泰安之力完成的重要民生工程、经济社会发展工程。市政府各有关部门、泰山区、郊区、泰山风景名胜区管理委员会等有关单位全力支持、大力协助，实现了"尽早投入使用"的目标，体现了"五快、三高、二紧、一严"的特点。五快，即项目批准立项快、站址线路选择定点快、测量工作完成快、水电到位快、场地平整快。三高，是指勘测成果质量高、设备选型标准高、各项筹备办事效率高。二紧，即设计抓得紧、施工备料紧。一严是工程质量把关严。

20世纪90年代，我国经济社会发展水平再上新台阶，与20世纪80年代中天门索道建设"大打人民战"形式相比，后石坞、桃花源索道建设更多利用现代化的工具器械，安全性和工作效率均有很大提高。特别是泰山货运索道和中天门索道在运输方面的高效率，为后石坞和桃花源索道建设发挥了重要作用。泰山索道首创了在客运索道建设中架设货运索道的好经验。

后石坞索道是单线循环自动脱挂双人吊椅索道，上起岱顶北天门、下至后石坞景区，全长518米，相对高差172米，全线共7个支架，最多可同时上线25个吊椅，最高运行速度3.5米/秒，单向小时最大运量500人。

桃花源索道是单线循环自动脱挂6人吊厢索道，下起桃花源景区、上至岱顶天街北端，全长2196米，高差671米，全线共有14座支架，最多可同时上线

49个吊厢，最高运行速度5米/秒，单向小时最大运量1000人。

后石坞、桃花源索道建设项目由山东省地矿局第一地质队勘察测量，北京有色冶金设计研究总院设计，累计投资8000余万元，由泰山索道全额贷款，本息合计超过亿元。

后石坞、桃花源索道的建成，使得泰山拥有了三条不同型制、不同路线、不同作用的旅游客运索道，为游客登山游览提供了更多选择。从1992年2月筹建到1993年11月，两条索道建设历时20个月，实现了泰山旅游的大跨步式前进，形成了由岱顶向四周辐射的基本框架，大大拓展了旅游面积、增加了游客容量，结束了岱顶一条街、一索道、一盘道的单一交通格局，为缓解岱顶交通压力起到了积极作用。特别是桃花源索道的建成，加快了泰山西麓旅游公路的开发建设速度，索道与旅游公路携手推开了泰山"西大门"，促进了景区周边乡村经济社会发展。

两条索道的建成，为加强泰山管理和保护提供了更加便利的条件。1992年起，在泰安市政府的支持下，泰山管理委员会拆除了岱顶茅草屋、铁棚子，改建仿古建筑，拓宽修缮北天门街，改造桃花源盘山公路等，泰山旅游迈向一个新的更高起点。

第五节　泰山货运索道建设

货运索道有运输速度快、运量大等优点，在地形、地势复杂的山区是最经济、最高效的运输方式。1868年，世界上第一条货运索道在英国苏格兰架设成功后，货运索道逐渐广泛用于煤炭、有色金属运输。我国第一条货运索道——北京房山运煤索道于1910年5月建成运营，设备和技术均由德国引进。新中国成立后，我国货运索道得到快速发展，数量发展到130余条。20世纪70年代中后期开始，泰山林场为运送木材和石料等建筑物资材料，先后修建了18条简易货运索道。泰山现存一条下起桃花源、上至北天街的货运索道，由泰安市泰山通达货运索道有限公司负责运营管理，主要用于运送生活垃圾、建筑和生活物资。货运索道在客运索道建设过程中发挥着重要作用，泰山索道率先在国内客运索道行业采用货运索道运输建筑材料、设备零部件等，大大提高了客运索道建设速度。

一、货运索道的起源与发展

索道是以钢丝绳为支撑、牵引，以柴油机或电力为驱动的交通运输工具。动力机、钢丝绳和抱索器的发明，促进了真正近代索道的产生。1838年，德国人发明钢丝绳。1868年，英国在苏格兰地区架设世界上第一条采用钢丝绳的货运索道。1889年，英国、德国相继发明抱索器，载重量和爬坡能力不断提高，使得货运索道得到迅速发展，英国采矿业等开始采用架空货运索道，其高度的自动化水平和强大的运输能力，推动货运索道在欧洲采矿工业领域广泛使用。同期，我国处于封建统治阶段，采矿业特别是采煤业仍停留在手工操作阶段，运输全部依赖人力，运量小、速度慢，运输效率极其低下。

第一次世界大战爆发后，西方列强忙于战事，对华商品和资本的输出大幅减少，为中国近代工业的发展，特别是煤炭和有色金属开采行业的发展带来了机遇。煤炭、有色金属的需求和产量大幅增长，迫切需要采用更高效率的运输方式，催生了我国最早的货运索道。清末民初，我国开始建设第一批货运索道，北京、河北、山西、江西、云南等地，采用欧洲设备和技术，建造了多条货运索道。据不完全统计，近代以来，我国共建设货运索道23条，其中日本所建占一多半，主要是日本侵占东北三省后，为大肆掠夺我国的煤、铜、铅、锌、钼、石灰石等战略资源，在辽宁、吉林、山西等地建成了约13条运输煤矿和有色金属矿石的货运索道。

1949年新中国成立后，社会主义建设事业蓬勃发展，各地矿产资源亟待开发，冶金、煤炭、建材等部门的很多矿山提出建设货运索道的要求，近代以后建设的一大批货运索道得到改建，安全性能和运输能力得到极大提高。如房山运煤索道通过200余项技术革新，1959年时平均每天能运输2000车，是建成时的5倍，吨煤运输成本从1.2元下降到0.4元。此外，我国新建了一大批运送矿石等矿产资源、运送水泥等建筑材料甚至运送肥料、运送粮食等各类物资的货运索道。

第一个5年计划期间，我国从苏联、德国引进了大量货运索道成套设备，货运索道建设的规划、图纸以及工程设计规范和设计计算资料也同时传入中国。同时，为加快我国架空索道专业研究设计制造能力，国家冶金部、煤炭工业部和第一机械工业部等部门相继组建成立索道科研设计机构，负责索道设计、产品开发制造、技术标准研究和行业发展规划等，冶金部北京有色冶金设计院、长沙有色冶金设计院、昆明有色冶金设计院、第一机械工业部北京起重运输机械研究所等一批索道科研设计单位应运而生，同时锻炼培养了我国第一批索道设计、使用、维修与管理等索道专业技术人才，石奉强、曹龙海、王庆武等最早投身新中国索道事业的技术人员，开始了索道的人生之旅。

这一阶段，我国货运索道的科研设计、建设安装、维护管理、专业队伍建设等各方面能力显著提高，货运索道快速发展。到改革开放前，我国货运索道增加到130余条，为我国矿山运输乃至新中国经济建设发挥了重要作用，也为改革开放后我国客运索道的兴起和发展创造了各方面的条件、奠定了坚实基础。

二、泰山货运索道的建设与发展

20世纪70年代中后期，泰山由泰山林场负责管理。当时正值改革开放前夕，泰山也即将全面对外开放。一方面，为加快旅游基础设施建设，提高接待服务档次，需要对登山盘道、岱顶宾馆等设施进行整修。同时，为加快林区建设、搞活林场经济，林场砍伐了大量缺乏经济效益和生态效益的林木。由于当时的泰山尚未大规模的开发建设，沟壑丛生、山高林密，石料、林木大多通过人工运输，安全隐患多、运输效率低。

为了提高效率，有效解决石料和木材运输难题，泰山林场经多方考察论证，于1976年修建了第一条运送木材的货索——花园木材货索。花园木材货索建成后，以其建设简单、成本低廉、地形适应能力和爬坡过坎能力强、运输效率高等诸多优势，迅速成为泰山林场运送石料和木材的主要工具，后来逐渐拓展到运送各类垃圾、生活物资。

起初，泰山货运索道较为简易，主要以运送木材和石料为主，也称"运材索道"。泰山林场先后在18处建设过货运索道，主要有1976年建成的花园木材货索、长1000米，1976年建成的黄石崖货索（起初上站设在二虎庙，1987年改至神憩宾馆、长3200米），1977年建成的大夼沟木材索道、长1800米，1977

年建成的三岔运土货索、长250米，1978年建成的黄石崖至云亭木材货索、长2000米，1978年建成的黄石崖至岱顶建材货索、长3600米，1978年建设的西科学石料货索、长350米，1978年建成的龙潭水库石料货索、长1000米，1979年建成的黄石崖至朱洪场木材货索、长2000米，1980年建成的白脸石屋木材货索、长1700米，1980年建成的花园运土货索、长400米，1981年建成的樱桃园石料货索、长2000米，1982年建成的樱桃园运土货索、长250米，1983年建成的岱顶货索、长1200米，1984年建成的黄溪河石料货索、长1400米，1986年建成的樱桃园至窑边木材货索、长3000米，1994年建成的桃花源至北天街货索、长2200米，2015年建成的天烛峰货索、长2000米。

这些货运索道大部分是临时的，哪里需要就搬到哪里。运行时间较长的货运索道有黄石崖至二虎庙的货运索道和桃花源至北天街的货运索道。其中，桃花源至北天街的货运索道，体制几经变革后更名为泰山通达货运索道，是目前泰山仅存的一条货运索道。

三、黄石崖货运索道

1976年，为接待柬埔寨西哈努克亲王，泰安地区行署决定对岱顶招待五所进行改建修缮，大量建筑材料和施工人员所需生活物资需要运送到岱顶。为了提高物资物品运输速度，确保施工进度，泰山林场修建了黄石崖货运索道，下站设在黄石崖、上站设在二虎庙。该索道采用湖南产设备，钢丝绳直径9.3厘米，由泰山林场自行设计建设，全长3200米。招待五所建成后，该货运索道主要用于运输建材、生活物资和生活垃圾等。1987年，该货运索道由泰山风景名胜区管理委员会樱桃园管理区管理，并投资10万元、历时6个月完成了改建，支架全部采用龙门架，材质就地取材，木材和钢材混用，钢丝绳直径增加至24.5厘米，上站改至神憩宾馆。1996年，该货运索道拆除，累计运行20年。

四、泰山通达货运索道

20世纪90年代，泰山旅游不断发展，泰山客流量与日俱增，岱顶生产生活垃圾产量随之增加。同时，旅游发展推动岱顶旅游经济更加繁荣，游客及商户

图3-5　泰山通达货运索道

对各类生活消费品的需求同步增长。此外，景区持续推进各方面基础设施建设，大量建筑材料需要运送上山。为统筹解决垃圾、建材和生活物资等方面的运输问题，泰山林场于1994年在泰山桃花源建成了一条较为简易的货运索道。该货运索道下起桃花源、上至北天街，全长2200米，垂直落差670米。

历经16年运营后，该货运索道的设备技术、安全性能、景观效果和运量等已不适应泰山景区发展要求，加之与运行中的桃花源客运索道存在线路交叉问题，尤其是夏天因各类生活垃圾容易聚集大量蚊蝇，对泰山形象存在一定的负面影响。2000年，经泰山索道总设计师王庆武论证，泰安市政府决定对该条货运索道进行技术改造，由市政府投资360万元、泰山风景名胜区管理委员会出资55万元，于2001年4月完成改造并投入试运行，2002年12月正式投入使用，在用设备由山东科技大学运输与控制技术研究所设计，委托厂家制造，自行安装，现有10个货厢，车厢大小为2×1米。运营管理方不断加强对货运索道技术的探索研究，对液压系统、控制系统进行了技术改造，2019年对钢丝绳进行了更换，极大降低了运营成本，提高了安全性能和经济效益，未发生任何安全生产责任事故。

这条货运索道的管理体制历经多次调整变化。1994年初建和2000年改造后，其产权属泰山林场，并由泰山林场负责经营管理。2003年8月，泰山林场、泰山风景名胜区管理委员会樱桃园管理区和泰山风景名胜区管理委员会桃花源管理区共同出资500万元，注册成立泰安市泰山桃花源货运索道有限责任公司，对这条货运索道进行管理运营。2006年1月，泰山风景名胜区管理委员会对泰山桃花源货运索道有限责任公司进行改制，泰安市泰山桃花源货运索道有限责任公司注销。2006年5月，泰山林场和货运索道职工出资380万元，成立泰安市泰山通达货运索道有限公司。2006年11月，泰山风景名胜区管理委员会将泰山林场股份转让给泰安市东岳泰山旅游有限公司，泰安市东岳泰山旅游有限公司成为泰山通达货运索道有限公司控股股东。

目前，泰山通达货运索道主要承担清运泰山岱顶生活垃圾、运送建筑物资及各类生活物资的任务，年清运岱顶生活垃圾 1000～1500 吨，确保岱顶垃圾实现日产日清，为泰山环境卫生和驻岱顶各部门单位、商铺住户以及游客的日常生活保障作出积极贡献。泰山通达货运索道人三十年如一日，坚守在大山深处，以实际行动抒写着对泰山的无限热爱和对泰山环保事业的无限忠诚，把自己的青春岁月和真挚情感，毫无保留地献给了泰山。

五、货运索道的成功应用

由于客运索道设备及零部件异形多、体积大、重量重，运输难度非常大，国外在客运索道建设、特别是设备安装过程中，往往采用直升机进行吊装。但是，我国直升机发展起步较晚，且申请程序烦琐、成本高昂。而货运索道部件便于组装拆卸、易于安装建设、运输效率高，加之其可随坡就势架设，不需要开挖大量的土石方，对地形地貌和自然环境破坏小。因此，架设货运索道用于运输建筑材料和客运索道零部件，既安全简便，又省力省时，对提高客运索道建设施工效率和质量具有重要作用。

泰山索道首创采用货运索道运输建筑材料、索道设备和零部件的做法，已成为我国客运索道建设的通行做法，催生了货运索道在客运索道建设领域的持续发展。泰山索道在云南西双版纳野象谷索道、山东邹城峄山索道、河南嵩山少林索道等客运索道建设过程中，都是首先架设货运索道，用于运输各类建筑材料和设备，直至牵引钢丝绳后就地拆除，极大提高了客运索道建设效率。山东邹城峄山索道筹建处在筹建日志中写道："实践再次证明，建设客运索道先架货索，这条路子非常正确，是加速索道建设的一条宝贵经验。在国外，他们可以用直升机配合，但费用比货索不知要高出多少倍。"此后，2000 年中天门索道技术改造和 2017 年桃花源索道更新改造中，货运索道均发挥了重要作用。

第四章

石坪御道开——索道重大设备改造

安全是索道的生命。索道设备的本质安全，是索道安全最根本的保障。泰山索道坚持"计划检修，强制更新"原则，通过实施索道重大设备改造，确保索道本质安全。

按照国际及国内客运索道行业通行认知，运行15年以上的索道一般定义为老旧索道。泰山索道，特别是中天门和桃花源2条索道，运行时间长、运载负荷大，依靠精细化的设备检修维护保养，尽可能延长设备使用寿命，中天门、桃花源每一代索道设备使用年限均超过15年。

尽管如此，经过长时间、满负荷的运行，索道设备包括机械系统、电子电气系统，不可避免会出现老化，单纯依靠严格管理和精心维护，很难保障设备始终处于良好的技术性能状态，也很难彻底消除因设备老化带来的安全隐患。同时，随着全球索道技术的快速发展，部分老产品减产停产，给泰山索道的零部件采购带来极大困难。因此，泰山索道会定期开展索道设备评价，科学分析、精准研判，根据索道设备和运营情况作出实施重大设备改造的决策。

索道重大设备改造是一项点多面广、非常复杂的系统性工程，涉及立项审批、设备采购、旧索道拆除和新设备安装，以及配套的土建工程等。同时，为了尽可能降低社会影响和对泰山旅游的影响，工期不能太长，需要经过充分细致的前期准备，制定科学可行的施工方案，统筹规划施工步骤，紧盯施工每一个环节，确保按期高质量完成。

2000年、2012年和2017年，泰山索道对中天门和桃花源索道成功实施了3次重大设备改造，积累了一些经验和教训。计划2023年、2024年对中天门索道进行安全质量升级。

图4-1　"客从天上来"——空中客车

经过重大设备改造后的索道"如获新生"，索道设备本质安全水平大大提高，泰山天路更加顺畅。

第一节　2000年中天门索道全面改造

中天门索道从1983年到2000年累计安全运营17年，设备磨损和老化比较严重，不稳定和不安全因素逐渐增多。20世纪70年代的技术水平与新世纪全球索道最新技术存在极大差距，设备自身的本质安全难以保障索道的安全可靠运行。每小时300人的运量远远无法满足游客的乘坐需求，而往复式的设备型式和20世纪80年代的线路基础条件等因素，导致无法通过更换车厢等局部改造实现运量的再增加，中天门索道面临不得不改、非改不可的状况。

泰山索道于1998年初开始筹划对中天门索道进行全面改造，按技术改造的路子履行相关审批程序，并在可行性研究、改造方案设计、设备选型等方面进行了前期准备。1999年底，泰安市政府将泰山中天门索道改造作为配套建设项目列入泰山南路综合改造工程。2000年5月8日，中天门索道对外停运、全面改造正式启动，9月30日投入试运营。其间，中天门索道改造项目引发社会高度关注，部分专家学者提出反对意见，国家建设部委托山东省建设厅组织召开专家论证会并同意实施改造。整个改造历时145天，拆除一条旧索道、建成一条新索道，创造了索道史上的记录，凝聚了泰山索道人的辛勤努力。全面改造后的中天门索道，技术更加先进、运行更加安全、运营更加高效，原索道建设时期造成的环境问题得到修复，实现了更大更好的社会效益、经济效益和环境效益，为繁荣泰山、泰安旅游经济作出了更大贡献。

一、改造背景

1983年至2000年，中天门索道设备高强度、大负荷运行了17年，特别是旅游旺季的几个月时间，每天连续运行时间长达16小时，节假日全天候24小时运行，设备磨损、老化严重。同时，由于运输压力太大，运行中的小问题得不到及时有效维修，给安全运行带来较大隐患。此外，经过近30年快速发展，欧洲客运索道设计、制造等各方面均取得长足进步，走在了世界前列，技术更加先进，自动化程度更高，性能更加卓越。中天门索道作为我国第一条大型旅游客运索道，设备采用的是20世纪70年代的日本技术，远远落后于当时的欧洲客运索道最新技术。站房和线路基础等建成于80年代，受建筑材料质量和工艺能力限制，其安全性能大大降低。从设备及其附属配套设施的安全角度看，中天门索道已经垂垂老矣，远远落后于时代，必须全面改造方能保障运行安全。

安全背景 1999年10月30日，国家客运架空索道安全监督检验检测中心（简称索检中心，下同）安全检查组对中天门索道进行安全检测复查，认为"承载索和张紧索疲劳，减速机噪音增大，车厢运行位置检测机构的凸轮轴磨损，主电机特性变软，部分电气元件老化，接触器和继电器触点磨损"，要求限期整改。1999年11月20日，索检中心对中天门索道钢丝绳进行了专项检测，认为"两条承载索在支架鞍座处均呈现疲劳现象"。

2000年4月5日，索检中心向泰山索道提出技术改造的建议。

中天门索道是我国第一条引进的往复式客运索道，线路设计和机电设备属于日本70年代水平，其线路索距、车厢通过支架时的安全距离、防止高速冲站的监测系统等未能达到我国强制性标准《客运架空索道安全规范》的要求。机械方面经探伤检查承载索、张紧索已出现局部疲劳，减速机噪音增大，车厢运行位置检测机构的凸轮也有明显磨损；电气方面出现主电机机械性变软，部分电气元件老化，主板上的一些主要元件参数出现无规律变化等。逐渐增多的不安全因素将会影响索道的安全运行，长此下去，单纯依靠严格管理难以保障索道始终处于良好的安全运行状态。希望贵公司重视逐渐增多的不安全因素，实事求是，因地制宜，科学地选择适合泰山环境的当今已发展成熟的先进技术，对中天门索道全面规划。

社会背景 中天门索道自1983年建成后，极大促进了泰山旅游的发展，20世纪90年代末，每年进山游客增加到160余万人，索道乘坐人数超出设计和预测的数倍，游客不得不排队等候4～5小时才能坐上索道。为了改善这种状况、更好满足游客需求，泰山索道于1995年11月实行了车厢扩容改造，将30人的车厢更换成40人的车厢，索道单向运量由240人/小时增加到300人/小时，但由于设计和设备上的限制，无法从根本上解决问题，中天门索道一直在供需极度不平衡的状态下运行。

1999年底，为了进一步加强泰山景区基础设施建设、改善泰山旅游环境，泰安市政府决定实施泰山南路综合改造（该项目被国家外经贸部、国务院体改办列为中加合作"中国城市综合发展项目"，并被国家计委确定为"国家风景区基础设施改造示范项目"），将中天门索道改造作为配套建设项目列入该项工程。12月14日，泰安市政府成立泰山南路综合改造工程总指挥部，泰山索道为配套建设指挥部副指挥成员单位。16日，泰山南路综合改造工程总指挥部下发通知，明确提出："交通网络建设，主要对中天门索道进行改造，提高其运载能力，使中天门索道载客量由现在300人/小时增加到1200人/小时以上，将最长候车时间由5小时缩短为1小时左右。"2000年3月15日，泰山南路综合改造工程总指挥主持召开总指挥部办公会议，研究中天门索道改造等有关问题，会议纪要指出，中天门索道改造关系到泰山旅游的景观形象，是整个综合改造工程的重中之重，一定要下气力搞好。

二、审批过程

1998年初起，泰山索道按照技术改造的审批程序，先后向泰安市、山东省经贸部门提出泰山索道全面改造的申请，得到山东省经贸部门批复同意并抄报国家经贸委。2000年4月起，因部分专家向相关部门反映，国家建设部提出按照风景名胜区内建设项目的审批程序，中天门索道全面改造项目由山东省建委审批并报国家建设部批准。经召开专家论证会、委派专家现场调研，国家建设部于8月份批复同意对中天门索道进行全面改造。

技术改造审批过程　按照当时相关政策，中天门索道设备改造项目属于技术改造，由山东省经贸委审批。泰山索道严格按照相关程序，分别向泰安市、山东省经贸委提出申请并得到批复同意。1998年初，泰山索道委托北京有色冶金设计研究总院索道工程设计研究所（甲级资质）编制《泰山中天门索道技术改造项目建议书》，报泰安市经贸委。3月11日，泰安市经贸委向山东省经贸委发文请示。3月13日，山东省经贸委批复同意，要求编制项目可行性研究报告，并将批复意见抄报国家经贸委。泰山索道按照省经贸委要求，于1999年12

图4-2　云海揽胜

月5日向泰安市经贸委提报中天门索道技术改造项目可行性研究报告。2000年5月17日，泰安市经贸委上报山东省经贸委。27日，山东省经贸委在泰安召开中天门索道技术改造项目可行性研究报告论证审查会，山东省经贸委、山东省机械厅、山东工业大学、泰安市经贸委、泰安市旅游局、中国银行泰安分行、泰安市劳动局、泰安市旅游局等单位参加，审查会"原则同意北京有色冶金设计研究总院索道工程设计研究所编制的《中天门索道技术改造项目可行性研究报告》"。6月6日，山东省经贸委致函山东省建设厅，"请省建设厅对中天门索道改造项目的建设问题提出咨询审查意见"。7月8日，山东省建设厅致函山东省经贸委，"同意中天门索道作为将来必须拆除的临时工程进行改建"。9日，山东省建设厅向山东省常务副省长呈报，提出"拟建议省经贸委根据我厅的审查意见批复可研报告。设备出港后，由泰安市政府责成有关部门监督暂存，待建设部正式批复以后，再进行设备安装"。常务副省长批复"同意省建设厅意见"。13日，山东省经贸委批复泰安市经贸委，同意泰山中天门索道改造工程可行性研究报告。

建设项目论证审批过程　2000年4月4日，国家建设部城建司致函山东省建设厅，"据悉，你省泰山风景名胜区拟对南天门索道进行改建……请你委立即责成有关方面暂停该项目建设，待组织各方面专家充分论证，并按规定程序报建设部审批后，方可实施"。山东省建设厅厅长批示"请转给泰山风景名胜区管委"。同日，山东省建设委员会致函泰山景区管委会，"最近，我委收到我省部分风景名胜区专家反映泰山风景名胜区内违规更新建设旅游索道问题的人民来信。同时，省人大城环委正式函告我委，将他们收到反映这一问题的人民来信批转我委，要求我委调查处理。根据这些要求，我委近日要组织一个调查小组前往贵区进行调查，请你们将此事向有关方面汇报，并将这一工程的情况及对人民来信的处理意见做好准备"，函件附人民来信的主要内容，并抄送泰安市委、市人大、市政府。28日，建设部致函山东省建设厅并抄报山东省政府、泰安市政府，"请你省立即停止中天门索道改造工程建设；请你委尽快会同有关方面组织专家对该工程项目进行充分论证；按照国家级风景名胜区建设项目审批规定，该工程项目应当由省建设委员会审查通过，报建设部批准后，方可实施"。山东省政府办公厅以〔5001〕号批办件形式，将省长和分管副省长的批示转至泰安市政府。4月30日，泰山索道向泰山景区管委会提交书面报告，阐述中天门索道改造的必要性，以及景观、环境保护系列措施。5月11日，泰安市政府向山东省政府作书面报告，省长作出批示"望按程序办，不要引发社会问题"；分管副省长批示"5月11号我与德明同志到泰安与书记、两位副市长认真研究了此事。此事程序是：原项目是国家计委批的，技改是省经委批的，技改方案比原来还有利于保护，但应不应该建索道，全国争论尚无定论，我们确定让泰安市分别向国家建设部和省建委请示汇报。如需要建议省长办公会听一次泰安和省建委汇报"；省长再次作出批示，由常务副省长和分管副省长审定即可，并要求做好各有关部门工作。常务副省长批示"请省建委协助泰安市政府处理好此事"。

6月13日，山东省建设厅致函索道公司，提出"补充可研报告中索道改造对风景名胜区影响的内容，经泰山风景名胜区管委和泰安市建委审查后，于7月10日前报省建设厅，并将于7月中下旬组织一次专家论证会"。26日，泰山管委向山东省建设厅呈报《关于对泰山中天门客运索道实施技术改造工程的报告》。7月7日至8日，山东省建设厅受国家建设部委托，组织专家在济南南郊宾馆召开泰山中天门索道改建工程初步论证会，建设部副部长赵宝江、建设部城建司副司长王凤武和泰安市政府市长、常务副市长、副市长参加会议。专家委员会由建设部规划司原司长、中国城市规划协会秘书长、高级规划师邹时萌任主任委员，原建设部城建司副司长、中国风景园林学会副理事长、高级规划师王秉洛，山东省建设厅副厅长、高级规划师皆龙亮任副主任委员，清华大学建筑学院教授周维权，建设部综合财务司处长、高级经济师刘育民，山东省经委技改处调研员李贺春，济南市园林局副局长、中国风景园林学会理事、高级工程师贾祥云，青岛市规划局原副总工、高级规划师金修霜，泰安师专旅游地理系教授汤贵仁，崂山风景区管委会主任、高级工程师王玉华为委员。会议由山东省建设厅厅长、副厅长分别主持，听取了泰安市政府和泰山索道的情况汇报，考察了索道改造工程现场。经过论证研究，9位专家赞成、1人反对、1人弃权，形成了论证意见。

10日，山东省建设厅向建设部呈报请示，主要内容为：

根据我省领导意见和专家论证意见，我们进行了认真研究，现将我厅的审查意见报告如下：一、《泰山风景名胜区总体规划》是1993年经国务院批准实施的，总体规划中提出的"中天门索道远期要拆除"是正确的，考虑到当前和近期旅游需求和索道安全等实际问题，同意中天门索道作为将来必须拆除的临时工程进行建设；二、原则同意中天门索道改建工程中所采取的景观保护措施；三、中天门索道远期拆除和其他索道的规划建设问题，必须和整个泰山总体规划的深化完善统一考虑。

14日，国家建设部城建司致函山东省建设厅，"你厅《关于泰山风景名胜区中天门索道改建工程的请示》收悉。为尽快形成答复意见，经请示部领导，我们特派中国城市规划设计研究院蔡立力、北京大学沈文权同志7月15～17日到泰山进一步了解有关情况"。15～17日，蔡立力主任、沈文权博士到泰山对中天门索道改建工程进行问卷调查。问卷由其自行设计、印制，调查由其自行独立完成，共向游客发放问卷400份，收回308份，赞成索道改建的占77%，赞成移址新建的占18%，赞成拆除的占5%。8月4日，国家建设部发文批复，"鉴于短期难以解决拆除中天门索道所带来的旅游安全、经济损失和由此引发的社会问题，原则同意中天门索道设备更新改造方案，明确该工程为临时工程，将来必须拆除"。至此，中天门索道全面改造的审批程序全部履行完毕。

9月14日至16日，山东省人大民族侨务外事委员会组织了对泰山风景名胜区的考察，听取了泰安市政府关于泰山风景名胜区管理工作的汇报，分三组实地考察了泰山三段登山线路，征求了游客意见，于9月30日形成《关于对泰山风景名胜区的考察报告》，认为"对中天门索道进行扩容改造，运力由原来的每小时300人增加到1650人，将有效地缓解旅游高峰期中天门的压力"。

为了最大限度保护、恢复景区环境和景观，尽可能弥补20世纪80年代泰山索道建设时期留下的历史遗憾，泰山索道、泰山景区管委会和泰安市政府对配套设施改造高度重视，多次进行研究论证。2000年3月15日，进行第一次配套改造方案论证会。市政府领导指出："此次索道改造要改得经得起历史的检验和世人的评价，对配套改造要不惜一切代价，千方百计地采取措施，最大限度地保护、恢复景区环境和景观。"会议确定了配套改造的4条原则：方便游客，满足索道正常运营和安全管理的需要；配套改造建筑必须考虑和周围自然景观相协调，要以景为主，以物衬景，尽可能使人文景观和自然景观融为一体，为泰山增色；建筑风格和格调上要充分考虑到泰山深厚的文化内涵和底蕴，以古朴典雅为主；保证索道正常管理和办公的前提下，在建筑物大小和密度上，能小不大，能矮不高，力求疏松，使得每一个建筑都是一个精品，做到小而精。会议认为，北京有色冶金设计研究总院的配套改造方案设计不够专业，要在国内从事古建筑设计的权威部门进行招标、投标，再选择最优。市计委向国内几家古建筑设计单位招标，山东省文物保护中心和中国艺术发展公司北京兴中兴古建筑设计事务所等单位投标，经过反复比较，最后选定由国内古建筑设计权威的北京中兴古建筑设计事务所负责配套改造方案设计。4月15日、5月9日、6月2日，经三次研究论证，通过了北京中兴古建筑设计事务所的设计方案。

三、施工过程

2000年2月5日，成立中天门索道改造工程筹建处，2月15日举行开工典礼，5月8日中天门索道对外停运，全面改造工程正式开工。9月30日改造工程竣工并投入试运营。12月4日通过国家索检中心的安全验收、投入正式运营。泰山索道人夜以继日、连续作战，克服重重困难，历经千辛万苦，顺利按期完成改造项目。改造后的中天门索道为单线循环自动脱挂吊厢式客运索道，全套设备由奥地利引进，采用当时世界上最先进的技术，是世界第4条、亚洲第1条。索道运行全部实行计算机控制，液晶触摸式显示索道运行的各种参数，最高运行速度每秒6米，单程运行时间最短5分48秒，全线46个8人吊厢，单向每小时最大运量1630人。

线路测绘　中天门索道全面改造工期短、时间紧、任务重，前期测量尤为重要。1999年12月19日起，泰山索道工程技术人员协助山东省经纬工程测绘勘察院开展线路测绘，20日完成线路各支架点位粗略放置，21日与北京有色冶金设计研究总院专家到现场完成支架点确认后，开始对各支架点进行放点测量。2000年1月4日，对各支架位置进行地质勘探，均满足支架基础建设要求。2000年1月11日，完成全线支架及两站站房测量工作。测量人员克服严寒、冰雪、山陡路滑等困难，高质量完成各项测绘任务，为中天门索道改造工程抢出了时间、赶出了工期，为项目设计提供了宝贵的第一手资料。

图4-3 支架轮组安装

设备引进及运输 1999年11月，泰山索道委托山东省机电设备招标中心，对引进单线循环可脱开式抱索器8人吊箱索道进行国际竞争招标。2000年2月，经过招标中心评审，奥地利多贝玛亚运送系统有限公司中标。6月5日，由泰安市政府副市长带队前往奥地利进行设备考察，考察人员向外方强调了设备改造的重要性，希望加快设备制造进度，同时对已加工成型的设备进行验收，要求尽快装船运输，确保按期履行合同。

7月14日，市政府分管副市长主持召开中天门索道改造工程中重要设备运输协调会议，泰山索道、市公路局、泰山管委、市交警支队、集装箱公司参加。市领导强调："从国家建设部到省委、省政府对索道改造工作都非常支持和关心，现在索道改造到了最关键的时刻，第一批重约二百吨的设备集装箱即将抵港，如何安全、顺利地将设备通过泰山南路运送到中天门，需要各单位有一盘棋思想，协同作战。请各单位分工负责，共同完成这项任务。"与会各单位就运输过程中存在的问题及解决方案进行了讨论、协调，并对天外村路进行了实际考察，为运输工作做好准备。

7月28日，中天门索道改造工程第一批进口设备从青岛港运至泰安（共11箱，197.3吨），筹建处用两天时间将10个集装箱（除装有钢丝绳1#集装箱外）集中拆卸、清理完毕，分类存放至泰安棉麻公司仓库。奥地利多贝玛亚北京公司、市商检局参与现场设备清点、验收。8月3日、4日，第二批进口设备集装箱运抵泰安（共12箱，87.3吨）。筹建处、泰建公司、集装箱公司和吊装公司人员将设备全部从集装箱中吊运、分类封存到泰安棉麻公司仓库，奥地利多贝玛亚北京公司参加部分设备清点和检查。至此，23箱进口设备全部到位。

　　为了能顺利地将重达37.2吨（总长4385米、净重35吨）的钢丝绳运上山，市委、市政府高度重视，成立设备运输领导小组，由分管副市长担任组长，提前对道路、桥梁进行了实地考察，对马蹄峪和黄溪河等桥梁提前进行了加固，7月28日进行了模拟运输，7月30日沿途清理路障。在经过五次线路检查、试运、加固后，8月1日正式向山上运输中天门索道钢丝绳。上午7时，市交警支队对天外村盘山公路实行封闭管理，分管副市长，负责桥梁加固的市煤炭局、市公路局、泰山林场、泰建公司等相关单位及筹建处全体人员参加此次钢丝绳运输，历时3个多小时，钢丝绳安全运抵中天门。这次钢丝绳运输工作因准备充分、安排有序，确保了万无一失。

　　支架基础浇筑　为保证中天门索道改造工程工期，每一项工作都要往前赶，架设货运索道直接关系到线路支架基础开挖后的混凝土浇筑工作，筹建处要求3月15日前完成货运索道架设。2月23日，筹建处与泰建公司就货运索道架设方案进行论证。24日，货索施工人员进驻施工现场，架设货运索道全面展开。3月2日完成两根牵引索的放索。3月12日货运索道提前3天完成架设，具备开通条件，进入运输阶段。

图4-4　货运索道运送建筑材料

3月4日起，各支架基础开挖全面展开，由北京有色冶金设计研究总院技术人员进行验槽。3月18日开始线路支架基础浇筑，至5月20日完成全线12个支架基础累计552立方砼的浇筑，累计浇筑时间为544.8小时。浇筑期间，各施工单位联合作业、交叉施工，各施工单位各司其职，从地脚螺栓的安装定位到混凝土货索运输，再到混凝土浇筑，一条龙作业，筹建处人员轮流在现场值班，确保工期和浇筑质量。支架基础浇筑的完成，为下一步设备、站房的拆除和新支架的安装奠定了坚实基础。

支架加工制造安装　中天门索道改造工程所用支架技术要求较高，考虑到泰安本地机械制造厂在锥形管状支架制作上有难度，质量难以保证，筹建处于2月25日赴潍坊长安铁塔股份有限公司（以下简称长安铁塔公司）进行考察。该公司是电力部定点制造电力铁塔的专业化骨干企业，通过ISO 9000标准国际认证，实现了全部产品CAD设计和方案最优化。从原材料供应、加工工艺、技术装备、配套服务、加工工期等方面综合分析，该公司完全具备为中天门索道改造加工锥形管状支架的能力。3月21日，支架加工图纸到位。3月24日筹建处技术人员携带支架加工图纸赶赴长安铁塔公司，就支架加工制作的工艺问题进行了详细讨论和技术交底，同时针对双方都不太明确的问题，通过传真函询奥地利多贝玛亚北京公司。奥地利多贝玛亚北京公司一一作出明确答复后，筹建处技术人员于3月30日再次到长安铁塔公司，就支架制作问题进一步商谈。双方一致认为，从支架加工制作的有关技术工艺上来看，已不存在问题。双方于4月12日签订支架加工合同，约定长安铁塔公司于7月3日前完成1～10#支架的加工任务，加工完成后陆续向中天门索道改造现场发货。长安铁塔公司按合同进行支架加工，陆续运抵泰安。7月10日起开始安装支架。至29日，1～10#支架全部安装到位。

旧设施设备拆除　5月17日，筹建处根据索道改造工艺要求，向施工单位划定了上下两站原站房的拆除范围。据此范围，土建拆除工作全面展开。

按照配套改造方案设计要求，需对南天门站房进行爆破拆除，山东科技大学爆破研究所制定爆破方案。6月5日17：30，房顶爆破拆除圆满完成，这是中天门索道改造工程第一次较大规模的爆破。山东科技大学对此次爆破任务高度重视，校长带领其他校领导现场指导。为确保安全，筹建处分成6个警戒小组，配合南天门派出所负责疏散人员和警戒。爆破做到了准确定向、安全警戒和最大限度缩小波及范围三方面的成功。6月7日、19日又圆满完成了两次爆破，上站拆除工作基本完成，为设备基础施工创造了条件。

5月12日，拆除中天门索道1#、2#车厢。5月22日起开始拆除钢丝绳，首先拆除平衡索和牵引索，第一根平衡索收索工作用时2整天。针对第一根索收索过程中遇到的问题，及时修改收索方案。24日15时至26日，完成其余三根平衡索、牵引索的收索。27日开始拆除承载索，承载索的收索是整个拆除工作的重点和难点，难度大、危险性高。为确保万无一失，施工人员根据现场情况多次调整方案，实际进度比预计的要慢。6月3日承载索顺利拆除完毕。6月5日开始拆除支架，25日完成1#、2#支架塔身拆除。至此，旧索道拆除工作全部结束。

新设备安装　6月26日完成中天门站设备基础浇筑，累计浇筑53小时、浇筑砼79立方米。28日完成南天门站设备基础浇筑，浇筑砼52立方米。上下两站设备基础浇筑完成后，具备了设备安装的条件。

货运索道能否安全顺利将上站设备运输到施工现场，是此次改造工程能否按期竣工的关键性要素之一。因此，货运索道的加固成为设备安装前期的重点和难点。8月4日，货运索道进行加载试验，加载至2.5吨时发生脱索。经过调整，8日再次进行加载试验，加载至3吨时在原2#支架处发生脱索，泰建公司进一步修复和加固货索。10日，分管副市长现场调研后提出，"在货索未完全修复，上站设备无法安装的情况下，清理中站场地，变更设备安装方案，先开始下站设备安装"。11日开始中天门站索道设备安装。13日分管副市长主持召开索道设备运输和安装调度会，进一步落实设备运输和安装事宜。货运索道经过调整加固后，具备可靠的运输条件，21日正式开始上站设备安装。至25日，上下两站的设备安装全部完成。

放索　中天门新索道钢丝绳长度超过4000米、重量超过37吨，整个索道线路超过2000米、设11个支架，而且部分支架之间坡度陡、跨度大，导致钢丝绳的张力非常大，将整根钢丝绳完好无损、精准无误地经驱动轮、11个支架，然后绕迂回轮再经12个支架至驱动轮实现对接，难度非常大，要求非常高。可以说，放索是整个改造工程中难度最大、标准要求最高、危险性最高的一项工作，也是最关键、最重要的一个环节。9月18日14时30分，外方技术人员在完成对每一个支架的校准和紧固确认后，主索放索工作正式开始。起初，由于第二个防转器被沿线树木扭断、下站滑轮组损坏等问题，放索工作进展不够顺

图4-5 众人合力释放钢丝绳

利。20时30分重新焊好防转器后再次开始放索，进展比较顺利，19日凌晨绳头到达10#支架附近，筹建处施工人员当夜露宿山沟。19日8时放索工作重新开始，刚开始钢丝绳张力很大，几乎难以拉动，在妥善处理了3#支架前山谷中树枝影响后才能拉动前行，13时钢丝绳成功实现了从迂回轮的回绕，19时绳头到达3#支架，在处理了一系列问题（如防转器进站等）后继续放索，24时成功实现φ22与φ47编接绳头的进站，历时34小时的放索工作圆满完成。经过一夜张紧后，21日14时开始编绳，约40人参加。编绳工作进展非常顺利，现场施工人员技术熟练，在外方技术人员指导下，22日15时完成编绳，17时整个钢丝绳绕到了驱动轮上，标志着中天门索道改造工程取得关键性成功。

22日完成编绳后开始安装主轴，由外方技术人员Newland主要负责。由于有5°倾角，起吊高度和间距不足，几次试验均未成功。23日，先将减速机移位，然后起吊主轴，在减速机再次复位后插入主轴，才将主轴安装完毕。16：30，中天门新索道实现第一次运转。

27日，多贝玛亚公司技术人员Newland站在第一辆车厢顶部，沿线观察运行情况。18：30顺利完成第一辆车厢的第一个沿线循环，筹建处全体人员在中天门站迎接Newland，鸣鞭炮2000响以示庆贺。第一个大循环的顺利完成，标志着中

图4-6　新车厢吊装

天门索道改造工程即将完工，投入试运营。

在对设备完成最后调试后，29日13：30正式开始悬挂车厢。至30日凌晨2时，46个车厢全部悬挂上线，历时13个小时。30日上午，在多贝玛亚公司技术人员现场指导下，中天门新索道进行了满负荷、重下轻上、重上轻下等负荷试验，负荷试验非常成功，充分说明中天门索道新设备的卓越性能。

国家主管部门验收　29日，国家索检中心开始对中天门新索道进行验收。经过两天的全面验收，国家索检中心于30日作出验收结论："中天门索道改造工程是一项复杂、庞大的系统工程，能在四个月内顺利完成拆旧建新工作，充分反映了泰山索道高水平管理能力和工作的高效率，也是泰山索道全体员工团结奋战、苦干实干，付出超常劳动和大量心血汗水而获得的丰硕成果。泰山中天门索道运行平稳，安全装置功能灵敏可靠，具备运行条件。"

30日16时，泰安市五大班子领导视察中天门新索道，听取泰山索道和多贝玛亚公司负责人的汇报和介绍，市长亲自按下索道起动按钮，市五大班子领导共同乘坐新索道。中天门索道全面改造取得圆满成功。

试运营和正式运营　10月1日，中天门新索道以全新的面貌出现在来自五湖四海的游客面前，投入试运营，一辆辆轻巧的车厢，轻盈地跨越山峰、飞向南天门，泰山索道人为祖国生日献上了一份厚礼。

12月4日，索检中心出具安全验收报告，中天门新索道投入正式运营。

四、环境保护与治理

中天门索道改造始终坚持保护第一的原则，在项目设计、设备选型、施工等各环节，尽可能减少对泰山景区环境的影响，做到改造服从于保护、经济效益服从于社会效益和环境效益，确保经得起历史检验。同时，将原索道建设时对月观峰部分岩体的破损和索道站前的碎石冲沟两个环境治理恢复，纳入整个中天门索道改造项目，统筹安排、同步实施，最大限度弥补历史遗憾。

中天门索道改造中，索道线路支架全部采取基座下凹和覆盖植被的办法，沿线植树400多株、灌木1000余株，最大限度恢复索道支架周围植被，彻底拆除原支架基础并进行植被绿化。降低支架高度，增加线路隐蔽性，减少了突兀感，支架由原来的30～46米降至9～20米，并选用草绿色，与周围山体融为一体。减小支架基础占地面积，改造前支架基础占地约300平方米，改造后每个支架基础仅占地3～4平方米、总占地面积为72平方米。缩小了上下两站站房建筑体量，拆除了上站候车大厅、下站办公楼、配电室等附属设施约2000平方米。上站站房高度由改造前的24米降低至9米，对拆除空出的场地全部进行了绿化，美化了周围环境，建筑风格实现了与景区整体格调的协调。改造前，上下站房的建筑外形选用的建筑材料为琉璃瓦，建筑风格与景区景观很不协调。改造后外形选用明清青筒瓦和灰城砖，与周围景区格调协调一致、融为一体。车厢体量由大变小，空中钢丝绳由原来的6根减为2根。

泰山索道在实施设备改造的同时，也下决心对原索道建设形成的月观峰部分岩体破损和南天门索道站前碎石冲沟问题进行有效治理，研究制定了具体的治理方案。国家建设部委托山东省建设厅召开了2次专家论证会，泰山索道按照专家提出的"坚持以自然为主，因地制宜、因害设防，适地种树，达到整旧如旧""置石为坝，与周围环境相协调"等原则和要求，对治理方案进行反复修改完善。对月观峰破损岩体的整治，经国内专家多次论证，确定采用打穴栽植的立体绿化方案。治理方案批复后，泰山索道认真组织实施，治理效果得到专家充分肯定。

2002年7月25日和8月5日，中天门索道站前冲沟、月观峰环境治理论证会专家委员会成员马荫芳、王士义、梁玉堂，先后应泰山管委及泰山索道邀请，经省建设厅有关部门同意，对治理效果进行现场检查，专家们一致认为："泰山中天门索道冲沟、月观峰环境治理一年来的工作实践表明，两次专家论证会所拟定的月观峰、冲沟的治理方案应该说路子走对了，泰山管委、泰山索道落实专家们的意见，态度认真负责，工作积极主动，做了大量工作，取得了明显的阶段性的效果，成绩很大。"经过后期持续治理和恢复，月观峰破损岩体上长满

图4-7　"求索月观峰"

了绿植，索道站前冲沟已完全被植被掩盖。

五、后续有关情况

中天门索道改造完成之后，泰安市政府向山东省政府全面汇报了改造工作情况，国家建设部向国务院做了书面报告，泰安市政府回复了全国人大代表建议。2003年后，未再有关于中天门索道的争论。

2001年3月8日，泰安市政府向山东省政府呈报书面报告，从七十年代末建设泰山中天门索道的情况、对中天门索道实施改造的背景、对原中天门索道改造的审批过程、中天门索道改造中的环境治理措施和效果、对此次中天门索道改造过程中需反思的问题等五个方面做了报告。

6月5日，国家建设部向国务院办公厅呈报书面报告。报告提出，泰山中天门索道作为临时工程改建，将来是否拆除及拆除的具体时间，拟在报请国务院审定新修编的泰山风景名胜区总体规划中时研究确定。经国务院领导审阅后，建设部于7月15日转发给山东省建设厅，山东省建设厅于8月16日转发给泰山管委。

2002年5月，泰安市政府呈报山东省政府办公厅《关于九届全国人大五次会议第4133号代表建议的办理意见》，从泰山中天门索道建设情况、对中天门索道实施改造的背景、中天门索道改造的审批过程、中天门索道改造的环境治理情况等四个方面提出了回复意见。

六、改造后的良好效益

中天门索道全面改造至今22年来，为泰安地方经济社会发展和泰山景区环境保护发挥了重要作用。

改造后的中天门索道，有力推动了泰山旅游的快速发展。中天门索道改造前，进山游客最多的年份是1997年，全年进山169.4万人，其中乘坐中天门索道人次为99.1万人，占进山总人次的58.5%。2000年改造后，进山总人数、乘坐索道人数年年增长，2014年，进山总人数首次突破400万大关，达到416万人。泰山索道、特别中天门索道，成为广大游客登临岱顶的首选。2018年，泰山三条索道的总乘坐率达到100.6%，即进山游客中平均每人至少乘坐过1次泰山索道。乘坐中天门索道的游客达到346万人次，占总进山人数的84%，即当年所有进山的游客中，84%的游客坐过中天门索道。2000~2022年，中天门索道累计运送游客超过4100万人次。

改造后的中天门索道单向每小时最大运量达到1630人，是改造前的5倍，在加快岱顶客流高峰疏散、突发应急事件处置等方面发挥了更大作用。

旅游旺季游客较为集中，尤其是新冠肺炎疫情前的年份，夏季早上聚集岱顶看日出的游客峰值达3万人，如不能快速疏散分流游客，极易引发踩踏等群体安全事故。同时，高密度的游客聚集，也给泰山生态环境造成严重破坏。为了尽快让游客下山，减少聚集造成的风险和破坏，中天门索道提前开车，并与桃花源索道联动，两条索道以每小时最大4000人的运量，快速疏散分流游客下山。泰山重要民俗节日，如农历三月初三、农历三月十五，大量各地香客携带各式各样的贡品朝拜泰山老奶奶。他们多为中老年妇女，体力弱，且携带贡品多，有的凌晨3点便到达中天门，希望尽早赶到碧霞祠等候、待碧霞祠开放最先祈福。中天门索道尽可能为他们提供便利，提前开车运营，有时甚至凌晨

3点开车。

　　泰山索道与泰山消防救援队、山下医院共同构筑起"绿色通道"，在伤病游客转运方面发挥着不可替代的作用，被誉为伤病游客的"生命绿色通道"。当岱顶发生游客突发疾病、受伤等情况急需救治时，泰山消防救援队将伤病员抬到南天门索道站，通过索道运送至中天门，再由救护车送至医院，整个环节仅需40分钟，大幅减少了伤病员转运时间。而且救护医生可在中天门实行紧急处置，为挽救生命赢得宝贵时间。如2020年9月20日上午，1名河北游客在岱顶拱北石摔伤，受伤严重、情况紧急，中天门索道接到泰山消防救援队通知后，立即开启紧急救援通道，协助泰山消防队将受伤游客抬到南天门站、立刻转运至中天门送上救护车。医生看到游客伤情后感叹，如果多耽误半小时就很难挽回这名游客的生命。这名被救游客康复后，专程到中天门索道、向参与救援的泰山索道工作人员表示感谢。他说，要是没有中天门索道，我的生命可能就终结在了泰山。类似事例不胜枚举，社会影响最大的是大众日报社报道的"小寒松"事件。1997年8月13日上午8：10，1名山东金乡县的10岁男孩"寒松"在十八盘上不慎跌空、从台阶上滚落，造成颅骨凹陷性骨折、当场昏迷。泰山挑山工、新闻记者和汽车司机齐心协力，将受伤男孩从十八盘背到南天门、乘坐索道到中天门、再由救护车送到泰安市中心医院，连接成了一条高速传递的"绿色通道"，仅用50分钟就将受重伤的孩子送进了急诊中心。后来，泰山消防救援队和岱顶派出所承担了岱顶游客安全保障的职责。他们服务游客、保障游客安全的先进事迹被媒体广泛报道，多次受到国家相关部门表彰，成为全国先进典型。泰山索道在处置火险火灾、应对重大突发公共事件等方面应急处置中，能作为应急交通工具迅速将人员、物资、装备运送到岱顶，同时快速疏散滞留游客，大大提高应急处置速度和效率。如2020年

图4-8　岱顶消防队通过索道转运受伤游客

5月3日18时，因新冠疫情防控需要，泰安市政府紧急决定，将在岱顶的游客全部疏散下山。中天门索道立即启动应急预案，40分钟内将925名游客全部免费运送下山，展现了泰山索道在应急处置中的责任担当和突出作用。自2020年初新冠肺炎疫情发生以来，中天门索道多次按疫情防控要求将相关人员安全转运下山，确保泰山景区疫情防控安全。

全面改造后的中天门索道从2000年10月1日投入运营以来，以其安全稳定的运行、舒适便利的环境，以及显著的社会效益、经济效益和环境效益，充分验证了中天门索道实施全面改造的成功。

图4-9 独立云端——中天门索道（2000.10至今）

第二节 2012～2013年桃花源
索道支架整体更换

线路支架作为架空索道的重要承载部件，是线路设备的支撑结构，用来承载钢丝绳并使钢丝绳，以及运载工具保持正常的运行位置，其刚度、强度和稳定性等因素直接关系到索道运行安全。国内客运索道的线路支架均采用钢材质，由国内厂商配套生产和索道安装机构安装，其材质质量、制造工艺、安装水平，以及除锈防腐等均会影响支架的质量和安全性能。

　　桃花源索道建成于 1993 年 11 月，至实施支架整体更换时已累计运行 56434 小时、发车 700 余万车次。受 20 世纪 90 年代初建设时期经济社会发展水平制约，桃花源索道线路国产支架的材质质量、制造工艺、施工安装水平，以及除锈防腐等方面均未达到外方设计要求，虽多次进行二次焊接和加固处理，但未能从根本上解决问题。2011 年 3 月底，日常巡检发现支架横担、检修平台、方梁内壁、支架地脚螺栓等多处锈蚀，存在较大的安全隐患。经国内外索道专家现场考察和充分论证，提出了支架整体更换的建议。2012 年 5 月～2013 年 1 月，泰山索道分两个施工阶段，对桃花源索道线路支架进行了更换，拆除 14 个旧支架、建成 11 个新支架，通过了设备制造商、省级主管部门和国家索道检测机构的验收，消除了支架安全隐患。

　　更换支架在我国客运索道行业属于首次。泰山索道在施工准备、工序设计、安全监管、质量控制等方面积极探索创新，形成了很多经验。同时，项目实施中也出现了一些问题，既包括施工安全方面的问题，也包括施工质量方面的问题，还包括设备制造商（外方）方面的问题。这些问题及处置方式方法，具有较强的警示借鉴意义。

一、实施背景

　　桃花源索道全线路共有 14 个支架，其中有 7 座柱形支架（1、2、3、6、7、13、14）和 7 座塔架。支架的加工制作和安装由泰建公司完成。支架表面在加工时经过喷锌处理并涂绿色面漆。

　　2011 年 3 月 30 日下午桃花源索道停运后，技术人员在检查 4# 支架时发现，上行侧上端检修平台的方梁表面有油漆鼓泡现象，去除油漆后观察平面上有锈蚀，敲击多下后锈蚀部位出现坑洞，且周边有扩大趋势。经当天全部检查、3 月 31 日和 4 月 1 日两次专项复查，2# 支架上行侧下端、4# 支架上行侧上端、10# 支架上行侧上端、检修平台的立面发现锈蚀裂纹、破损；12# 支架检修平台网材料较细，曾出现过开焊、锈蚀、平台网断裂的现象，已另附材料焊接加固；支架方筒和塔身的表面与焊缝，除以前发现的圆头支架连接螺栓松动并采取焊接紧固措施外，未见其他异常；部分支架塔头横担下部位的法兰螺栓处有轻微锈蚀；方梁内部有较多的铁锈碎片堆积，由内向外发生锈蚀、不易被发现。

分析认为，桃花源索道支架在1993年制造安装过程中，一方面，当时历史条件下，钢材质量、制造水平不高，支架自身质量不高。另一方面，由于工期紧，缺乏必要的质量监督和安装条件，安装时采取了较多的现场加工，支架安装的质量也不高。

针对支架检查发现的问题，泰山索道做出更换桃花源支架的决定，并将相关情况传真给奥地利多贝玛亚公司。为确保支架更换前的设备和职工人身安全，桃花源索道采取了针对性的安全措施，对支架除漆检查部位、锈蚀部位刷漆进行防锈防腐，对出现锈蚀坑洞部位用玻璃胶密封；加固、更换检修平台；制作专门的夹板，加固所有支架的检修平台连接法兰；加大支架检查力度，警示技术人员检查时采取适当的安全保护措施，避免锈蚀严重的检修平台过度承重，并合理选择安全带悬挂点，避免发生危险。

二、技术论证

2011年8月6日，泰山索道召开桃花源支架改造方案讨论会，多贝玛亚公司马提斯和李艳秋参加。会议演示了桃花源索道支架锈蚀的照片，分析了锈蚀原因，讨论了所采取的检查和防范措施。会议认为，由于缺少专业、有效的检查方法，不能准确掌握支架横担、塔身的内部锈蚀情况。同时，向马提斯和李艳秋提出了相关具体问题，如是否可以改进支架和检修平台的形式，原支架基础螺栓是否可以继续使用，轮组是否需要更换等。马提斯建议在支架横担、起重梁两端，甚至支架塔身打孔，将微型摄像头伸入其内部检查锈蚀情况。他指出，由于索道技术进步和规范内容更新，现有设备产品在外形尺寸和要求上与之前存在差别，桃花源索道现有支架基础及地脚螺栓，以及支架形式是否能满足继续使用的条件，需要做进一步计算，如果不能继续使用，可以采取在原基础上加高再预埋新地脚螺栓的方式解决。由于多贝玛亚索道通用的新托压索轮与桃花源索道托压索轮在尺寸上已经发生变化，且桃花源索道支架轮组的钢梁、轴、轮架等部件存在锈蚀、变形，建议对支架轮组同时进行整体更换，并增加避雷线。

　　泰山索道购置了内窥镜，并对支架横担、起重架及立柱进行了全面检查，发现横担、起重架和立柱内腔均有不同程度锈蚀，起重架横梁内腔、横担法兰上部内腔锈蚀相对严重，内腔各面存在片状锈蚀层。横担方管整个底部锈蚀，且存在片状锈蚀层，立板和顶板锈蚀相对底板锈蚀较轻；起重架支腿内腔下部有点状锈蚀、锈蚀很轻。

　　经过充分论证，确定桃花源索道支架更换原则。不改变索道站房、索距等基本参数；不再使用原地脚螺栓，一律使用新的基础和地脚螺栓；4#、5#、8#、9#、10#、11#等6个桁架结构的支架中心点位置不变，由桁架结构改为锥管结构，新支架编号分别为3#、4#、6#、7#、8#、9#，新支架基础在原支架基础两道承载梁之间，挖除原基础中间部分回填土、凿毛、植筋后进行浇筑；原1#、2#、3#支架改为两个新的管状支架，新支架编号分别为1#、2#，新支架基础分别在原1#、2#支架基础之间和原3#支架基础之前重新开挖和浇筑；原6#、7#支架改为1个新的管状支架，新支架编号为5#，新支架基础在原6#、7#基础之间顶部凿毛、植筋后进行浇筑；原12#、13#、14#支架改为2个新的管状支架，新支架号分别为10#、11#，新支架基础在原12#、13#、14#支架整体条形基础上凿毛、植筋后进行浇筑。

　　泰山索道分别向泰山景区管委会、国家索检中心做了书面报告，邀请国家市场监督管理总局特种设备局专家委员会客运索道分委会专家组的10余名专家现场考察研究。专家们对桃花源索道线路支架存在的诸多问题作出权威性确认，一致建议尽早整体更换。专家们还对老索道安全升级后审核验收的执行标准进行专题研究，明确提出，"在不增加运量的前提下对已有索道进行安全升级时，应尽量满足现有规范要求，可以按原规范进行设计审核和施工验收"，为桃花源支架整体更换完成后的审核、验收奠定了良好基础。

三、财政立项、政府招标和景区许可

　　2011年4月26日，市财政局非税收入管理处、市财政评审中心相关人员实地调查了解桃花源索道支架锈蚀情况，认为锈蚀问题已对索道构成较严重的安全隐患。11月30日，市财政局非税收入管理处正式立项。2012年1月1日，市财政投资评审中心完成项目评审。2月15日，桃花源索道支架采购项目通过了单一来源采购的专家评审,2月22日完成桃花源索道支架轮组和塔身的采购招标。3月8日与泰安恒易国际贸易有限公司、市政府采购管理办公室签订桃花源索道支架采购项目政府采购合同,委托泰安恒易国际贸易有限公司从多贝玛亚公司进口支架轮组及塔身零部件。

为确保本次支架安装质量,泰山索道根据桃花源索道图纸资料、参考国内同类型索道支架数据,汇总形成工程项目量清单,按程序对外发布桃花源索道支架安装工程及监理竞争性谈判公告,5月14日完成项目招标,分别与中标方泰安市索道安装公司和青岛商业建设监理有限公司签订施工合同和监理合同。

2012年2月23日,泰山索道向泰山景区管委会提出整体更换桃花源索道支架的书面请示。3月13日,泰山景区管委会作出批复,同意对桃花源索道线路支架进行维修改造,要求办理好人员和材料进山手续,施工中不得破坏山石树木、做好环境整治等。

至此,桃花源索道支架整体更换项目所需的各项审批程序全部履行完毕,具备施工条件。

四、施工准备

岩土勘察 根据多贝玛亚公司设计和审核要求,委托山东岩土工程公司对桃花源线路进行岩土勘察,在设计各支架点基础中心附近1米范围内共布设探坑23个,形成岩土资料和技术参数,据此对基础地基作出岩土分析评价,为基础设计、地基处理提供依据。委托市建筑设计院立信鉴定加固所对桃花源索道原6#、11#、13#基础进行钻孔取样,经检测折合强度达到35MPa以上,满足植筋后浇筑新基础的需要。同时搜集提供泰山近十年气象资料。

线路图纸 2012年4月19日,多贝玛亚公司提交部分新支架基础的初步设计图。经图纸审核和现场勘查,新10#支架基础所在的石崖存在断层、地质状况不能满足安全要求,多贝玛亚公司重新确定新10#支架位置。5月上旬,多贝玛亚公司提供整套新支架的基础设计图纸后,组织施工和监理单位对图纸、设计书等资料文件进行图纸会审。

施工方案 桃花源索道支架整体更换工程是在原支架基础上进行改造、浇筑新基础的施工方式,国内没有先例。同时,项目施工全部在索道沿线,地形地势和周边环境比较复杂，作业难度大，混凝土施工要求严格。为确保安全、质量和工期，经多次研究讨论和反复修改完善，2012年5月16日印发具体施工方案，并成立工作领导小组，领导小组下设工程、外协与后勤保障和安全三个工作组，同时组建现场监督检查小组。施工方案明确了组织领导和人员分工，重点强调了施工安全和森林防火安全，对每项具体工作的责任人和完成时限均做出周密安排。为强化安全质量监督检查，制定了《基础施工阶段监督检查实施细则》，涉及消防安全、高处作业安全、起重安全、工序质量控制、环保控制、食品卫生等方面内容。搜集整理索道安装与验收、钢筋混凝土、基础加固等方面的工艺标准和法规规范，并组织人员提前学习了解。邀请山东科技大学教授就线路测绘相关知识进行培训，实际操作使用经纬仪。

施工单位和监理单位经多次现场勘察、研究讨论，综合考虑运输难度大、施工点多、工序多、施工人员多等情况，分别制定了《泰山桃花源索道改造项目工程施工组织设计》和《泰山桃花源索道支架安装工程监理方案》。工程组和安全组审核后明确，项目施工质量验收执行《建筑结构加固工程施工质量验收规范》（GB 50550—2010），并对基础施工所用的钢筋、水泥、石子、砂等材料提出具体质量要求，修改完善了植筋工艺，强调了消防、登高作业安全要求。

5月18日，基础施工阶段施工人员、施工材料、施工车辆的进山手续办理完毕。

五、施工过程

为了避开"五一"小长假、暑期旅游旺季和"十一"黄金周等客流高峰，尽可能将桃花源索道停运造成的社会影响和收入影响降到最低，泰山索道首创了分期施工的方式，将桃花源索道支架整体更换工程分为两个阶段，第一阶段于2012年5月21日～7月2日进行基础基座施工，第二阶段自2012年10月8日开始，拆除旧支架，安装新支架和其他承载装置。整个工程历时154天，开挖土石方约550立方米，浇筑混凝土约260立方米，砌体180余立方米，绿化800余平方米，拆除14个旧支架、安装11个新支架，并将200余吨废旧支架安全运送到山下。

1. 第一阶段施工

施工前的准备　为了尽可能缩短工期，一些工作提前做到前面，现场准备工作在索道停运前已经开展或完成。桃花源索道每天下午停运后开展前期准备，对旧支架基础上的电缆、工具箱和爬梯、防坠绳等进行了悬挂、移位或拆除处理，平整了施工场地。5月14日至18日，山东经纬工程测绘勘察院在11个新支架基础的索道主轴线和垂直于主轴线的方向上各布设至少2个支架引点。5月21日，桃花源索道正式停运，施工全面展开。

凝土浆运输　施工材料、工具器械，以及混凝土的运输贯穿整个第一阶段。由于施工作业面分布点多，不同工序交叉面广，对材料运输的安全性和效率提出了较高要求，根据现场实际，采用桃花源索道进行材料运输。特别是混凝土的运输，利用现有索道挂货车车厢，利用抱索器、吊臂、吊架挂料斗。为了确保桃花源索道设备安全前提下的运输效率最大化，按照多贝玛亚公司提供的数据（单个抱索器、吊臂的运输重量大约950千克，运输速度最高2.5米/秒），设计制作了6个容量约0.32立方米的混凝土浆运输料斗。为了达到运输效率的最佳化，综合混凝土搅拌、起吊、线路运输，以及吊卸、浇筑和料斗再次起吊等各环节的时间，计算出每间隔约860米悬挂一个抱索器，由抱索器悬挂料斗，通过索道的循环运行实现循环运输，并由专人负责监督、控制每车运输重量和运行速度，真正实现了确保安全前提下的运输效率最大化，为确保第一阶段的施工效率和工期奠定了坚实基础。

支架基础浇筑　支架基础的混凝土浇筑是本阶段的核心任务。由于多个新支架混凝土浇筑方量较大，而混凝土浆每小时的运输量有限，为保证浇筑质量，必须几十小时不间断进行连续浇筑。而长时间连续浇筑，极易造成人员疲劳，严重影响安全、效率和质量。为此，采取因事而异的办法，每个支架制定不同的浇筑方案。浇筑时间较长的支架，各方人员为组轮流值班、定时轮换。为了解决夜间浇筑的安全问题，在保证施工现场照明基础上，在每

图4-10　通过抱索器运输混凝土进行浇筑

个料斗上粘贴反光条，指挥人员和操作人员从较远距离就能发现料斗，避免料斗碰人伤人。至6月26日，11个新支架基础浇筑全部安全顺利完成。

至7月2日完成护坡、回填和绿化，7月3日桃花源索道恢复对外运营。

第一阶段施工比原计划提前18天，共完成土石方开挖约550立方米，浇筑混凝土约260立方米，砌体180余立方米，绿化800余平方米。

支架基础施工完成后，泰安市建设工程质量监督站对新支架基础进行了验收。7月16日至19日，山东省经纬工程测绘勘察院对全部11个新支架基础进行了检测，主要检测项目包括，基础中心直线性，基础纵向中心线对索道中心线的偏斜，基础中心水平距离、高程及基础倾斜度。检测数据检验了本次基础施工的质量和精度，为第二阶段新支架的安装提供了依据，以及时纠正偏差、提高支架安装精度和质量。

2. 施工第二阶段

第二阶段施工主要任务式拆除旧支架、安装新支架，从2012年10月8日至2013年1月27日，历时111天，主要完成了14个旧支架的拆除和11个新支架的安装，并将200余吨废旧支架安全运送到山下。

施工方案　结合第二阶段工作实际，统筹迂回轮轴承更换、钢丝绳截绳、抱索器整体更换及站内脱挂段调整、吊厢座椅翻新等4项设备检修维护项目，制定桃花源索道支架更换二期工程工作方案，日常施工安全管理规定和消防安全、高处作业安全、气割气焊安全、食品安全等专项安全管理细则，对安装电缆锚固桩、转移电缆、拆除旧支架和安装新支架、安装避雷线，以及4项检修维护项目的实施步骤做了具体安排，并制定应急预案。

新支架加工　进口部分由泰安恒易国际贸易有限公司负责办理进口通关手续，全部进口设备于9月29日运抵桃花源索道下站。支架塔件由多贝玛亚北京公司加工制作，10月8日至13日国内加工制造的全部到货，随设备附一份细则，对到货设备的检查、存放和运输，支架的拆除和新支架的安装，以及钢丝绳截绳、迂回轮轴承更换等4项检修维护项目，均列出了质量控制要点。

支架设备运输　由于索道设备超重超长超大、且异形件多，加之山岳型景区内部交通运输条件受限，而且索道设备索道精密程度高、运输过程中不能出现任何擦碰磨损，因此，设备运输历来都是索道施工中最大的难题。桃花源索道新支架设备总重量近110吨，15天之内必须运输到位，其中最重的一件设备近3.3吨，最长的一件设备柱体达到9米。同时，由于不能架设货运索道，只能使用桃花源索道在用的索道和抱索器进行运输。因此，必须要有一个好的运输方式，才能保证运输安全和运输效率。经过不断探讨、反复研究和精密计算，决定采用4个抱索器和吊臂进行运输，每2个抱索器和吊臂为1组，每组抱索器间距根据设备长度采取人工控制挂接，每1组中2个抱索器用1根2米左右的小梁连接，前后2组作为两个吊点悬挂较长的设备。通过可调节角度的两个连接梁悬挂，利用分开挂接的4个抱索器，实现设备重量平均分摊，避免出现单个抱索器运载设备超重，以及钢丝绳因承重点过于集中导致弯折角过大，受损伤。对于重量稍小的设备，采用单抱索器、吊臂或双抱索器、吊臂组成的悬挂方式进行运输。这种创新性的运输方式，既保证了运输效率和运输安全，也保证了在用设备的安全。新支架设备按期安全顺利运送至各指定位置。

拆除旧支架和安装新支架　10月24日起，拆除旧支架和安装新支架工作全面展开。施工人员分成上站和下站2组，同步进行旧支架的拆除和新支架的安

装。根据天气变化、施工难易程度以及保护钢丝绳等综合因素，旧支架拆除和新支架安装采取由远及近、先中间后两端的方式进行，首先是原9#和7#支架，然后是原8#和6#支架。4个离两站较远的支架拆装完成后，上站组转入原13#、14#支架的拆装，下站组转入原5#支架的拆装。之后，上站组开展钢丝绳截绳、更换迂回轮轴承和原12#支架的拆除，下站组转入原3#、1#、2#，以及6#、7#支架的拆除和新5#支架的安装。至12月12日，线路支架设备全部安装结束。

图4-11　安装支架柱体

127

图4-12　安装支架轮组

　　工程验收　2012年11月27日至12月1日，2013年1月7日至13日，多贝玛亚公司两次对项目进行综合检查调整、地脚螺栓的拉拔张紧、站内脱挂设备调整，以及其他验收所需的各类试车试验。2013年1月15日，顺利通过省质监局特种设备安全监察处的检查验收；2013年1月23日，顺利通过国家索检中心的全面检查验收；2013年1月27日，桃花源索道正式恢复对外运营。

　　更换后的桃花源索道11座支架全部为管状锥形结构，轮组采用401和500型托压索轮，轮组和检修平台的固定方式全部改为悬吊式结构，捕索器及触断开关均符合最新安全标准。支架线路上、下行两侧运载索上方各增设一条避雷线，各支架起吊梁两端安装有避雷针，有效增强了支架线路设备的防雷安全。通讯电缆的固定方式由原来的支架底端固定，改为专用的电缆锚固座固定，提高了支架和通讯电缆使用的安全性。

六、经验教训

　　由于整体更换索道支架缺少可以借鉴的经验和模式，加之桃花源索道支架更换项目工期紧、任务重、作业面点多面广且交叉作业项目多、施工场地下载等多种因素，施工过程中出现了一些问题，包括处理问题的方式方法，形成了经验教训，对以后重大索道设备改造具有较强的借鉴参考价值。

新9#支架基础浇筑现场卷扬机钢丝绳挂运货吊架　桃花源索道新3#、4#、7#、8#、9#支架位置分别在原4#、5#、9#、10#、11#位置，由于原支架较高，运送到现场的料斗需要通过卷扬机进行升降。卷扬机布置在地面上，定滑轮布置在塔头横担上。在原2#支架通过卷扬机将空料斗放到地面，再将装满料的料斗提升到吊架位置，开动索道运送到浇筑现场，在浇筑现场通过卷扬机将料斗放到浇筑施工平台，卸料后再通过卷扬机提升到吊架位置。

原11#支架塔身为桁架结构，其基础为在一个公共底座上的两道承载梁。新9#支架塔身为锥管结构，新9#基础在原11#基础中间开挖掉回填土并凿毛、植筋后重新浇筑，新增混凝土体积36.1立方米，在线路上均布5个带料斗的吊架按照逆时针方向循环运输，预计需要运输110斗，按每小时运输4斗计算，约需28小时，加上人员倒班、吃饭时间共约31小时。浇筑现场的施工人员实行两班工作制，甲班从早6时到18时，乙班从18时到第二天早6时。

2012年6月8日17时40分，第42斗卸完料通过卷扬机提起并重新挂到吊架上后，因施工方人员换班需增挂检修车运送换班人员，索道开始顺时针运行挂车，吊架下移到原11#支架下行侧，然后索道停车、打开道岔后低速逆时针运行，吊架运行到原11#支架（此时检修车处于弯道）时，该吊架被从位于原11#支架横担上的动滑轮下垂的卷扬机钢丝绳挂住，索道紧急停车，抱索器在运载索上滑移约1.5米，卷扬机钢丝绳被拉断，所幸未造成人员伤亡。

经现场目测，除吊臂和吊架划伤和变形外，支架横担没有发现变形和位移，运载索两侧表面钢丝出现压痕变形和划痕。经国家索检中心探伤检测，运载索未发现断丝和断面积减小，山东经纬测绘院对原11#支架横担中心点、横担水平、横担扭摆进行测量，未发现偏移。

经深入调查和认真分析，发生卷扬机起重绳挂料斗的主要原因包括，施工人员疲劳作业，且临近换班导致注意力下降，指挥调度人员使用对讲机进行指挥的指令不够规范，缺少最后的确认指令环节导致操作人员未能及时有效做出规避，装料的料斗和卸料的料斗因为轻重不一造成吊架倾斜角度不同，使得轻重不同的料斗与卷扬机之间的安全距离不同，而施工方人员在判断上出现偏差。为避免类似问题出现，应加强人员调配，避免长时间作业。规范对讲机指挥指令，特别是确认指令，确保指令既简单又明确。增加停车按钮，确保紧急情况下能立即停车。

施工方擅涂界面剂　桃花源索道支架基础施工，除新1#、新2#基础是重新开挖浇筑外，其余9个支架基础都是对原基础进行凿毛、植筋，然后在原基础之上浇筑新混凝土。从安全角度出发，桃花源支架基础表面严禁使用界面剂。施工方于10#、11#原基础表面涂刷了具有水溶性的界面剂。采用喷水浸泡然后人工刷除、再使用高压水流冲洗，直至无界面剂残留。

混凝土裂缝　9#支架上行侧素砼部位出现贯通裂缝，最宽处1.4毫米，裂缝自上而下平均值为1290毫米，由外至内平均值为410毫米。专家建议，大体积素混凝土浇筑时按规范加入毛石，减少混凝土浇筑量以降低产生的水化热；混凝土浇筑到与原基础底标高即浇筑到1.8米时设置一道水平施工缝。为避免发生砼倾覆，采取了传统的加固方式，上平面800毫米宽处用800×400×8毫米钢板，设置4根锚固螺栓（螺栓标号为Φ16、L=600毫米），在砼表面钻孔（孔深600毫米，孔径Φ=20～30毫米），缝隙用环氧树脂或西卡胶灌注。裂缝缝隙采用切割锯沿缝隙处切宽至8～10毫米、深20毫米，用西卡胶封堵，解决缝隙进雨问题。

新5#、10#、11#平台斜拉杆安装位置不符　新5#、10#、11#支架为10轮托索轮组，根据管状支架平台装配图纸的安装尺寸要求，检修平台鞍座外侧距横担外端的距离为1075毫米。实际安装过程中发现，按照该尺寸安装检修平台后，连接起吊梁与检修平台的斜拉杆在安装后不能与检修平台平行，而且斜拉杆与检修平台护栏已发生挤压接触，容易造成运行过程中支架震动产生噪音。经对安装尺寸核对计算，5#、10#、11#横担长均为4650毫米，如果从横担端部向内侧1075毫米位置安装平台，鞍座安装夹板的宽度尺寸为240毫米，则两侧检修平台鞍座的中心距可计算为4650−1075×2−240=2260毫米，与提绳架上斜拉杆安装座中心距2560毫米不符。此问题为设计失误，设计时未能考虑10轮以上轮组与10轮以下轮组在检修平台安装尺寸上的不同，而将提绳架设计为相同尺寸。多贝玛亚公司重新加工了6套提绳架上的斜拉杆固定连接板。

避雷线结冰　2012年12月28日至29日，泰山出现雨雪、大风降温天气。29日上午，避雷线出现结冰和积雪，结冰后的直径超过运载索直径，而运载索由于索道不间断运行并未结冰，造成避雷线在支架跨间窜动，特别是9#与10#支架大跨度区间，避雷线高度下垂后与运载索高度相当，部分区段甚至低于运载索。避雷线索距4米、运载索索距为4.8米，当出现大风时极有可能造成避雷线与运载所搭碰。此前，根据多贝玛亚公司雷蒙德要求，将避雷线由下站张紧至1.5吨左右。2013年1月7日，雷蒙德现场验收时提出，将两侧避雷线张力增加到2吨多一点儿，冬季注意观察，如果有必要，可以将张力增加到2.4吨。他还建议，当遇到避雷线结冰超过10毫米时，应由工作人员乘坐检修车，用长杆敲击避雷线以破冰，或用绳子拉住一个滚轮碾碎冰层。

第三节　2017～2018年桃花源索道改造

桃花源索道是我国第一条从奥地利引进的单线循环自动脱挂式6人吊厢索道，代表20世纪90年代世界最先进的客运索道技术，为加快单线循环自动脱挂式索道技术在我国的广泛使用发挥了示范引领作用，也为形成泰山东西两翼发展大格局、拓展泰山游览空间、加快岱顶客流高峰疏散、促进泰山景区均衡发展作出了积极贡献。

1993年11月建成运营以来，截至2016年桃花源索道已安全运行23年，虽经2012～2013年整体更换支架，但主要机电设备并未更新，设备老化问题日益突出。同时，桃花源索道单向每小时1000人的运量和中天门索道单向每小时1630人的运量，无法满足岱顶客流高峰疏导需要。由于中天门索道设备性能状态较好，改造中天门索道、提高中天门索道运量的时机尚不成熟。因此，对桃花源索道进行全面改造，提高设备安全性能、加大索道运量，正当其时、一举两得，既能通过全面改造淘汰旧设备，采用新技术，消除设备老化带来的安全隐患，提高桃花源索道安全性能，又能从总体上增加泰山索道的运量，提高岱顶客流高峰疏导能力。

经充分论证、履行相关审批程序，泰山索道于2017～2018年分两个施工阶段完成桃花源索道改造，建成了采用世界最先进直驱技术的客运索道。

一、改造背景

桃花源索道1993年11月建成运营，是20世纪90年代初由奥地利多贝玛亚公司制造，索道型式为单线循环脱挂式6人吊厢索道，全长2196米、高差670米，最高运行速度5米/秒，单向小时最大运量为1000人，最大运量运行时全线共有246人，2012～2013年更换支架后全线共有14座支架。

从客运索道技术水平上讲，经过20余年的快速发展，客运索道技术日新月异，奥地利多贝玛亚、法国波玛等全球顶尖索道制造商已经研制成功客运索道直接驱动系统，使得客运索道更加高效节能环保，直接驱动系统综合效率比传统电机高，无减速机，张紧系统采用双液压缸张紧，极大降低振动，站房内噪声可降低15分贝以上，游客乘坐更加舒适。桃花源索道作为我国从奥地利多贝玛亚公司引进的第一条单线循环脱挂式6人吊厢索道，属20世纪90年代初期技术，已经远远落后于全球最新技术水平，部分设备零部件因产品升级换代早已停产，索道电控、液压和专用零部件的备品备件采购非常困难。

从设备性能上讲，截至2016年10月，桃花源索道已运行23年，设备总运行超过7万小时，设备整体老化情况较为严重，驱动轮轴承组、主电机、减速机等关键设备超过国家相关检测规范规定的使用时限，同时也超过了设备制造商奥地利多贝玛亚公司确定的使用年限，出现设备变形、运转异响、基础沉降等突出问题。

从索道运量上讲，桃花源索道单向每小时1000人次的运量，加上中天门索道单向每小时1630人的运量，合计总运量才每小时2630人，在岱顶游客应急疏散保障方面面临非常大的压力。2015年，进泰山游客达到456万人次，各类节假日达到86.7万人次，"五一""十一"等传统客流高峰期间，单日客流量超过5万人次，而桃花源和中天门索道满负荷全速运行状态下，仅能疏散游客总量的40%左右。一旦桃花源索道设备出现故障无法运行，整个景区的应急疏散重任将全部集中于中天门索道，将给景区和游客安全带来非常大的压力，甚至造成严重后果。而中天门索道设备尚处于稳定期，加之中天门索道设备改造较为敏感，在无法增加中天门索道运量的情况下，只有对处于设备快速老化的桃花源索道进行改造，并增加其运量，才能更好发挥其分流减压作用。

　　2016年初，经过反复研究和充分论证，泰山索道决定对桃花源索道进行改造，彻底解决技术落后和设备老化问题，消除安全隐患，提高索道运行的安全性、可靠性、舒适性，特别是增强应急输送能力。

图4-13　桃源秋意——桃花源索道（2018.9至今）

二、改造方案

　　泰山索道始终把设备本质安全放在第一位，坚持采用最先进的索道技术。在重大设备改造中，坚持保护第一原则，尽可能减少设备改造对泰山自然生态环境的影响，原有配套设施能用尽用，保证改造后的索道技术先进、设备运行安全可靠、配套设施齐全、游客乘坐舒适、运量符合泰山旅游发展趋势。

　　泰山索道在桃花源索道设备改造中继续坚持上述原则，多方听取国内索道专家、索道设计专家、外国设备制造商等方面意见建议，统筹设备型式与配套设施、技术与运量、建设与保护等多方面的关系，反复研究、广泛调研、不断完善，形成了桃花源索道改造方案：桃花源索道新设备采用8人吊厢脱挂抱索器循环直驱式索道，单向最大小时运量2400人，运行方向仍为顺时针（CW），乘车和下车通道方向基本不变。充分利用原有上下站站房位置及结构，根据需要做适当功能性调整。紧急驱动采用双备份，变频器和主电机采用双电机串联，主控柜PLC做备份设计。项目施工不影响重要假期的正常运营，采取分阶段施工方式。

初步方案及论证　2016年4月，泰山索道形成桃花源索道改造初步方案：下站原站房改为新车库、原车库变为出站通道、前接新站房，上站新设备立柱前移、原车库配电室机修间全部打通改为新车库的初步改造方案，绘制设备总体布置及进出站通道布置图20余张。

5月16日和6月3日，邀请北京八达岭索道和中国恩菲工程技术有限公司专家到桃花源索道，现场探讨设备和站房初步改造方案，专家认为泰山索道提出的初步方案较为可行性。

6月15～22日，考察调研黄山玉屏索道和张家界天子山索道技术改造情况。

8月6日，经与中国恩菲工程技术有限公司专题讨论，形成桃花源索道改造需求：新设备采用8人吊厢脱挂抱索器循环式索道，单向最大小时运量2400人。充分利用原有上下站站房位置及结构。新索道运行方向仍为顺时针（CW）方向，游客的乘车和下车区通道方向基本保持不变。下站新库以原站房空间为主，上站新车库以原车库空间为主，新建配电室。线路支架原则上每跨内不超过5个车厢，支架基础选点以基础浇筑后不影响旧索道正常运行为宜。紧急驱动备份采用双备份方式，迂回站增加1套柴油机紧急驱动设备，下站采用双柴油机＋双油泵备份。变频器及主电机采用双电机串联，可同时驱动也可分别驱动。主控柜PLC做备份设计，2台主控柜PLC间完全独立且可方便快速可靠切换，满足在电气连接上完全物理断开的使用要求。改造施工确保不影响"五一"和国庆节两个重要假期的正常运营。

2017年1月8～11日，赴广州长隆野生动物园，考察POMA索道设备、重点是POMA公司直接驱动设备的技术应用情况。2月24日和3月1日，先后邀请POMA和多贝玛亚技术人员讲解直接驱动电机的技术应用情况。

3月17日召开索道设计需求讨论会确定：上站新进站通道在原通道的西侧，新票房在进站通道西侧观景台附近，并设置候车长廊和候车大厅；上站控制室设在后立柱后，下站控制室设在运行出站侧。索道设备采用直驱技术。

至此，历经近一年的反复研究、探讨和论证，桃花源索道改造方案最终确定。

测绘　2016年6月6日，桃花源索道改造工程项目设计正式启动。中国恩菲工程技术有限公司工程师经现场查看，于6月23日提出测量要求。具体测绘任务共5期，第1期测绘主要是为设计提供资料，完成12个点的四等控制测量，一级导线测量2.0千米，1:1000索道纵断面测量2.0千米，上、下站1:200数字化地形图测量。第2期主要是设计后放样，包括上、下站支架放点和引点，1:100支架地形图测量。第3期主要是上、下站及各支架工程地质勘察（坑探）。第4期主要是四等控制点的复测和支架基础检测。第5期主要是四等控制点的复测，支架中心点直线性和高程检测，

图4-14　铺设沿线通讯电缆

支架横担水平度、垂直度的检测和支架大轴的测量。25日与中国恩菲工程技术有限公司签订技术咨询协议。8月，与中国恩菲工程技术有限公司签订项目咨询协议，委托其编制可行性研究报告。10月底形成正式的项目建议书。2017年5月15日，完成基础测绘并提交中国恩菲工程技术有限公司。

三、审批过程

2016年10月27日，泰山景区管委召开桃花源索道改造专题会议。会议认为，桃花源索道1993年11月建成对外运营，运行时间长，设备严重老化，尤其是随着景区游客量的持续增长，在运送能力、确保游客安全等方面存在不足，对其实施技术改造十分必要。会议强调，桃花源索道改造后，对于确保游客安全、彻底解决游客高峰期运输能力不足、提升服务质量具有非常重要的意义，

既符合景区均衡游客分布、优化游览路线的需求，也符合泰山总体规划和市委、市政府发展"大旅游"的要求。会议认为，泰山索道结合实际制定的改造方案，符合景区实际，值得充分肯定。会议要求，景区管委会各相关单位要根据工作职责，积极参与、全力配合，确保索道改造工程尽早实施，尽快投入使用。

会后，泰山景区管委会形成会议纪要，同意实施桃花源索道改造项目，并列入泰山景区重点建设项目。工期问题由规划建设土地局负责。桃花源索道下站改造与桃花源停车场及桃花源办公楼改造一并考虑。桃花源索道改造项目资金问题由泰山索道自行解决。

11月4日，向泰山景区管委会呈报书面请示。

11月6日，泰山索道组织召开了桃花源索道改造专家论证会。与会专家有：国家索检中心主任张强，北京八达岭索道公司总工程师张洪波，泰安建筑设计院高级工程师于兴银、宋惠霞。与会专家和泰山景区管委会、泰山索道有关负责人听取中国恩菲设计研究院的可行性研究报告介绍，实地勘察了现场，形成了专家论证意见：

一、专家一致认为桃花源索道改造方案可行，同意桃花源索道进行维修改造。

二、桃花源索道改造应符合相关国家规范要求及风景区管理有关规定。

三、建议桃花源索道改造方案在安全、技术、服务等方面进一步优化。

2017年3月9日，按照《泰安市政府投资项目管理办法》要求，经市领导批复，同意实施桃花源客运索道维修改造项目，并列入泰安市2017年政府投资项目计划，项目概算投资13082.89万元。

3月至4月，中国恩菲工程技术有限公司、泰安市水利勘测设计研究院及泰山景区管委会农林局水利专家多次对下站沐龟沟防洪和基础工程安全进行实地踏勘，并委托泰安市水利勘测设计研究院编制《泰山桃花源索道改造项目防洪影响评价报告》。4月20日，召开专家讨论会，与会专家一致同意桃花源索道改造项目防洪影响评价报告。6月1日，向泰山景区管委会农林局提报审批桃花源索道改造项目防洪影响评价报告的书面请示。6月4日，泰山景区管委会农林局批复同意该报告。

至此，桃花源索道改造项目经泰山景区管委会批复同意、专家论证同意、市政府立项和防洪影响评价，被列入泰山景区重点建设项目和政府投资项目计划，全部审批程序合法有效，具备施工条件。

四、改造过程

为尽可能减少重大节假日等客流高峰期桃花源索道停运影响，避免给中天门索道形成巨大压力，并进而造成其他问题，桃花源索道改造工程避开"五一"小长假、国庆节和春节黄金周等客流高峰期，分两个阶段实施。第一阶段从2017年6月19日～9月5日、10月16日～12月30日，第二阶段从2018年5月2日～9月26日，共计323天。

第一阶段施工主要是完成线路支架基础浇筑。2017年6月19日～8月23日完成共计7个新支架基础的浇筑，保留原4#、5#、9#旧支架基础作为4#、6#、10#等3个新支架的基础，至9月5日完成全部支架基础的护坡、回填和绿化，9月6日恢复运营。10月16日～12月30日，主要完成了下站附属综合楼改造，上站站房和车库扩建，新建上站配电室，售票房、进站走廊和候车大厅等土建改

图4-15　通过抱索器运输紧急驱动柴油机

137

造项目，并提前运输了下阶段上站施工所需建筑材料，完成了索道线路支架柱体、塔头等钢构设备的加工制造并运输到安装位置。2018年4月8～26日，利用改造前的索道，将线路上的大重量设备和上站设备运输到位。

第二阶段主要是拆除旧设备、安装新设备，以及附属设施的装饰。2018年5月2日～9月15日完成旧索道设备的拆除运输和新索道设备的安装调试，10月1日投入试运营。国庆节后，对设备安装中在的相关问题进行调整，完成支架复测和螺栓二次紧固、植被恢复等工作。

第一阶段采购招标　2017年4月，完成桃花源改造项目设计、测绘和设备采购招标。项目设计中标单位是中国恩菲工程技术有限公司，项目勘测中标单位是山东经纬工程测绘勘测院，设备中标单位是多贝玛亚公司。5月分别与中标单位签订合同。7月，完成桃花源改造项目线路基础施工和工程监理招标，中标单位分别是泰安市索道安装公司和青岛城建监理公司，分别与中标单位签订施工合同和工程监理合同。

线路支架基础设计　4月24～28日，按照多贝玛亚公司测绘要求，山东经纬工程测绘勘察院对桃花源索道线路支架基础及周边15米范围内的地形进行测绘，并钻挖探坑进行地勘。4月30日，将地勘报告、线路断面图、支架基础地形图等资料提交多贝玛亚公司。5月31日，多贝玛亚公司交付桃花源索道线路支架基础设计图纸（电子版，纸质版同步由奥地利总部发出）。6月6日，向多贝玛亚公司提出修改要求，设计方案中7#、9#、11#3个支架裸露体积大、砼体量大，要求降低设计高度和体量。6月27日，多贝玛亚公司完成设计图纸修改。6月13～16日，山东经纬工程测绘勘察院对除7#、9#支架以外的6个新建支架基础，在不影响现场施工的中心及垂直轴线上选择合适位置，布放满足新支架基础精确定位及施工质量控制所需要的施工引点。7月1～3日，对7#和9#支架进行了施工引点放点。

图4-16　桃花源索道直接驱动主电机

第一阶段施工　6月16日，下发桃花源索道改造工程工作方案。18日，召开动员大会，并与施工单位签订安全施工协议。19日，桃花源索道正式对外停运，第一阶段施工正式开始。

由于2012～2013年实施了桃花源索道支架整体更换，泰山索道积累了较为丰富的支架基础浇筑经验，第一阶段中支架基础浇筑工作较为顺利，至8月23日完成新支架基础浇筑，至9月5日完成全部支架基础的护坡、回填和绿化，9月6日恢复对外运营。

第二阶段施工准备　第一阶段支架基础浇筑完成后，为了确保第二阶段施工的顺利开展，泰山索道将部分能够提前开展的施工项目提前至2017年国庆节后至2018年春节前的冬季旅游淡季实施。

8月22日，中国恩菲工程技术有限公司出具站房改造设计图纸。9月14日，多贝玛亚公司完成首版完整的两站站内布置图。9月下旬，编制二期项目进度时间计划表，并就二期工程进度和设备供货期、供货范围等与多贝玛亚公司对接。

10月16日，桃花源索道停止对外运营，开始实施下站附属综合楼改造，上站站房和车库扩建，新建上站配电室、售票房、进站走廊及候车大厅等土建改造工程项目及二期施工上站建筑材料的运输工作。

图4-17　改造后的桃花源索道支架

图4-18　吊装新车厢

图4-19　外方技术人员编绳

12月19日，第一批国内加工制作的1#、2#、3#支架柱体、塔头等钢构设备到货。其他支架设备至2018年2月2日分5批运抵桃花源索道。至2018年5月24日，进口索道设备共计36个集装箱、1个钢丝绳盘、1个主电机托盘到货。30日，国内制作的下站钢结构及上下站车库钢结构维修平台设备到货。至此，桃花源索道新设备全部到齐。

第二阶段施工　2018年5月2日，桃花源索道对外停运，改造进入旧索道拆除、新索道安装调试和附属设施完善阶段。6月初，与泰安市索道安装公司签订索道安装项目合同，与山东顺通电力工程安装有限公司签订配电室增容改造项目合同，与山东众志电子有限公司签订网络系统维修改造项目合同，与同方威视技术股份有限公司签订安检设备采购合同，新设备安装和配套设施建设全面展开。10月1日，桃花源索道改造全部完成，投入试运营。

改造后的桃花源索道，是自动脱挂单线循环直驱式8人吊厢索道，运行平稳、乘坐舒适，单向运量增加至每小时2400人，游客候车长廊等配套设施焕然一新，投入运营后其大运量的优势在客流高峰分流减压中体现得淋漓尽致，游客排队等候时间由原来的2小时以上，缩短至半小时左右，中天门索道下行排队时间由原来的最长3小时减少到2小时以内，2019年客流高峰期间分流游客13万余人次，5月2日创造了单日分流2万人次的最高纪录。

五、施工中解决的技术难点

由于桃花源索道改造前期测绘、设计任务比较繁重，数据测绘、计算以及据此做出的设计出现了一些误差。设备安装阶段，工期紧张，设备种类繁多，安装及调试、试运营中出现了一些问题。这些问题给改造工程带来了一些技术上的难题，但未对整个工期造成太多影响，也并未对设备的先进性、安全性和稳定性造成影响。分析解决这些难点，为今后运营中更好地研判、解决相关故障积累了经验，也为同类型设备的建设积累了经验。

迁回站皮带轮装反　索道车厢在线调试期间，发现在迁回站进站侧，当车厢进站抱索器脱开钢丝绳后，车厢明显存在速度抖动，尤其是高速且重载进站时，因车厢运行惯性较大，加上速度抖动引起的车厢摆动幅度更大，导致进站区域最小计数故障，严重时引起车厢冲站，车厢在开门位置摆动高出站台地平面。

分析认为，车厢进站抱索器脱开钢丝绳后，主要依靠皮带轮摩擦传动来驱动加减速运转。相邻皮带轮之间通过传动皮带轮直径大小变比来实现车厢的进站减速运行。如果皮带轮传动比发生变化，则会造成车厢进站减速度变化，车厢变成以绳速→减速→加速→减速的形式运行，从而造成车厢摆动幅度变大，严重时触发计数故障及挤车。

经调查，在迁回站安装施工期间，由于皮带轮在运输及安装过程中受到过明显的损伤。安装调试过程中由于没有备品备件，外方技术人员将受损皮带轮取下进行打磨修复后重新安装，安装时未仔细对照安装方向而将皮带轮装反，引起车厢速度变比发生变化，导致车厢进站速度抖动、惯性大、摆动高等异常现象。

更正装反的皮带轮方向、恢复原设计皮带轮速度变比后试车正常。后期备品备件到位后更换了受损的皮带轮。

迁回站车位3接近开关位置错误　桃花源新索道A距设计车厢数量为70车厢（两车厢线路实际距离约为72.6米），当A距挂车运营时，站内一般会有5～6个车厢，站内车厢间距较小。此时，迁回站PLC经常会出现车位3逻辑报警（检测到车位2时，没有检测到车位3），需频繁对故障报警进行复位，尤其是车厢存在负载运行时。

分析认为，后期索道调试时，外方技术人员曾对迁回站车位3接近开关进行位置调整。原设计位置在车位2与区域8接近开关之间，且距离区域8接近开关0.17米处。外方施工人员将车位3接近开关调整至区域7与区域8接近开关之间，导致车位2与车位3接近开关之间的距离拉大。调整后，当车厢经过车位3

且即将到达车位2时，后续车厢已经达到并再次触发车位3接近开关。此时两车厢继续运行，前车触发车位2，PLC逻辑检测正常，并刷新车位3信息。而当后车经过车位2时，此时PLC已经刷新过车位3信息，导致PLC无法再次检测到车位3信息，从而触发车位逻辑故障。因此，判断主要是车位3接近开关安装位置错误导致。经与外方技术人员沟通，其表示，安装中误将接近开关当作"车厢在发车轨道前"故障的检测开关。

测试发现，"车厢在发车轨道前"故障的检测开关为区域8接近开关，而并非车位3接近开关。查阅原始安装图纸，对照驱动站安装位置（驱动站安装位置与原始设计图纸相符），对车位3接近开关位置进行了部分调整，车位3接近开关与区域8接近开关并排安装，与原设计位置存在一定误差。调整后，车位逻辑报警现象大幅减少，但当车厢高速且重载运行时，仍偶尔出现此故障。

制动液压过滤开关故障 试运营阶段发现，提示液压制动系统过滤器开关故障。外方专家首先怀疑是系统编程错误，重刷系统仍存在该故障显示。外方专家怀疑滤芯精度为5微米的过滤器出现堵塞所致，经更换后该故障提示仍然存在。由于该故障不参与停车回路，并不影响正常的索道运转。讨论分析中，外方专家建议将用滤芯精度10微米的过滤器替换此前滤芯精度为5微米的过滤器，同时更换电压力开关。我方认为，既然更换了新过滤器后并未消除故障，应该排除过滤器的原因，可能是电压力开关有问题。经检查发现，电压力开关的连接线路有不同程度腐蚀，更换、复位后发现故障消除。在拆检过滤器上部的电压力开关后，经对比发现图纸有误。

11#支架偏差调整 7月24日，外方技术人员误认为已对11#支架完成调整，在没有检查确认的情况下对11#支架地脚螺栓使用液压专用工具紧固。索道安装公司技术员对11#进行测量时发现，11#支架C横担中心南偏约8厘米，偏差相对设计要求太大。经测量，C横担中心南偏65毫米，B横担中心南偏4.5毫米，A横担中心北偏5毫米。经数据分析、综合判断，11#支架存在较大偏差。

7月25日召开现场协调会，研究讨论调整方案。索道安装公司提出用手拉葫芦牵引支架东南的西北角，将支架扭曲转回来。实际操作中，由于11#支架为桁架结构，总重58吨且有10度倾角，收效甚微。重新研究决定，采取支架东南底座加垫片的方式，可以使横担中心北移。经多次调整后测量，C横担中心南偏30毫米，B横担中心北偏13毫米，A横担中心北偏28毫米。外方安装工程师表示，横担中心偏差只要不超过40毫米，可以通过调整轮组进行弥补。后期经调整轮组位置，11#支架偏差问题得到解决。

驱动轮焊缝问题　9月18日索检中心对驱动轮进行探伤检查，主要抽查驱动轮上表面和下表面的主要受力焊缝。在探测驱动轮上沿外侧连接法兰盘焊缝时，在驱动轮上表面MT11和MT12和下表面MT1处，连接法兰位置有3条1～2毫米的微小疑似裂纹和1个3毫米左右的气泡。索检中心要求对驱动轮所有主要焊缝进行检测，并依据《客运索道型式试验规则》暂停型式试验。山东省特种设备检验研究院泰安分院检测后认为，焊缝为疑似未熔合缺陷，不能认定为裂纹，通过轻轻打磨可以消除。多贝玛亚公司对焊缝进行修复并测量焊缝宽度后认为，其远远大于图纸焊缝要求，不需要进行补焊修复。经多次反复检测、沟通，索检中心确认驱动轮存在焊缝裂纹，为不合格产品，应由多贝玛亚公司重新提供新的驱动轮之后才能再次进行型式试验和验收检验。多贝玛亚公司重新提供驱动轮，经索检中心探伤验收，驱动轮型式试验合格。

第五章

旷然小宇宙——索道管理（上）

客运索道作为我国改革开放以后逐步发展起来的行业，其设备和技术早期主要是来自日本的往复式，20世纪90年代欧洲的循环脱挂式索道开始进入中国，并迅速成为主流，日本往复式设备和技术在21世纪基本退出中国。

客运索道设备精密复杂，包括设计、工程建设、机械、电子、编程、自动化、仪器仪表等多领域专业技术。以19世纪70年代末80年代初泰山索道从日本引进客运索道设备技术为标志，山岳型旅游客运索道在我国开始广泛应用，但是如何管理设备、经营索道，国内尚未有先例。泰山索道责无旁贷地承担起了探索我国客运索道管理方式方法的历史重任，形成了延续至今的设备技术进口化、运营管理本土化的客运索道行业主要发展模式。

40年探索、40年实践、40年创新，泰山索道不负历史使命，在客运索道的项目建设、设备维护、技术管理、安全监督、运营服务等方面，从模仿借鉴到自我创新，创造了一整套管理体制模式、运营机制模式、规章制度模式和规范标准模式，实现了客运索道管理科学性与有效性的高度统一，有效带动和示范我国客运索道管理从粗放式迈向精细化，管理质量和效益持续提升。

第一节　管理体制

进入改革开放后，人们思想不断解放、观念不断更新、实践不断丰富，国家大力发展经济，推动对外开放的政策，为客运索道在我国的发展创造了良好条件。同时，客运索道的发展也带动了旅游事业的繁荣，为经济社会发展作出了贡献。

在40年发展历程中，泰山索道管理体制紧跟时代脚步，以最符合社会需要，最能发挥效应的各种形态，始终保持服从大局、和谐稳定，持续创造更大的经济价值，承担更多的社会责任。泰山索道主动适应管理体制的不断变化，坚守安全和效益两条主线，不断探索实施最能激发活力和创造力的运行机制和运作模式，使泰山索道管理能力始终走在行业前列。

1983年成立至今，泰山索道管理体制历经多次调整变更。1983年起至1993年为企业化管理的事业单位，1993年开始股份制改造，1994年完成股份制改造，1996年成功上市，1998年成为国有集团企业核心，2000年资产重组、退出上市公司后组建国有独资公司，2003年底改制为市政府直属事业单位，主要变化轨迹如下。

1983年5月，成立"泰山索道公司"，为事业单位，实行企业化管理，隶属于泰安地区行政公署外事办公室。

1987年10月泰安市成立旅游局，与外事办公室合署办公，泰山索道公司隶属于泰安市外事办公室、旅游局。

1988年10月，泰安市政府同意泰山索道公司为副县级事业单位，仍实行企业化管理。

1991年4月，泰山索道公司更名为"泰安市泰山索道站"。

1992年11月，泰安市外事办公室和旅游局分设，泰安市泰山索道站隶属市旅游局。

1993年3月，泰安市泰山索道站被列为泰安市股份制试点企业。

1994年1月，泰安市泰山索道站更名为"泰安市泰山索道总公司"。

1994年10月，经山东省体改委同意，泰安市泰山索道总公司经定向募集及改制，成立"山东泰山旅游索道股份有限公司"。

1996年9月，公司股票在上海证券交易所挂牌上市。股票名称"泰山旅游"，股票代码600756，是国内客运索道行业第一家上市公司。

1997年12月，泰山旅游集团成立，为泰安市政府授权经营国有资产的四大企业集团之一。泰山旅游集团以山东泰山旅游索道股份有限公司为核心企业，包括泰山宾馆、泰山中国国际旅行社、泰安市神憩宾馆、泰安市旅游汽车公司、泰安市客运车队、泰安市泰山女儿商贸有限公司等6家成员企业。是国内第一家以客运索道为核心，集吃、住、行、游、购、娱旅游六大要素为一体的大型旅游集团。

2000年1月，泰安市政府对泰山旅游集团停止授权，山东泰山旅游索道股份有限公司国有资产授权由泰安市国有资产经营有限公司管理。

2000年10月，山东泰山旅游索道股份有限公司与山东浪潮集团重组，泰山三条索道资产从上市公司（山东泰山旅游索道股份有限公司）中退出。

2001年1月31日，公司与山东浪潮集团资产置换正式移交日（基准日）。

2001年5月，从上市公司山东泰山旅游索道股份有限公司中退出的泰山三条索道资产，与泰山旅游集团其他企业组建成立泰安市泰山旅游索道有限责任公司，为国有独资公司。

2003年11月，泰山索道公司从泰山旅游集团公司中剥离出来，成立泰安市泰山索道运营中心，为市政府直属正县级事业单位，实行企业化管理。

2004年12月，泰安市委将泰山索道运营中心调整为由泰山景区党工委、管委会代管，机构规格、人员编制、经费管理和运营机制不变。

2015年12月，根据泰安市委常委会会议纪要，泰山索道运营中心由泰山景区代管调整为市政府直属事业单位。

2021年4月，根据中共泰安市委机构编制委员会通知，泰山索道运营中心为泰安市政府直属正县级公益二类事业单位。

一、行政组织机构

泰山索道公司（含泰安市泰山索道站、泰安市泰山索道总公司）

经　　理	张寿恒	（1983.06～1984.05）
	郝兆臣	（1984.05～1989.06）
	时贞文	（1989.06～1994.09）
副经理	郝兆臣	（1983.06～1984.05）
	时贞文	（1984.07～1989.06）
	李爱国	（1984.07～1994.10）
	王祥信	（1986.10～1989.07）

	宋洪春（1994.01～1994.10）
	郭学泽（1994.01～1994.10）
调研员	张寿恒（1994.09～1995.11）
	时贞文（1994.09～1997.06）

山东泰山旅游索道股份有限公司

董事长（总经理）	李爱国（1994.10～2001.01）
董　事（副总经理）	王祥信（1994.10～1998.07）
	宋洪春（1994.10～1998.12）
	郭学泽（1994.10～2000.09）
	公信峰（1994.10～2001.01）
	王晓晴（1998.07～2001.01）
	亓　剑（1998.11～2001.01）
工会主席	孟昭炎（1996.12～1998.06）
	崔茂兴（1998.08～2001.05）

泰安市泰山旅游集团有限责任公司

董事长（总经理）	李爱国（1998.01～2001.05）
董　事（副总经理）	宋洪春（1998.04～1998.12）
	郭学泽（1998.04～2001.05）
	战新国（1998.04～2001.05）
	公信峰（1998.04～2001.05）
	亓　剑（1998.04～2001.05）
	王运海（1998.04～2001.05）
	何永泉（1998.04～2001.05）
	陈学崇（1998.04～2001.05）
工会主席	孟昭炎（1998.06～2001.05）

泰安泰山旅游索道有限责任公司

董事长（总经理）	李爱国（2001.05～2003.12）

董　事（副总经理）　战新国（2001.05～2003.12）

公信峰（2001.05～2003.12）

亓　剑（2001.05～2003.12）

王运海（2001.05～2003.12）

何永泉（2001.05～2003.12）

王晓晴（2001.05～2003.12）

财务总监　　　　　郭学泽（2001.05～2003.12）

工会主席　　　　　公信峰（2001.05～2003.12）

泰安市泰山索道运营中心

主　任　　　　　　李爱国（2004.02～2011.11）

翟松杰（2011.11～2019.12）

葛遵瑞（2019.12～2022.11）

姜　林（2022.11至今）

副主任　　　　　　王晓晴（2004.02～2014.06）

何永泉（2004.02～2014.10）

翟松杰（2005.07～2011.11）

陈　旭（2009.01～2021.11）

葛遵瑞（2011.11～2019.12）

吴杞强（2015.12至今）

王　军（2019.12至今）

工会主席　　　　　公信峰（2004.02～2005.07）

路　民（2005.07～2020.02）

二、党组织机构

1984年9月，组建中共泰安市泰山索道公司支部委员会；

1989年6月，组建泰安市泰山索道公司总支委员会；

1991年4月，组建中共泰安市泰山索道站总支委员会；

1994年1月，组建泰安市泰山索道总公司总支委员会；

1994年10月，组建山东泰山旅游索道股份有限公司总支委员会；

1998年1月，组建中共泰安市泰山旅游集团有限责任公司委员会；

2001年5月，组建中共泰安泰山旅游索道有限责任公司委员会；

2004年1月，组建中共泰安市泰山索道运营中心委员会；

2021年5月，组建中共泰安市泰山索道运营中心党组。

中共泰安市泰山索道公司支部委员会（含中共泰安市泰山索道站总支委员会、中共泰安市泰山索道总公司总支委员会）

党支部（总支）书记　　　张寿恒（1983.06～1994.09）

党支部（总支）副书记　　郝兆臣（1983.06～1989.06）

　　　　　　　　　　　　时贞文（1989.06～1994.09）

　　　　　　　　　　　　孟昭炎（1994.01～1994.09）

中共山东泰山旅游索道股份有限公司总支委员会

党总支书记　　　　　　　李爱国（1994.10～2001.01）

党总支副书记　　　　　　孟昭炎（1994.10～1998.07）

　　　　　　　　　　　　公信峰（1998.07～2001.01）

中共泰安市泰山旅游集团有限责任公司委员会

党委书记　　　　　　　　王宗月（1998.02～2001.05）

党委副书记　　　　　　　李爱国（1998.02～2001.05）

纪委书记　　　　　　　　孟昭炎（1998.06～2001.05）

中共泰安泰山旅游索道有限责任公司委员会

党委书记　　　　　　　　王宗月（2001.05～2003.12）

党委副书记　　　　　　　李爱国（2001.05～2003.12）

纪委书记　　　　　　　　公信峰（2001.05～2003.12）

中共泰安市泰山索道运营中心委员会

党委书记　　　　　　　　李爱国（2004.01～2006.12）

	王晓晴（2006.12～2014.06）
	翟松杰（2014.11～2019.02）
	贾代常（2019.02～2021.05）
党委副书记	翟松杰（2004.01～2014.11、2019.02～2019.12）
	李爱国（2006.12～2011.11）
	葛遵瑞（2011.11～2021.05）
	公信峰（2013.12～2014.04）
	李西军（2014.11～2021.05）
纪委书记	公信峰（2004.01～2013.12）
	王　军（2013.12～2019.12）
党委委员	公信峰（2004.01～2013.12）
	王晓晴（2004.01～2006.12）
	何永泉（2004.01～2014.10）
	路　民（2005.07～2020.02）
	陈　旭（2005.07～2021.05）
	王　军（2013.12～2021.05）
	吴杞强（2015.12～2021.05）
	张培延（2013.12～2021.05）
	李建军（2019.08～2021.05）
	宋　伟（2019.12～2021.05）

中共泰安市泰山索道运营中心党组

党组书记	贾代常（2021.05～2022.11）
	葛遵瑞（2022.11至今）
党组副书记	葛遵瑞（2021.05～2022.11）
	姜　林（2022.11至今）
	李西军（2021.05至今）
党组成员	陈　旭（2021.05～2021.11）
	王　军（2021.05至今）
	吴杞强（2021.05至今）

张培延（2021.05～2021.10）

李建军（2021.05至今）

宋　伟（2021.05至今）

历任主要负责同志简介

张寿恒工作简历

1950.12～1959.01	济南五金铸造厂工作员
1959.01～1964.11	莱芜矿山机械厂团总支书记
1964.11～1978.05	泰安行署手工业管理局办事员
1978.05～1981.10	泰安无线电总厂厂长
1981.10～1983.06	泰安外事办公室索道筹备处负责人
1983.06～1984.05	泰安市泰山索道公司经理
1983.06～1994.09	泰安市泰山索道公司党总支书记
1994.09～1995.11	正县级调研员

郝兆臣工作简历

1959.12～1976.02	历任济南军区67军201师通讯连战士、排长、警卫连副政治指导员、政治指导员、政治部秘书科干事、独立营副政委
1976.02～1978.04	泰安军用供水站负责人
1978.04～1984.08	泰安地区行署外办秘书科副科长
1984.08～1989.06	泰山索道公司经理
1989.06～1990.06	泰山宾馆党总支书记
1990.06～1993.02	泰安市泰华汽车维修中心筹建处主任（兼）
1990.06～1994.01	泰安市神憩宾馆党支部书记、总经理
1994.01～2000.09	泰安市神憩宾馆党支部书记

时贞文工作简历

| 1963.08～1969.03 | 北京轴承厂机动科技术员 |

1969.03～1974.07	贵州安顺虹山机械厂技术员
1974.07～1980.07	泰安轴承厂技术科科长
1980.07～1984.07	泰山索道筹建处工程师
1984.07～1989.06	泰山索道公司副经理
1989.06～1994.09	泰山索道公司总经理
1994.06～1995.11	泰山索道公司正县级调研员

李爱国工作简历

1970.07～1975.08	山东莱钢特钢厂工人
1975.08～1978.08	山东工业大学工业自动化专业学生
1978.09～1979.02	山东莱钢特钢厂技术员
1979.02～1980.08	山东莱钢电视大学学生
1980.08～1980.12	山东莱钢特钢厂技术员
1980.12～1984.08	泰安市泰山索道公司助理工程师
1984.07～1994.10	泰安市泰山索道公司副经理
1994.10～1998.01	山东泰山旅游索道股份有限公司董事长兼总经理、党总支书记、高级工程师
1998.01～2001.05	泰安市泰山旅游集团有限责任公司董事长、总经理、党委副书记；山东泰山旅游索道股份有限公司董事长、总经理、党总支书记
2001.05～2004.02	泰安泰山旅游索道有限责任公司董事长、总经理、党委副书记
2004.02～2006.12	泰安市泰山索道运营中心党委书记、主任
2006.12～2011.11	泰安市泰山索道运营中心党委副书记、主任

王宗月工作简历

1970.02～1978.09	泰安农业生产资料公司统计组组长
1978.09～1984.06	泰安国际旅行社接待科科长
1984.06～1986.09	泰山宾馆副总经理
1986.09～1996.04	泰安市旅游局副局长

1996.04～1998.02	泰山管委党委副书记、副主任
1998.02～2001.05	泰安市泰山旅游集团有限责任公司党委书记
2001.05～2003.12	泰安泰山旅游索道有限责任公司党委书记

王晓晴工作简历

1974.01～1978.02	甘肃省秦安县王铺公社知青
1978.02～1982.03	甘肃工业大学学生
1982.03～1984.08	青海第一机床厂设计科
1984.08～1993.06	山东泰安化工设计研究所副主任
1993.06～1998.07	山东泰山旅游索道股份有限公司工程技术部副主任
1998.07～2001.05	山东泰山旅游索道股份有限公司副总经理
2001.05～2003.12	泰安泰山旅游索道有限责任公司副总经理
2004.01～2006.12	泰山索道运营中心党委委员、副主任
2006.12～2014.06	泰山索道运营中心党委书记、副主任

翟松杰工作简历

1978.02～1979.09	济南军区炮兵69师后勤部战士、文书
1979.09～1981.07	解放军高级军械学校高炮专业学生
1981.07～1983.02	济南军区炮兵643团技师
1983.02～1985.12	济南军区炮兵643团报道组成员
1986.02～1989.10	泰安日报社编辑
1989.10～1991.06	中共泰安市委宣传部科员
1991.06～1993.11	中共泰安市委宣传部副科长
1993.11～1999.12	中共泰安市委宣传部科长

1999.12～2004.01	中共泰安市委宣传部助理调研员
2004.01～2005.07	泰山索道运营中心党委副书记
2004.01～2005.07	泰安市泰山索道运营中心党委副书记
2005.07～2011.11	泰安市泰山索道运营中心党委副书记、副主任
2011.11～2014.11	泰安市泰山索道运营中心党委副书记、主任
2014.11～2019.02	泰安市泰山索道运营中心党委书记、主任
2019.02～2019.12	泰安市泰山索道运营中心党委副书记、主任

贾代常工作简历

1978.09～1980.07	昌潍地区商业学校商业财会专业学生
1980.07～1984.09	泰安地区农机局计财科会计
1984.09～1989.12	泰安市人事局干部
1989.12～1992.10	泰安市人事局办公室副主任
1992.10～1997.02	泰安市编办综合计划科科长
1997.02～2001.12	泰安市人事局录用调配科科长
2001.12～2002.03	泰安市人才交流中心（市人才市场）副主任、党总支副书记
2002.03～2006.03	泰安市人事局人才中心（市场）党总支书记、主任
2006.03～2007.11	泰安市人事局党组成员，泰安市人事局人才中心（市场）党总支书记、主任
2007.11～2008.12	泰安市人事局党组成员、市人才中心（市场）主任
2008.12～2010.01	泰安市人事局纪检组组长、党组成员
2010.01～2015.12	泰安市机构编制委员会办公室副主任
2015.12～2018.12	泰安市机构编制委员会办公室调研员
2018.12～2019.02	泰安市委机构编制委员会办公室调研员
2019.02～2021.05	泰安市泰山索道运营中心党委书记
2021.05～2022.11	泰安市泰山索道运营中心党组书记

葛遵瑞工作简历

1984.09～1988.07	山东纺织工学院管理工程系企业管理专业学生
1988.07～1993.07	泰安市郊区经委科员
1993.07～1996.03	泰安市鲁泰供销总公司副总经理
1996.03～1999.08	泰安市文物店部门经理
1999.08～2004.02	泰山管委南天门管理区副书记、副区长
2004.02～2006.03	泰山管委中天门管理区区长、副书记
2006.03～2006.06	泰安市泰山管委南天门管理区（南天门执法大队）区长（大队长）、党支部副书记
2006.06～2007.07	泰安市泰山管委南天门管理区党支部书记、南天门管理区（南天门执法大队）区长（大队长）
2007.07～2008.05	泰安市泰山管委经济发展局局长（副县级）、南天门管理区党支部书记、南天门管理区（南天门执法大队）区长（大队长）
2008.05～2011.11	泰安市泰山管委经济发展局局长（副县级）
2011.11～2019.12	泰安市泰山索道运营中心党委副书记、副主任
2019.12～2021.05	泰安市泰山索道运营中心党委副书记、主任
2021.05～2022.11	泰安市泰山索道运营中心党组副书记、主任
2022.11至今	泰安市泰山索道运营中心党组书记

姜林工作简历

1988.09～1992.07	西北工业大学学生
1992.07～1994.07	淄博481厂技术员
1994.07～1997.07	泰安试验设备厂技术员
1997.07～1998.12	泰安市委组织部企干科科员
1998.12～2003.01	泰安市委组织部企干科副主任科员
2003.01～2004.01	泰安市委组织部党政科副科长

2004.01～2005.02　泰安市委组织部党政科副科长、主任科员
2005.02～2007.06　泰安市委组织部人才（知工）科副科长、主任科员
2007.06～2012.10　泰安市委组织部人才工作办公室副主任（正科级）
2012.10～2015.12　泰安高新技术开发区党工委委员、人事劳动局局长
2015.12～2019.05　泰安高新技术开发区管委会党工委委员、副主任
2019.05～2022.11　泰山景区管委会党工委委员、副主任
2022.11至今　　　泰山索道运营中心党组副书记、主任

三、职能部门设置

按照权责明晰、分工明确原则，泰山索道根据工作需要和管理体制设置职能部门。1983年至1993年，泰山索道仅运营管理中天门索道，机构设置较为简单。1994年，泰山索道运营管理中天门、桃花源、后石坞3条索道，同时为适应企业管理体制需要，泰山索道实行总公司—分公司层级管理模式，总公司设职能部门，分公司内部下设科室。2003年底泰山索道改制后，延续层级管理模式，对相关职能进行整合，形成较为稳定的职能部门设置方案。

1983年5月，泰山索道设置秘书科、运转科、服务科、保卫科等内部机构。1989年5月，设置办公室、政工科、运营科、保卫科、管理科、财务科等6个科室。1994年，设置办公室、财务部、劳动人事部、证券部、生产技术部、后勤管理部、保卫部以及中天门、桃花源、后石坞3个索道分公司。1998年8月，撤销后勤管理部、生产技术部，成立工程技术部、安全生产委员会办公室，保卫部合并至办公室。2001年6月，增设保卫部、企业发展部、企业管理部、物业管理部、审计部，证券部更名为资本运营部。2004年3月，设置办公室、财务处、组织人事处、技术处、运营管理处、安全监察处、后勤管理处等7个职能处室，以及中天门索道管理站、桃花源索道管理站、后石坞索道管理站、汽车队共4个分支机构。2012年5月，增设网络信息管理处、稽查处。2020年6月，增设宣传处。2021年5月，职能部门名称由"处"调整为"部"，职级、职能不变。

办公室　负责行政事务综合管理工作，承担上传下达、外联、接待、后勤保障等工作。

组织人事部　负责组织人事管理工作，承担干部、人事、劳资、社会统筹、离退休人员管理等工作。

财务部　负责会计核算与财务管理工作，承担财务计划编制、经营分析、财务预决算、资金管理等工作。

运营管理部　负责运营服务管理工作，承担运营服务、营销、票务、游客投诉、法律事务等工作。

技术部（挂技术服务中心牌子）　负责索道设备设施的技术管理工作，承担设备的维护保养、维修改造、技术操作规程拟定等工作。做好对外服务对象的相关技术支持与管理服务工作。

安全管理部　负责安全管理及监督检查工作，承担安全生产、隐患排查及治理、安全宣教培训等工作。

后勤管理部　负责非生产性物业管理工作，承担非生产经营性房产及水电暖等设施管理工作。

网络信息管理部　负责网络信息管理工作。承担索道设备信息平台建设、机关办公设备维护管理等工作。

稽查部　负责规章制度、劳动纪律的监督检查工作，承担运营服务、安全卫生、票证管理的监督稽查工作。

宣传部　负责对内、对外的宣传工作，承担内部刊物编辑、对外信息发布、企业文化建设、舆情处置等工作。

中天门索道管理站　负责中天门索道的综合管理工作，承担中天门索道运营服务、设备设施管理、安全保卫等工作。

桃花源索道管理站　负责桃花源索道的综合管理工作，承担桃花源索道运营服务、设备设施管理、安全保卫等工作。

后石坞索道管理站　负责后石坞索道的综合管理工作，承担后石坞索道运营服务、设备设施管理、安全保卫等工作。

汽车队　负责中心车辆管理工作，承担各种公务用车保障、车辆维修保养、事故处理、驾驶员培训等工作。

机关党委　负责党群工作。

第二节　制度建设

　　规章制度是泰山索道行稳致远的重要保障，也是企业文化中制度文化形成和发展的基础。泰山索道突出安全和运营两个重点，不断健全完善内部管理制度，分别于1988～1989年、2005年、2013年、2015年和2020年开展5次集中性的规章制度建设，形成了较为健全完善的管理制度体系，为泰山索道健康运行提供了坚强的制度保证。

一、干部人事分配制度

　　人是最关键的因素，干部人事制度是管理制度的核心。泰山索道干部人事制度以最大限度调动人的积极性、主动性和创造性为目标，坚持奖励和处罚并行、激励与约束并重，充分体现党的选人用人政策、国家劳动用工和收入分配政策，引导泰山索道职工遵章守纪、从德向善、敬业奉献、务实创新。

　　1994年前，泰山索道初步建立起了适应事业单位、企业化管理体制的干部人事制度，干部选拔任用由主管部门任命，普通职工主要以分配、调动等方式进入泰山索道，工资注重二次分配，根据经济效益和社会效益设超产奖、安全奖等奖金和加班费等津贴补贴。

　　1994年至2004年期间，泰山索道按照现代企业制度要求，深化干部人事制度改革，实行全员聘任制，董事会、监事会由股东大会选举产出，高级管理层由董事会任命，中层管理人员由高级管理层选拔任用。1998年，泰山索道以双向选择形式，面向国内大专院校招聘录用近20名应届大学毕业生。收入分配制度于1999年起实行年薪制，出台《关于年薪发放标准及考核办法的规定》，并开始实行男满48岁、女满45岁的内退制度。2001年，泰山索道首次采取竞争上岗形式，选拔任用部分中层管理者。2002年，泰山索道进一步深化干部人事改革，实行目标管理、绩效考核制度，出台综合性人力资源管理制度《关于目标管理与绩效考核工作的实施意见》，聘请山东大学人力资源研究所制订《绩效考核实施细则》，综合工作责任、工作量和工作复杂程度等多种因素，赋予不同部门不同岗位不同的考核系数，根据绩效考核结果，按照考核系数确定个人收入，形成以岗定薪、易岗易薪的绩效工资制度。

2012年起，根据干部职工队伍状况和实际工作需要，泰山索道采取招聘职工子女和向社会招聘相结合的方式，招录部分合同制职工。

2014年，出台《关于实施机电人员业务能力评价的通知》，对机电人员实行能力考核评价。同年出台《奖惩暂行规定》，进一步明确奖惩标准。

2016年起，为促进更加公平的收入分配，泰山索道在绩效工资制度基础上实行岗位职级工资。2020年4月，为加强领导班子建设、提高治理效能，制订出台《关于加强领导班子建设，提高中心治理效能的实施意见》，着力建设忠诚干净担当、团结民主作为的领导班子。2021年7月，为进一步完善合同制职工管理，制订出台关于合同制职工职级工资调整的相关制度。2021年10月，制订出台荣誉退休制度，体现对退休职工的关心关爱。

二、财务管理制度

财务管理制度是展示、巩固和维护泰山索道经营成果的重要保障性、防范性制度。1994年前，泰山索道早期财务管理办法是每年根据运营收入向主管部门上缴费用，财务管理制度侧重于票款管理。1994年改制、上市后至2003年底，泰山索道作为企业，利润分配执行股份制企业、上市公司和国有独资公司相关要求，并健全完善相关财务管理制度。

2004年，泰山索道改制为政府直属事业单位，执行市财政局《关于泰山索道财政财务监督管理办法》，实行收支两条线管理，索道运营收入全额上缴，市财政以定额加比例递增调控形式取得收益后，向泰山索道返还运营经费。2008年起，市财政调整泰山索道财政财务管理办法，以收入分成形式参与泰山索道收入分配，索道运营收入全额上缴，扣除专项费用等费用后，市财政以收取资源有偿使用费形式实现财政收益，市财政与泰山索道的分成比例为6∶4，2013年调整分成比例为7∶3至今。

2004年，根据市财政对泰山索道的财政采取监督管理办法，形成了较为系统的财务管理制度和会计基础工作规范，包括财务管理规定、各岗位管理职责、资产管理制度、成本费用管理制度等14项制度规范。2012年、2016年两次修订资产管理制度，并对部分制度进行修订、补充和完善，完成内部控制管理体系搭建，新增内部控制管理规范、财务预算管理、收入管理、政府采购管理等制度，新建"三重一大"集体决策制度、分级授权管理办法、基建工程项目管理制度、合同管理制度等5项制度。2020年修订财务预算管理制度、项目绩效运行监控管理办法、资产管理制度、政府招标和自行采购项目内审监督办法、政府采购管理制度、自行采购实施细则等共11项制度，并对国内公务接待和国内差旅费管理等制度进行修订完善。2022年新增总会计师岗位。

三、安全技术管理制度

20世纪80年代后期，经过近五年的探索和总结，泰山索道制定出台了一系列涉及索道设备等方面的管理制度，初步实现了泰山索道设备管理由努力探索向经验积累的转变。1988年出台《设备维修和管理制度》《索道运行操作规则》《始业检查制度》《索道设备检测技报表》《运转日志》《备品件统计表》《事故统计表》。1989年制定《机械维修工技术安全操作规范》《机修电修巡回检查制度》《索道司机安全规程》《巡线工安全规程》《信号工安全操作规章》。

2000～2012年，泰山索道借鉴航空设备管理经验，将精细管理、重要度分级和检查维护复核等航空设备管理理念移植到客运索道设备管理中，构建起了岗位职责、操作规程、规章制度、安全监察、索道运行、主要设备使用检查和维护、应急救援预案等规范化设备管理体系，分别于2000年和2005年集中制定出台了一批设备技术管理制度。2000年主要制定了设备及安全管理的岗位职责和安全操作规程，在设备方面出台了《索道进口备件管理制度》《设备技术资料管理制度》《设备检查和维护制度》《设备定期技术检测制度》。2005年，制定了各岗位人员岗位职责以及包括索道司机、电工、钳工等共11项内容的安全操作规程，以及包括索道试车与试运行、紧急驱动运行操作程序等涉及索道运行5大方面的20项设备管理制度，34项主要设备的检查与维护规范。

2012年起，泰山索道实行安全生产标准化管理，构建起安全生产标准化体系，重新修订相关岗位职责、管理制度和作业流程，完善设备检查和维护制度和设备检查维护工作责任制，新增索道重大设备维修、定期自检、润滑油日常检查和铁谱分析等工作流程标准共计23项制度。2017年，完善作业行为管理、作业许可证及工作单使用管理等共8项制度和操作规程。

2019年起，泰山索道在坚持安全生产标准化的同时，开始建设安全双重预防体系，健全完善风险等级划分与管控、隐患排查与治理等方面的安全技术管理制度。2020年修订《索道设备维修保养制度》《索道设备运行管理制度》《索道设备重大维修管理制度》《索道设备更新管理制度》等10项制度，新增《索道设备检查维修技术要求执行标准管理制度》《索道设备运行集中会商制度》《索道设备报废管理制度》等7项制度，形成了较为健全完善的双重预防制度保障体系。

四、运营服务管理制度

运营服务是泰山索道最主要的职责。运营关系到经济效益，服务关系到社会效益。运营服务管理制度是泰山索道经济效益和社会效益的重要保障。1983年9月，泰山索道仅运营1个月后便制定《关于乘坐索道游览的暂行规定》，规定要求凡乘坐索道者，一律按规定购买索道票。同时建立乘务员、站务员、检票员岗位职责，明确42条站务工作日常规范用语和6条中英文对照的茶室服务员常用语。1986年3月制定《乘坐索道车的规定》，"凡要乘坐索道车的中外游客需一律凭票、证并经检票员验票才准进入车内"，明确了凭证乘车、优先乘车的范围以及违规处罚细则。1988年4月发布包括票证管理、文明服务等42项运营规则，出台《运营成绩报表》《文明公约》等制度。1989年4月出台"十个不准""五个坚持"。十个不准包括不准带客人无票乘车、不准与游客争吵、不准接受游客礼物等运营服务内容。

1994年完成股份制改造、1996年上市后，泰山索道的市场竞争意识逐步建立，以游客为中心的运营服务理念初步形成，2005年形成运营服务管理制度的集大成"服务管理民航化"体系，以实现人性化、亲情化、细微化和规范化服务为目标，对服务人员、服务设施、服务方式和服务程序等进行全方位、标准化管理，确定每一个岗位对内、对外的服务程序和服务标准。

2012年起，受市财政调整泰山索道收入分配体制影响，泰山索道增收创收的积极性高涨。强化票证管理、减少跑冒滴漏，强化运营管理、提高索道运营效率，强化优质服务、提高游客满意度，成为增收创收的三个重要抓手。在票证管理方面，多次修订完善相关制度，所有需要安排免费乘坐索道的均需履行严格的审批程序、办理相关手续，并由稽查部门进行监督检查，出台《票务监察工作细则》和《督查通报问责制度》等制度。在运营管理方面，实现从"游客等索道"向"索道等游客"转变，根据游客需求确定运营时间即早开车、晚停车的弹性运营模式，探索实施"满厢定员"模式，即客流高峰期每个车厢坐满设计载客量，通过提高索道车厢使用率，实现运营效率提升，以及高峰时期引导游客向桃花源分流，减少客源流失。在服务管理方面，提出服务流程再造和服务形象再塑2项任务，健全文明守则、礼仪规范、举止规范、职业道德规范、服务程序与规范、广播管理规范、特殊服务规范、服务用语规范、服务卫生工作标准等9项标准规范，以及服务安全管理、服务品牌管理、服务设施管理、服务信息展示、客户回访、服务巡查、服务质量评估、投诉处置等8项服务管理制度，运营服务管理实现标准化。2019年起先后完成服务标准化国家试点和省级试点、示范，建立泰山索道新标准体系，包括服务通用基础、服务保障、服务提供3个大体系，以及标准化导则、服务规范、服务质量控制规范、服务评价与改进标准、安全与应急管理标准等21个子体系，和《泰山索道服务礼仪规范》《突发性安全事件应急预案》《泰山索道"满厢定员"服务规范》等248项标准，形成了覆盖全面、内涵丰富、标准明确、程序完善、流程顺畅、可操作性强的客运索道运营服务管理标准。

2020年5月，调整票证管理制度、新建首问负责制等11项运营服务管理制度。

第三节　设备技术管理

索道设备是泰山索道生存和发展的根本。泰山索道设备的运行安全，除了建设时根据当时索道技术发展水平选用最先进的设备和技术外，日常管理也起到至关重要的作用。从管理国内第一条20世纪70年代日本技术的往复式索道开始，泰山索道所管理的索道设备型式多样，技术先进，先后管理过多线往复式索道、单线循环式脱挂抱索器吊厢索道、单线循环式脱挂抱索器吊椅索道和单线循环式固定抱索器吊篮索道等多种型式的客运索道，对索道设备的认识及对索道管理的实践逐渐深入，设备管理的理念不断创新，制度不断完善，手段不断丰富，成效不断提升，1983年建成的中天门往复式索道安全运行17年，2000年改造后的中天门循环式脱挂抱索器8人吊厢索道至今已安全运行23年，1993年建成的桃花源循环式脱挂抱索器6人吊厢索道安全运行23年，2018年改造后的桃花源DDD直驱循环式脱挂抱索器8人吊厢索道已安全运行5年，1993年建成的后石坞循环式脱挂抱索器双人吊椅索道至今安全运行30年。

一、职能部门设置

1983年泰山索道成立之初，参照日本的索道管理机构设置模式，设运转科，由技术干部、电工、钳工、索道司机组成，主要负责索道设备的保养、维护和管理工作。1984年8月，设技术科。1988年9月，撤销技术科，将其工作合并到运营科。1994年实行总公司—分公司管理模式后，总公司设生产技术部，负责索道设备技术和相关工程建设管理，每条索道下设机电科，具体负责设备的检修、维护和日常管理，并延续至今。1998年，撤销生产技术部，设立工程技术部，负责设备、技术和工程建设管理。2003年泰山索道改制后设技术处，负责索道设备、技术管理。2015年，内部设立技术和安全管理专业委员会办公室，主要对索道运行风险分析，为设备技术和安全管理提供决策咨询。2021年4月，将技术处改为技术部（加挂技术服务中心牌子），负责设备技术管理和对外技术交流合作等工作。2022年，设总工程师，由技术部主要负责人兼任。

二、设备类型及技术参数

中天门索道　1983年建成的中天门索道型式为单承载双牵引三线往复式索道，线路斜长2078.77米，上下站高差602.93米，索距6米，全线路共有2个支架。钢丝绳分为承载索、牵引索、平衡索、张紧索。采用直流电机（功率：130

千瓦）+重锤张紧的形式进行驱动，配备最大输出130马力/3600转分的紧急驱动系统。索道共有2个30+1人车厢，最大运行速度7米/秒，单程时间6分42秒，最大运量240人/小时。1995年1月，索道车厢扩容为40+1人，运量增加到320人/小时。

2000年升级改造后的中天门索道，是当时世界最先进的单线循环式脱挂抱索器8人吊厢客运索道，全套设备由奥地利多贝玛亚公司引进。线路斜长2089米，上下站高差597米，索距5.5米、7.2米，全线路共有11个支架，采用φ47毫米的钢丝绳为运载索。驱动系统采用变流器+直流电机+减速机形式，张紧系统采用双液压缸张紧，7+1+1米可调行程张紧小车。紧急驱动系统配备柴油机—皮带传动与齿轮传动两种形式。索道共有46个8人吊厢，采用水平进入式无障碍通行，最大运行速度6米/秒，单程时间5分48秒，最大运量1630人/小时。索道运行全部实现计算机控制，液晶触摸屏显示运行参数，实现人机对话。

桃花源索道　1993年建成的桃花源索道为单线循环式脱挂抱索器6人吊厢客运索道，全套设备由奥地利多贝玛亚公司引进。线路斜长2196.23米，上下站高差670.5米，索距4.8米，全线路共有11个支架，采用φ41毫米的钢丝绳为运载索。驱动系统采用变流器+直流电机+减速机形式，张紧系统采用单液压缸张紧。紧急驱动系统配备柴油机—皮带传动与齿轮传动两种形式。索道共有49个6人吊厢，最大运行速度5米/秒，单程时间7分21秒，最大运量1000人/小时。

2018年升级改造后的桃花源索道为单线循环式脱挂抱索器8人吊厢客运索道，整套索道设备由奥地利多贝玛亚公司引进。线路斜长2176米，上下站高差670米，索距5.2米、5.5米和6.4米，全线路共有11个支架，采用φ56毫米的钢丝绳为运载索。驱动系统为变频器+交流电机的形式直接驱动，无减速机，张紧系统采用双液压缸张紧，索道运行噪音低，自动化程度高，人机对话方便，并在上下站各配备一套紧急驱动系统。索道共有70个8人吊厢，最大运行速度6米/秒，单程时间6分55秒，最大运量2400人/小时。

后石坞索道　1993年建成运行至今的后石坞索道，为单线循环式脱挂抱索器2人吊椅客运索道，整套索道设备由奥地利多贝玛亚公司引进。线路斜长518米，上下站高差172米，索距4米，全线路共有7个支架，采用φ36毫米的钢丝绳为运载索。驱动系统采用变流器+直流电机+减速机形式，张紧系统采用单液压缸张紧。紧急驱动系统配备柴油机—皮带传动形式。索道最大运行速度3.5米/秒，单程时间2分16秒，最大运量500人/小时。

三、设备管理原则和实践

泰山三条索道全部采用国外最新技术、主要机电设备由国外进口。20世纪80年代引进日本技术建成的中天门往复式索道，是我国第一条大型山岳型旅游客运索道。20世纪90年代，桃花源、后石坞新建成的索道，采用当时最先进的欧洲技术，由全球著名索道设备制造商奥地利多贝玛亚公司设计制造。2000年改造中天门索道和2018年改造桃花源索道，虽仍由奥地利多贝玛亚公司设计制造，但索道技术已经分别进入自动控制时代和直接驱动时代，各自代表着当时最先进的技术。因此，泰山索道的40年，是不断引进新技术、吸收新技术、掌握新技术的40年。通过消化吸收日本、奥地利等国外最新索道技术，参考国内优秀航空企业对飞机的管理经验，借鉴其他索道企业成熟经验，不断深化对索道原理及其各系统之间逻辑关系的认识，努力探索索道设备管理的方式方法，经历了探索积累、建章立制、规范化管理、标准化管理和创新性管理等过程，形成了索道设备技术管理的制度化、规范化、标准化和系统化，形成了一系列可借鉴、可复制、可推广的设备管理"泰山模式"和"泰山经验"，有的为国家标准吸收采用，有的成为行业规范或通行做法。

每天正式对外运营前的巡线　巡线，是由技术人员对索道线路进行全程巡视检查，了解支架及其周边环境、钢丝绳、轮组以及其他线路设备性能状况，配合站内设备的检查，确认索道设备正常后开始对外运营。1988年，经过近5年的经验积累，并根据赴日本学习索道操作管理经验的总结，泰山索道首次对巡线做出了制度规定，明确每天必须巡线确认后才能对外运营。此后不断完善巡线内容、巡线标准和巡线安全规程，进一步明确运营中因大风、冰雪等原因造成停运、再次恢复运营前应巡线，以及其他需要巡线的情况。除技术人员乘坐检修车在空中巡检外，还包括沿索道支架线路徒步巡检。巡线能有效避免设备带病运行，是提前发现和处置设备安全隐患的重要基础，是泰山索道坚持了40年的设备管理法则，是国内客运索道行业的通行做法。

此外，泰山索道还从索道建成后的试运行中衍生出试车制度。当处置故障结束或完成新零部件更换后，应进行试车，检验故障处置成效或新零部件的性能，避免故障未彻底解决或新零部件不适配等问题造成再次停运等问题。

周期性检查　检查是发现问题最重要的手段，也是设备管理最重要的内容。泰山索道根据不同零部件的受力、磨损等情况，实行周期性检查，包括日检、周检、半月检、月检、季检、年检，并如实规范记录周期性检查结果，便于通过数据对比分析预测其未来变化趋势，同时有助于了解形成

图5-1　中天门索道支架检修

对每种零部件使用寿命的规律性认识，持续优化周期性检查的检查项目、检查内容、检查方式以及检查标准等。除周期性检查外，泰山索道还在重大节假日前、重大接待任务前实行专项检查，或针对某种零部件的专项检查。

设备综合评价　由于各索道运行负荷、所处自然环境以及维护保养质量水平等情况不一，国内外对索道设备使用年限并没有形成统一的标准规范。泰山索道为了准确掌握设备性能，根据周期性检查结果，定期对索道设备进行评价，依据评价结果确定检修维护或更新更换计划，既最大限度延长设备使用寿命、降低设备管理维护费用，又确保设备性能稳定可靠、减少设备故障发生率，避免因检修维护或更新更换不及时形成安全隐患。2015年，泰山索道在行业内首家开展设备自我评估，后不断探索完善形成半年设备评价机制。泰山索道设备评价采取自下而上方式进行，先由设备管理人员依据周期性检查情况，对其所管理的设备做出初步评价，然后由各索道管理站机电科做出评价，最后由技术

和安全管理委员会做出综合评价，有针对性提出加强检查频次、检查重点或更新更换意见。

　　计划检修、强制更新　计划检修是根据设备实际运行状况进行有计划的检查修理和维护保养，既可以定期掌握设备性能，又能提高检修的针对性和实效性。强制更新是对尚未进入老化期或更新更换周期，但已经出现老化或需要更换症状的设备，实行强制性更新进行提前预防，有效降低突发故障发生概率。

图5-2　桃花源索道支架检修

　　关键设备冗余　索道关键设备一旦出现故障，修复时间往往较长，甚至无法修复，特别是进口设备购置周期长，如无可替换的备件，甚至可能造成索道长时间无法运行，严重影响索道形象和经济效益。泰山索道对可控硅、主电机、减速机等关键性设备实行冗余备份管理，切实做到"宁可备而不用，决不用而无备"，关键时刻发挥关键作用。比如，某天运营中的中天门索道突然因"可控硅涌流故障"停车，用备份的DCS500系统替换故障系统，仅用时5分钟索道即恢复运行。另一天，中天门索道突然出现驱动站抱索力测量值偏高，但迂回站抱索力测量值并无变化的故障。检查发现带抱索力测量的脱挂轨一端出现安装焊口轻微开裂。脱挂轨出现故障在行业内都非常罕见，绝大部分索道没有将脱挂轨纳入常用备品备件，重新配备至少需要两周时间。但泰山索道有一套冗余备份的脱挂轨，停运更换后恢复正常。目前，中天门索道有2套10千伏的双回路电源、可控硅系统、变速箱、主电机互为备用，其他中小型关键部件如抱索器脱挂轨、站内传送系统离合器总成、24伏电源适配器、PLC板卡等均有备份。2018年桃花源索道改造时，专门向设备制造商提出关键设备冗余要求，如紧急驱动采用了双备份，上下站各一套紧急驱动系统。变频器系统双备份，两套完全独立的变频器系统，且能方便可靠快速切换。主控柜PLC备份，2台主控柜PLC完全独立且能方便可靠快速切换，满足在电气连接上完全物理断开的使用要求。

设备操作手册化　设备操作维护手册、包括原理图，由索道设备制造商编制，类似产品说明书，是对设备性能、功能以及操作维护方法的说明介绍。泰山索道翻译成册的第一本设备操作维护手册，是1994年的后石坞索道电气原理图。2000年中天门索道改造完成后，对设备制造、安装以及操作维护说明等技术资料进行了初译，经2003年重新校对和修改，以附录形式增加了中天门索道主要设备概况、检查保养内容、电气原理图、PSS系统故障代码以及其他供应商单机说明等内容，形成了较为完善的《中天门索道操作维护手册》。2019年11月，泰山索道借鉴山东航空集团做法，对三条索道设备技术管理进行全面总结提炼，编制完成《索道设备技术管理工作手册》。

检修维护规范化　设备检查检修、维护保养是设备管理的基础性工作和重要内容。检查检修、维护保养的质量，关系到设备性能的稳定性和有效性，高质量的设备检查检修和维护保养能在确保设备稳定运行的基础上有效降低故障发生率、延长设备使用寿命。泰山索道历来高度重视设备检查检修和维护保养的规范化，从1988年开始多次从制度上对设备检查检修和维护保养进行规范，2020年制定的《索道设备检查维修技术要求执行标准管理制度》，对设备检查检修、维护保养的技术要求和执行标准进行了全面系统的规范。同时，泰山索道不断总结设备检查检修和维护保养工作经验，规范工作流程和作业标准，于2010年编写《泰山索道设备检查维修作业指导书》，包括设备的日常巡视检查、设备维护保养、设备大修和局部更新改造共计80余项作业要求，填补了国内索道行业设备检查维修专业指导的空白。

故障处置科学化　设备每天高速高负荷运行，出现故障也在所难免。索道设备出现故障并不可怕，关键要在最短的时间内排查出故障点并予以消除。索道设备故障处置的难点，一方面是因为我国索道技术能力整体较弱，另一方面由于索道设备无法拆解，有的设备能看见，但大部分看不见，更无法通过拆卸进行分析。再就是索道设备是一个多种高科技的系统集成，系统彼此之间的关联影响使得故障原因更加难以排查。因此，索道设备故障处置是整个行业的难题。

2010年8月，泰山索道率先对设备故障的处置进行研究攻关，力求形成系统科学的索道设备故障处置说明书。一方面，对发生过的设备故障表现、分析过程和处置流程进行总结。另一方面，人为设计、模拟设置部分故障，在故障分析基础上提出相应的预防和处置措施。同时，对可能发生但不具备模拟条件的故障进行预测性故障现象描述、诊断分析及预防对策，形成《泰山索道设备故障及故障模拟、分析与对策》，包括驱动设备、脱挂及传送系统、制动及张紧系统、运载设备、运载索导向装置、安全检测控制系统和配电系统等7大部分、36类、148项。2018年12月，对2010～2018年的故障进行汇总，形成《泰山索道设备故障分析与对策（2010—2018）》。

四、重要设备更新改造

钢丝绳截绳二次编结　钢丝绳是索道的承载、牵引设备，在索道设备中至关重要。由于索道线路长、跨度大，钢丝绳因巨大的载荷和张力使其出现伸长、疲劳、绳径缩小等问题。钢丝绳伸长会降低其张力，疲劳以及绳头编结质量等因素会造成断丝等问题，需要定期对钢丝绳进行无损探伤检测和伸长情况测量，一旦出现异常应对其更换。新钢丝绳经过一段时间运行，出现伸长后，为保持其张力符合安全规范，需进行截绳及二次编结。

中天门往复式索道钢丝绳是日本产品，运行17年间5次更换牵引索、平衡索。中天门循环式脱挂抱索器索道2000年建成运营后使用的钢丝绳是奥地利奥钢联公司生产的6股钢丝绳，于2006年3月进行截绳并发现断丝情况，2006年11月完成更换，使用至2014年，其间进行3次截绳2次编结。特别是从2010年开始，因抱索器打开瞬间钢丝绳在抱索器钳口内部旋转，造成抱索器进站打开瞬间声音加大，导致抱索器钳口磨损加剧，严重影响钢丝绳和抱索器的使用寿命。2014年6月，中天门索道钢丝绳更换为瑞士法策公司生产的8股压实股钢丝绳，2022年10月进行截绳二次编结，截绳2米。

桃花源循环式脱挂抱索器6人吊厢索道1993年建成时的钢丝绳为奥地利奥钢联产品，1994年11月进行了钢丝绳更换，并于2000年1月经截绳二次编结后使用至2005年11月。2005年11月更换新钢丝绳，分别于2006年9月和2012年11月两次进行截绳二次编结。2018年桃花源索道改造时同步使用新钢丝绳，并于2019年9月进行第1次截绳二次编结、截绳5米。

后石坞索道1993年建成后由于运量小、运行时间短，其钢丝绳经2005年11月截绳

图5-3　2019年桃花源索道截绳后重新编结钢丝绳

二次编结后至2021年9月才进行第一次更换。由于后石坞索道钢丝绳全长1200米，从桃花源索道下站至后石坞索道站只能通过人工抬运。2021年9月2日，由520人组成的队伍，历时7小时，徒步4公里，将新钢丝绳抬运至后石坞索道，重现"万钧千肩、合力担山"既壮观又感人的盛况。

为了提高钢丝绳自主检测能力，泰山索道于2014年配置INTR OS钢丝绳探伤仪，能定量检测钢丝绳截面积损失LMA、探测局部缺陷LF，如断线等非连续性缺陷或钢丝绳结构中的局部变化。

更换抱索器　抱索器是连接载人工具与钢丝绳的装置。泰山三条索道的抱索器均为自动脱挂式抱索器，在设计指定位置自动脱开或挂接钢丝绳。抱索器是客运索道的核心部件之一，也是国外客运索道的核心技术之一。由于抱索器是连接装置，自动开合次数多，特别是抱索器的钳口，因与钢丝绳之间的频繁挂接等因素，磨损比较严重进而产生裂纹甚至断裂。为确保万无一失，与钢丝绳一样，抱索器要定期进行无损探伤等检测，根据检测结果采取相应措施。

2010年6月和2012年12月，桃花源索道2次更换全部抱索器。中天门索道2014年6月更换全部抱索器。后石坞索道2015年9月更换8台抱索器，2014年5月检测后石坞索道抱索器存在不同程度的裂纹，有的经过打磨后符合安全检测规范，重新装配后抱索力测试也符合工况要求，但是为了确保安全，泰山索道更换了后石坞索道使用中的8台抱索器，充分体现了"强制更新"设备管理原则。

更换主电机、减速机　2018年桃花源索道采取直驱技术以前，泰山三条奥地利索道设备都是采取电机加减速机的驱动模式。电机是将电能转化为索道运转机械能的关键设备，减速机作为动力传达机构，可以降低输出轴的旋转速度，同时将电机的转矩成比例地放大到减速器的输出轴，再通过与减速器输出轴相啮合的驱动轮将动力传递至运载索，从而使索道的运行速度满足要求。电机和减速机经过长时间运行，磨损、润滑等因素会造成故障。2000年建成的中天门索道和1993年建成的桃花源索道多次更换主电机和减速机。

图5-4　桃花源索道更换主电机

2020年10月，中天门索道对主电机进行了更换，因日常巡检中用听音器检查主电机轴承时有异响，拆检后发现其保持架电腐蚀。2022年6月，中天门索道主电机散热风机电机运行中温度高达182℃，拆检风机电机发现其轴承保持架断裂。同时，其前轴承室噪音增大、温度升高，最高至70℃，于8月29日进行更换。

2006年1月，桃花源索道更换了主电机、万向节、减速机。减速机解体检查时发现，内部轴承的滚子和滚道出现不同程度的疲劳磨损，第二级太阳轮轴与第一级太阳轮轴之间的支撑推力盘磨损掉约2～3毫米，第一级行星轮下落后在减速机壳体上轧出了近1毫米深的齿痕。

更换驱动轮和迂回轮的轴承　驱动轮和迂回轮是索道驱动和迂回装置。驱

171

动轮和迂回轮的日常管理重点是其轴承的润滑和探伤，根据检测结果进行维护保养甚至更换。中天门和桃花源两条索道多次更换驱动轮和迂回轮轴承。

2009年9月，中天门索道更换驱动轮、迂回轮轴承。一方面，其轴承已运行超过3万小时，同时在其油样中发现较多的球形颗粒，表明磨损较为严重，经磁粉探伤和X射线探伤未见异常。2016年11月，中天门索道第二次更换驱动轮和迂回轮轴承，一方面是因为上次更换后运行时间达到3万小时，同时因密封问题存在漏油现象。

桃花源索道驱动轮轴承分别于2007年11月和2002年1月进行2次更换，迂回轮轴承分别于1998年9月、2004年9月和2012年11月进行3次更换。

改造无功补偿滤波装置　2015年2月，中天门索道对已经运行了15年的无功补偿滤波装置进行改造。原装置电器元件老化，性能降低，特别是电容器老化严重，个别电容器损坏。新无功补偿滤波装置包含6个电容、电抗柜，通过控制器实现了对9组滤波单元的循环投切控制，增加了不平衡电流检测报警功能。2007年1月，桃花源索道下站配电室安装无功补偿滤波装置，2014年2月进行升级改造，增加1台电容器柜并更换全部电容器，调整高次谐波滤波器配置，增加不平衡电流检测报警功能。

更换中天门索道PLC控制卡　PLC即可编程序逻辑控制器，PLC在索道控制系统中的主要作用是，在索道自动运行状态下对传感器和控制人员的指令进行控制，对系统的运行状态进行监控，保证整个索道系统按照设计的程序运行。2016年6月，由于技术发展、产品升级，中天门索道对PLC的CPU以及配套的DIOT进行同步升级更换后出现莫名停车原因，但实际并未发生停车。经过持续一年多的反复分析论证确定，故障原因是PLC系统EPE、EPB两个通讯卡性能老化，且运行速度与新一代CPU不兼容所致，因此对中天门索道下站控制柜PLC控制卡进行了全部更换。2018年1月，对中天门索道上站控制柜PLC控制卡进行全部更换。

更换中天门索道11#支架C塔体　2014年12月首次发现中天门索道11#支架A和C柱体内进水锈蚀，采取打孔排水、安装排水球阀、柱体筒内填充入液压油以隔绝空气防锈等措施，定期排水并检查锈蚀部位筒体壁厚。2018年检查测量发现，11#支架C柱体锈蚀部位个别点位壁厚减小2毫米左右，减幅25%，超出了最大允许壁厚损失20%的技术规范。2019年6月对其进行更换。

更换中天门索道驱动轮联轴器 中天门索道驱动轮多次出现链条异响。2017年9月，经测试发现，驱动轮链条链轮的齿牙啮合面出现一定程度的疲劳磨损和锈蚀，造成链条与齿牙之间出现动间隙，导致链条传动时发生滑动摩擦运动从而发生异响。为彻底解决链条异响问题，同时改善减速机、扭力轴以及链条传动的工况条件，2019年6月，将中天门索道驱动轮联轴器更换为新式柔性连接联轴器，异响消除。

更换桃花源索道液压杆 桃花源索道液压张紧系统在1993年安装时，因液压缸液压杆角度与行走轨、钢丝绳角度不一致而存在缺陷，2000年出现液压杆划伤、液压缸滴油。2004年经密封修复未见成效。2015年6月更换液压杆，并将液压缸后端整体下调4厘米，使液压杆前后角度均为4.1度，试车中液压杆伸缩自如，行走小车行走顺畅，整体效果良好。

五、设备管理技术创新

索道设备特别是机械故障，是一个从量变到质变的长期过程。如果日常维护保养中难以及时发现异常，风险隐患很难得到及时消除，为事故发生埋下"祸根"。泰山索道注重以新技术、新手段对设备实行更加精密的检测，提高故障和事故防范能力。

铁谱分析技术 机械设备损坏大多由磨损引起。提前预知磨损的产生、分析磨损产生的原因，从而对症下药、精准施策，是避免机械故障的重中之重。2007年，泰山索道借鉴煤炭和军工行业经验，借助驻泰部队坦克修理大队先进的专业设备，定期抽检减速机、驱动轮、迂回轮、主电机轴承等传动设备的润滑油样，送到坦克修理营，进行铁谱分析技术，第一时间掌握传动设备的磨损情况。铁谱分析是借助磁力，分离油液中的金属颗粒并进行分析，能更加准确地分析判断磨损变化、磨损类型以及不正常磨损的发生部位。比如，通过定期铁谱分析发现中天门索道迂回轮轴承存在异常磨损，经综合分析研判，对该轴承进行"强制更新"。

振动监测分析 振动是机械设备运行中最常见、最复杂的问题，对索道安全具有重大影响。为及时掌握设备振动情况，分析故障部位、严重程度和故障原因，预测未来变化趋势，精准制定防控措施，泰山索道于2017年与中国振动协会、南京中大趋势测控设备有限公司合作，开展索道设备振动数据监测分析，研究确定防控措施。2018年4月购置振动仪，收集日常设备振动数据并进行分析研判，确定下步检修维护计划。2020年9月，通过振动数据分析判断中天门索道主电机轴承振动出现异常。返回厂家拆检维修时发现，固定主电机轴承外圈的部位出现磨损、造成轴承跑圈，从而出现异常振动。

此外，泰山索道探索通过信息技术手段，研发泰山索道建设新一代综合管理系统设备综合管理系统、钢丝绳绳位检测系统、风速风向监测系统、索道吊厢智能管理系统，提高设备管理信息化和智慧化水平。

六、技术教育培训

宝剑锋从磨砺出，梅花香自苦寒来。

由于国内缺少专业的索道技术培训机构，加之索道技术涉及机械、电子等多领域，技术人员必须经过多年刻苦的理论学习、实践锻炼和钻研创新，才能逐渐成长进步、独当一面。而技术人员的专业素养，决定和代表着索道设备的管理质量和水平。泰山索道一直高度重视索道技术人员的专业教育培训，采取请进来、走出去等多种方式开展专业技能教育培训。早在1981年，泰山索道就派出技术人员到日本进行实习。此后，与奥地利多贝玛亚公司、ABB公司等设备制造商建立培训合作关系，积极参加行业主管部门组织的专业培训考核，邀请石奉强等著名索道专家授课，与泰安技师学院等大专院校合作进行集中封闭培训，利用冬训开展集中培训，在行业内打造了一支技术精湛的专业技术队伍，多次参加相关标准规范的编制、修改，承担行业课题研究任务，相关人员被中国索道协会聘为培训讲师、评审员，协助其他索道进行设备大修、远程解决设备故障，每年发表多篇专业技术论文，向中国索道协会年会和区域性索道年会提交论文并做大会交流发言、提交的论文被评为优秀论文等。

泰山索道参与编制的设备技术标准包括《索道用钢丝绳检验和报废规范》（GB/T 9075—2008）、《客运索道安全管理人员和作业人员考核大纲》（TSG S6001—2008）、《客运索道重大修理的技术要求》（GB/T 34368—2017）、《架空索道工程技术标准》（GB 50127—2020）、《客运索道使用管理》（GB/T 41094—2021）。另有《索道维修工保养工职业技能标准》和《客运索道运营使用合规管理指南》2项中国索道协会团体标准正在编制起草中。

泰山索道技术人员创新改造设备检修维护工装，并成功申请专利。"皮带轮轴承座总成卧式拆装工装"专利，通过电动液压装置，拆卸和安装皮带轮轴承座法兰盘和轴承，顶出轴承座内的主轴，单人即可操作完成复杂的工作，省时省力，安全可靠，效率高。"客运索道托压索轮轮衬更换工装"专利，通过电动液压装置，拆卸和安装托压索轮轮衬，用电动葫芦起吊和翻转托压索轮，结构简单，操作方便，省时省力。

2019年起，泰山索道以跳出行业看索道的胸怀，开展索道设备技术管理提升寻标对标，以山东航空集团有限公司为对标单位，学习借鉴其在设备运行和专业人员技术管理方面的先进经验、成功做法，全面推行索道设备手册化管理。

2020年起，泰山索道开展"管理、能力、效益"三大提升，其中机电人员素质能力提升是重点。按照"总体推进，分步实施，先易后难，循序渐进，逐步提高"的原则，制定《机电人员专业知识集中学习计划》《机电人员实操培训计划》，从专业理论和实际操作两方面着手，广泛采取以老带新、师傅带徒弟等多种方式开展专业技术能力提升。通过年度考核、优秀课件评选等形式，激发学习热情，一批年轻机电人员迅速成长、进步明显，为泰山索道可持续发展奠定了坚实的专业人才基础。2022年，泰山索道成功研制国内第一条脱挂模拟教学索道，解决了以往故障"看不见"、处置"摸不着"的难题，填补了国内脱挂索道教学教具的空白，成功申请6项实用新型专利。

第六章

举手开云关——索道管理（下）

问渠那得清如许？为有源头活水来。

探寻泰山索道40年发展成就的源头活水，设备管理是最坚强有力的保障。

客运索道作为空中载人交通工具，其安全性、可靠性事关游客生命。先进的设备和技术是保障客运索道安全的基石，一流的技术管理队伍和精细化的管理措施，强有力的安全监管和安全稳定的运行环境，是保障客运索道安全的屏障。

泰山索道始终把安全放在第一位，坚持"安全第一，预防为主，综合治理"方针，坚持选用最先进的设备和最先进的技术，不断创新索道管理理念，

图6-1　开展应急救援演练

健全完善索道管理制度，强化专业技术教育培训，持续消除环境风险隐患，实现了一流的设备技术、一流的专业技术队伍、一流的管理方式方法和一流的运行环境，构建了"人（人员）、机（设备）、环（环境）、管（管理）"全要素、全方位、全过程的索道管理体系，积淀了"泰山索道，平安相伴"的安全文化，打造了"安如泰山""稳如泰山"的泰山索道。

从建设、管理我国第一条大型山岳型旅游客运索道至今40年，泰山索道在探索中实践、在实践中发展，在发展中创新、在创新中提升，坚持自我积累与吸收借鉴相结合，求真务实与主动创新相结合，对索道的认知由浅入深、由表及里，对索道的管理从粗放到精细、从规范到科学，形成了索道管理的"泰山经验"和"泰山模式"，部分经验成为标准规范和行业通行做法，很多模式成为行业发展的风向标和其他索道借鉴的蓝本，为我国客运索道企业行业安全发展、高质量发展做出了重要贡献。

天地泰山，钟灵毓秀。泰山索道以孜孜不倦的追求、勤奋不懈的探索，安全管理处于"自我发现、自我纠错、自我完善"的良性循环，造就了这一方天路神秀。

第一节　安全管理

"泰"有极大、通畅、安宁之意，后演化出"稳如泰山""重如泰山""国泰民安""泰山安则四海安"等世人皆知的箴言，无不寄托着人们对平安、祥和、美好生活的期盼与向往。

位于泰山景区内的泰山索道，担负着运送游客、抢险救灾的重任，承载着人们朝拜祈福的虔诚和期待，自然而然秉承了泰山的"平安"文化。对泰山索道来讲，保证索道的安全运行，任何时候都是一件"天"大的事，任何一个小小的疏忽都可能造成极大的不良影响。泰山索道安全发展的40年，时刻以如临深渊的危机感和如履薄冰的紧张感，始终把确保安全作为对泰山的承诺、对游客的承诺，常抓不懈、常抓常新，形成了抓安全的严格自律和保安全的高度自觉，创造和保持着国内客运索道运行安全的记录。

这是一个奇迹。但奇迹的背后，是"想到穷尽"的坚持与创新，是"干到极致"的执行与落实。

一、安全监管机构的设置与演变

从1981年中天门索道开工建设第一天起，泰山索道就把安全放在第一位。中天门索道建成运营后，未设置专责的安全生产管理部门，由设备技术管理部门同时履行设备安全生产工作职责，治安、消防等安全管理工作由保卫科负责。

20世纪90年代以后，国家对安全生产工作越来越重视，对安全生产的监督管理越来越规范，要求越来越严格。1994年泰山索道实行总公司、分公司层级管理后，泰山索道总公司设保卫部，负责治安、消防等安全管理工作。各分公司设备安全由技术科负责，治安、消防等安全由保卫科负责。1998年，泰山索道成立安全生产委员会（简称"安委会"），安委会下设办公室（简称"安委办"或"安办"），作为安委会的办事机构，负责安全生产工作。同时，撤销保卫部，职能由办公室承担。2001年，重新设保卫部。

2003年底泰山索道改制后，撤销安委办，设安全监察处，专职负责安全生产管理和安全监督检查，承担安全生产、隐患排查治理、安全宣教培训等职责。安全保卫职能由办公室调整至安全监察处。车辆交通安全、食品卫生安全、房产物业安全，由相关业务主管部门履行安全管理职责、安全监察处履行安全监督检查职责。

2008年，安全监察处新增防恐职责，中天门、桃花源设安检科，负责对游客随身携带物品进行安全检查，日常业务由安全监察处指导。后中天门索道安检科与保卫科合并成安保科，桃花源索道安检科仍与保卫科分设。2012年起，消防安全管理职责划归安全监察处。

2021年，"安全监察处"更名为"安全管理部"，职责职能不变。2022年，根据相关要求设立安全总监。首任安全总监由符合相关任职条件的安全管理部主要负责人兼任。

二、安全理念的发展与创新

思想是行动的指南，理念是行动的先导。随着对安全生产重要性认识的不断提高和对客运索道设备认识的不断深化，泰山索道以与时俱进的先进理念，推动实现安全管理走在前、开新局，为"泰山索道，平安相伴"的安全文化筑牢共同思想基础。

安全为天　1983年我国第一条大型山岳型旅游客运索道——泰山中天门索道建成通车。设备如何管理、安全如何保障，没有先例可参照，没有经验可借鉴。泰山索道从成立的第一天起，就把安全作为"天大"的事，在"安全为天"理念指引下，从零起步、自我摸索，由点到面积累，由零碎向体系完善，探索形成了客运索道安全管理的泰山模式，不仅保证了中天门往复式索道安全运行17年，为后续国内其他客运索道建设和管理提供了借鉴，也为主管部门开展行业监管提供了标准规范等方面的参考。

设备管理航空化　随着1993年后石坞、桃花源两条索道的相继建成，以及异地投资建设三条索道，泰山索道管理运营6条索道，成为当时国内规模最大的索道企业，泰山索道全面对标航空业，将精细管理、重要度分级和监察维护复核等航空设备管理理念移植到索道设备管理中，按照"人本安全化、物本安全化"原则，全面构建完善组织机构、岗位职责、操作规程、规章制度、安全监察、索道运行、检查维护和应急救援预案等"设备管理航空化"理念，于2005年形成设备管理航空化制度体系。

安全生产标准化　2012年，泰山索道持续引领我国客运索道安全管理的发展方向，开展安全生产标准化建设、推行安全生产标准化管理。2013年，按照安全生产标准化12大项内容，围绕索道安全运行有关的人（人员）、机（设备）、环（环境）、管（管理）四大系统，构建标准化安全管理体系，在国内率先建成客运索道安全生产标准化体系，同年底受邀在无锡召开的全国安全生产标准化建设现场推进上做经验交流，被评为国内首批客运索道安全生产标准化一级企业。

双重预防机制　2017年起，为适应我国治理体系和治理能力现代化建设新要求，将安全双重预防机制建设作为安全管理的总抓手，开展客运索道安全双重预防体系建设，受山东省市场监督管理局委托，参与编制《特种设备安全风险分级管控体系细则》和《特种设备事故隐患排查治理体系细则》，2018年牵头编制《客运索道使用安全风险分级管控和事故隐患排查治理体系建设实施指南》，2019年完成泰山索道安全双重预防机制体系建设，形成全员防风险、全过程除隐患的风险防控、隐患治理管理体系，先后在山东省特种设备行业和全国客运索道行业推广。

三、安全监管重点

泰山无小事，安全无小事。泰山索道的安全管理，事关人民群众生命安全和国家财产安全。对泰山索道而言，安全责任重于泰山。千里之堤，溃于蚁穴。事故虽然发生在一瞬间，却是一个从量变到质变的过程。绳在细处断、冰在薄处裂。事故往往发生在人们最忽视的地方、防范最薄弱的环节。泰山索道安全监督管理的重点，就是辨识安全风险，消除安全隐患，将事故消灭在萌芽状态。强化安全教育，增强安全意识，提高安全技能，增强防范能力。认真汲取各行各业事故教训，不断查找自身安全隐患，及时研究采取防控措施，堵塞安全管理漏洞。

随着安全管理理念的持续创新，泰山索道安全管理的范畴越来宽广，措施越来越全面，手段越来越丰富，筑牢了泰山索道安全的严密防线，实现了40年安全无事故的国内最好成绩。

设备安全　设备安全是最本质、最可靠的安全。泰山索道坚持选用世界上最先进的设备和技术，为提高设备本质安全水平奠定坚实基础。同时，对设备从安装、使用、检查到维护、保养、检修，实行全过程的监督管理，确保准确掌握设备性能状态和变化趋势，提前做出分析研判并采取相应管控措施。1998年前泰山索道的设备安全，在借鉴日本索道管理经验基础上，形成以规范性操作、周期性检查为主要内容的设备安全管理模式。1998～2003年主要针对设备的检查、维护和保养进行安全监督。2004～2012年主要是建立健全设备安全管理制度体系。2013年以来实行预防关口前移，健全完善重大设备故障应急处置预案体系，提高设备故障应急处置能力和应急救援能力。

作业安全　作业安全一方面包括操作人员按流程和规范操作设备，避免误操作造成设备安全事故，另一方面包括操作人员遵守安全规范、做好自我保护，避免出现自伤或者伤害他人的事故，同时还包括作业人员按标准规范开展检查检修、维护保养等作业行为，提高设备检查检修和维护保养质量。

运营安全　运营安全涉及游客安全和职工自身安全，主要存在人被索道车厢撞倒的风险，老年人、孕妇等特殊群体在上下车过程中因车速问题导致的安全风险，特别是儿童下车后进入行车区导致被车厢撞倒的风险。在总结分析2015年湖北荆州7·26电梯事故后发现，索道站台控制箱与站台工作人员岗位距离较远，当出现车厢门将乘客卡住或有人员误入行车区易发生危险时，站台工作人员不能及时进行减速或停车操作，容易发生伤人事故。为了消除隐患，在站台工作岗位增加停车控制装置，并对相关人员进行操作培训，一旦出现异常情况，站台人员立即操作停车，避免发生事故。为了避免游客误进入行车区域引发车厢撞人事故，在站内行车区域安装红外线报警装置、站台监控等安全防侵入设备，并连接报警灯和站前语音提示喇叭。一旦触及，站台和控制室同时报警，工作人员能在第一时间进行有效处置。同时，在索道站前安装安全防护网，一旦发生游客被撞或被车厢牵引，安全防护网能起到最后保护作用，避免游客跌落。

消防安全　消防安全主要是规避因不规范用电、用气产生火灾的风险，包括办公区域、生活区域不规范用电或者电线老化、电路短路等因素造成的火灾风险，职工食堂不规范用电、用气以及排烟通道清理不及时带来的火灾风险。2012年起，泰山索道在三个索道站建立起高山水灭火系统，为消除火灾隐患提供了充足的水源保证。同时，各索道站职工食堂完成气改电，定期对排烟管道进行清理，消除风险隐患。

环境安全　环境安全主要是规避大风、雷电、冰冻、洪水等自然灾害天气对索道运行安全的影响，以及危石、险坡、树木等环境因素对索道线路设备安全和游客通行安全的影响。泰山索道采取人防技防相结合的方式，严密防范环境安全风险。

治安安全　主要是监管易燃易爆、有毒有害物资和违禁管制物品进入索道站对人员、环境和设备设施的安全风险，不法分子蓄意袭击、破坏的安全风险，盗窃、打斗等治安问题，以及排查短时人员高度聚集存在的人员踩踏等安全隐患。2008年起，在中天门和桃花源索道游客进站通道设置安检机，对游客随身携带物品进行查验，避免易燃易爆、有毒有害和违禁管制刀具等进入站内，威胁游客安全。同时，在各索道站配置防恐处置器材，邀请反恐专家开展防恐应

图6-2　防恐应急处置培训演练

急处置培训演练，提高反恐防爆能力。日常与公安、武警、消防保持紧密联动，节假日客流高峰期间公安消防安排人员执勤，确保秩序安全。

施工安全　主要是排除索道设备大型检修或设备更新改造项目中存在的相关工具检测不到位，相关设施如脚手架等不达标，个人防护不到位如不按规定佩戴安全帽、扎安全带等方面的不安全因素，以及配套设施、土建等项目施工过程中的安全隐患。安全监察部门对桃花源索道支架整体更换、桃花源索道设备更新改造以及其他大型设备检修维护和基建项目实行全过程安全监督，确保施工安全无事故。

四、安全监管措施

随着安全管理理念的持续创新，泰山索道安全管理的范畴越来越广，措施越来越全面，手段越来越丰富，风险意识越来越强，防范能力不断提高，形成了全员、全方位、全过程的安全监督管理体系，筑牢了泰山索道安全的严密防线，实现了40年安全无事故的国内最好成绩。

安全检查　1998年前，由各索道定期开展安全卫生综合大检查。1998年安委办成立后，建立并落实领导干部带队检查安全生产工作制度。2019年起，建立安全例会制度，按照管业务必须管安全的要求，各部门每月自行组织安全自查，安全监察部门牵头每月组织一次安全大检查，对设备设施，消防、办公生活设施，运营服务设施以及网络设施等进行全面安全检查，针对检查出来的问题下达问题整改通知单，并召开安全例会通报安全检查情况和问题整改落实情况。2021年起，安全检查实行赋分制，检查结果由组织人事部门备案，与绩效考核挂钩。2022年，各索道建立晨会制度，每天运营前召开安全晨会，部署当天安全工作、提出防范事项。

安全监督 包括设备检查维护质量监督、安全行为监督、重大检修项目安全监督、重大设备改造安全监督、基建项目安全监督等。2015年制定《设备检查维护质量安全监督细则》，对设备检查维护质量实行责任制管理。设备检修维护项目、设备更新改造项目、基建项目开工前均制定安全监督方案，项目实施中由安全监察部门全程监督。

安全教育培训 通过安全法律法规教育、安全技能培训、安全警示教育，提高全员安全生产意识，增强事故预防能力和自救互救能力。安全监察部门每年制定安全教育培训计划，扎实开展"安全生产月"活动，采取集中学习、专家授课、个人自学等多种方式开展安全教育培训，如汽车队每年邀请公安交警部门专家讲授道路交通法规和安全常识，安全监察部门邀请消防专家讲授火灾处置和自救互救等专业知识等。2018年起在周例会上通报国内外安全生产典型事故案例，在内部报纸《求索》上设置《警钟长鸣》专栏，深入开展安全宣传。2022年，进一步规范安全教育培训记录和档案，建立全员安全教育一人一档，对安全教育效果进行评估。组织全员学习新《安全生产法》《安全生产15条措施》《安全生产八抓20项创新措施》，观看《生命重于泰山》专题片。

五、安全管理创新

安全生产标准化建设 重点围绕提高人员安全意识、规范安全行为，保持设备设施的安全性能和稳定状态，营造符合安全要求的生产经营环境等方面，健全安全生产责任制，落实安全生产责任主体，规范安全操作规程，使索道设备设施的监管、维护、检修、更新等每一个环节都有保障性制度、支撑性文件和落实性记录，使人员、设备设施、环境、制度始终运行在计划、执行、检查、处理的良性循环轨道，最终实现管理制度标准化、作业行为标准化、工作条件标准化、作业环境标准化。2013年起，以开展安全生产标准化建设为契机，全面推行安全生产工作标准化，建立了目标、组织机构和职责、安全生产投入、法律法规与安全管理制度、教育培训、设备设施、作业安全、隐患排查和治理、重大风险监控、职业健康、应急救援、事故报告和调查处理、绩效评定和持续改进及服务质量14个标准体系。2018年8月，中国索道协会颁布《企业安全生产标准化基本规范》和《客运索道企业安全生产标准化评定标准》，泰山索道相应将此前的14个标准体系，更新调整为目标职责、制度化管理、教育培训、现场管理、安全风险管控及隐患排查治理、应急管理、事故管理、持续改进、服务质量等9个新标准体系。

双重预防体系建设　双重预防体系即安全风险分级管控和隐患排查治理体系，是实现安全生产纵深防御、关口前移、源头治理的有效手段，是安全生产自我约束、自我纠正、自我提高以及预防安全生产事故发生的根本途径。

为遏制重特大安全生产事故频发，保障人民群众生命安全，从源头上提高安全生产预防能力，国家于2016年部署安排开展安全双重预防机制建设。2021年新颁布实施的《中华人民共和国安全生产法》，明确要求建立风险分级管控制度和隐患排查治理制度。

2017年、2018年，受省市场监督管理局委托，泰山索道参与编制完成《特种设备安全风险分级管控体系细则》《特种设备事故隐患排查治理体系细则》，牵头编制《客运索道使用安全风险分级管控和事故隐患排查治理体系建设实施指南》，为全省特种设备行业和客运索道双重预防机制建设提供了标准规范和具体路径，成为国内第一个特种设备行业和客运索道安全双重预防机制建设的省级标准，得到国家市场监督管理总局充分肯定。

为更好推动全省客运索道行业安全双重预防机制建设，泰山索道于2019年启动安全双重预防体系建设。由于2017年和2018年参与编制了全省特种设备行业和客运索道行业的建设细则和实施指南，泰山索道安全双重预防体系建设进展顺利，于2019年上半年完成体系搭建。经过3个月的试运行和改进提升，国内客运索道行业第一个安全双重预防体系在泰山索道诞生。山东省市场监督管理局于2019年11月在泰山索道召开现场会，在全省特种设备行业推广泰山索道安全双重预防体系建设经验。同时，泰山索道在2019年中国索道协会年会上全面系统介绍双重预防体系建设情况，在行业内引起广泛关注，纷纷前来观摩交流或邀请泰山索道前往指导交流。2020年11月，中国索道协会在泰山索道召开客运索道双重预防体系建设"泰山经验"推介会，在全国客运索道行业推广双重预防体系建设"泰山经验"。

泰山索道双重预防体系主要包括风险分级管控和隐患排查治理制度、风险分级管控和隐患排查治理作业指导书、重大事故隐患评估报告，创新性的设备技术和安全管理措施，基础管理类、设备设施类、辅助设施类和环境因素类共四大类安全检查分析评价内容和隐患排查内容。

在风险分级管控方面，编制风险分级管控实施细则，将索道管理站划分为设备设施区域、运营区域、安检区域、保卫区域、行政办公生活区域等五大区域，建立设备设施清单和作业活动清单，将风险点划分为作业活动类风险、设施设备类风险、固定场所类风险等三大风险类型，采用风险矩阵法（LS法），并参照《企业职工伤亡事故分类标准》（GB 6441—86）进行辨识，对作业活动采用工作危害分析法（JHA法）进行辨识，由各区域自下而上，逐级识别，确定风险点341个，其中红色风险点74个、黄色风险点80个、蓝色风险点187个。

根据评价方法与风险判定准则，将安全风险等级划分为重大风险、较大风险、一般风险、低风险、极低风险等5个等级，实施3个级别的分级管控，主要采取工程技术管理措施、培训教育措施、管理措施、个体防护措施和应急处置措施等5个方面的管控方法。

在隐患排查治理方面，依据各类风险的控制措施和基础安全管理要求，将隐患分为使用现场类隐患和基础管理类隐患两大类型的隐患，按照全面覆盖、责任到人要求，采取日常排查和专项排查相结合方式，开展3个级别的隐患排查，并做好排查记录，健全隐患排查记

图6-3　客运索道使用安全风险分级管控和事故隐患排查治理体系建设实施手册

录信息。根据隐患整改、治理和排除的难度及其可能导致事故后果和影响范围，将排查出来的隐患分为一般事故隐患和重大事故隐患两大级别，以整改通知单的形式实行分级治理，隐患治理整改后实行分级验收，并全程记录、分类建档，形成闭环管理。

安全是动态变化的。因此，泰山索道双重预防体系也是一个动态系统，根据设备、人员、环境等各方面情况变化而变化，有的风险点经采取有效措施后风险等级降低或者风险消失，有的隐患经过彻底治理不再具有风险。同样，因各方面变化可能产生新的风险和隐患点。双重预防机制，就是不断通过对安全风险的分级管控和隐患的排查治理，实现准确辨识风险、精准管控风险，杜绝风险向隐患转化、隐患向事故转化。

第二节　应急管理

未雨绸缪早当先，居安思危谋长远。

客运索道是一种具有较高危险性的特种设备，其危险性体现于设计、制造、安装、运行、管理以及所处环境的每一个环节，任何一个环节存在的风险和隐患，都有可能引发事故甚至造成人员伤亡。如何及时发现风险隐患，提前采取有效措施、终止风险隐患向事故的转化，以及一旦发生重大设备故障、设备无法运行，如何对悬挂在线路车厢中的游客实行营救，尽可能减少伤亡，成为客运索道必须解决的课题，也是客运索道应急管理的核心关键。

泰山索道始终坚持以人为本、生命至上，把确保游客生命安全放在第一位，立足于有、防范于无，未雨绸缪、居安思危，不断探索防范风险、避免事故、紧急救援的有效途径，着力构建全方位、全过程的风险管控体系、预防预警体系、紧急处置体系、应急救援体系，实现了由单一设备风险管控向设备、人员和环境等全风险管控的转变，由以紧急救援为主向以应急处置为主、紧急救援为辅的转变，由单兵作战实施救援向集中社会资源、开展联合救援的转变，由单纯性应急向全过程管理的转变，为提高我国客运索道应急管理能力探出了新路、创造了经验。

一、我国客运索道重大事故情况

20世纪80年代至21世纪初，中国客运索道相关法律法规不够健全完善，索道运营企业安全主体责任落实不到位，导致客运索道事故率较高。1984年重庆嘉陵江渡江索道首次发生重大事故，伤51人，90人滞留空中6到10个小时。1986～1992年发生4起重大事故，造成4人死亡。1993年后，我国客运索道迎来大发展，也迎来了事故高发期。1992～1995年共发生伤亡事故13起，其中1993年浙江温州的索道发生重大事故，造成5人死亡、1人受伤。1997～2000年，发生16起事故，造成18人死亡、26人受伤，特别是1999年贵州省兴义市马岭河风景区索道重大恶性事故，造成14人死亡、22人受伤，成为我国索道史上最大的群死群伤事故。2000～2004年，发生事故22起，造成4人死亡、2人受伤，数次发生多人滞留空中现象。其中2004年河北青龙县祖山索道事故，造成93名乘客滞留空中20小时。

此后，随着我国客运索道法律法规的不断健全完善，国家对客运索道的安全监管不断强化，我国客运索道进入安全平稳发展期，除偶尔发生人员滞留空中外，极少发生人员伤亡事故。

泰山索道安全运行40年，未发生安全责任事故。

二、泰山索道早期的应急管理

20世纪80～90年代，泰山索道配备应急救护器材，定期开展紧急救护训练。2000～2011年，初步完善、形成安全救护内部管理制度，并探索将应急管理关口前移，实行索道设备安全评估，借助社会力量开展联合救援，为我国客运索道早期的应急管理创造了"泰山索道"模式。这种模式依然以发生重大设备故障为主要假设条件，突出重大设备故障、索道无法运行状态下的线路紧急救援。同时，这种模式有两个值得注意的突出特点。一方面，开始重视应急救援之前的预防性工作，也就是将预防故障的关口前移至设备管理环节。另一方面，开始正视索道自身资源根本无法完成紧急救援的现实，改变以往单打独斗的做法，引入社会资源参与索道紧急救援。也正是这两个突出特点，为下步探

图6-4　应急救援演练中救援人员进入车厢过程

索全新的应急管理体制机制发挥了重要的启示作用。

　　自行组织救护　泰山索道从1983年8月中天门索道建成运营后十分重视救援工作，采取日本索道设备制造商提供的救援器材，定期开展救援演练。1988年4月泰山索道发布的《运营规则》中，首次就"救护"做出具体规定，"为熟练进行救护工作，每季或半年进行一次救护训练，由主管经理、技术科长、运营科长主持进行"；"由于设备故障，不能运转需要采取紧急救护时，索道全体人员要在值班经理组织指挥下，全力以赴地进行救护。下列情况下采取紧急救护：停电或设备出故障造成中途停运，同时备用机也不能启动时；两小时以上才能将上述故障排除时；救护时间小于修理时间时"；"发生意想不到的事故时，根据有关领导的指示，尽力保护设备和乘客，应以最快的速度与医院联系，万一有伤亡，一致对乘客进行抢救"。这个制度明确了实施救护的原则和条件，是国内客运索道首次提出"救护"。2001年9月，泰山索道制定《安全救护制度》，组建由机电人员组成的救护队伍，每年开展救护训练。

　　整合社会资源开展索道紧急救援　《特种设备安全监察条例》规定，客运索道高空滞留3.5～12小时即为一般事故。客观上讲，除极少数线路短、运量小、离地高度小的小型索道可以在3.5小时以内完成全线救援之外，绝大多数索道，特别是大型山岳型旅游索道根本无法实现。包括泰山索道在内的国内知名索道，尽管从索道建成之初就组建了救援队伍，定期开展紧急救援训练，但实际救援能力无法满足3.5小时以内完成救援任务的要求。客运索道救援专业性强、难度大，对救援器材、救援人员的心理和身体素质要求非常高。因此，完全依靠索道企业自身人员和设施，在规定的3.5小时内，现在和将来都不可能完成救援任务。同时，一旦发生需要紧急救援的事故，救援现场的指挥体系和救援力量很难完全由索道企业负责，并按照索道企业内部设计的救援方案展开救援。而来自索道企业以外的指挥人员缺乏对索道行业特殊性的了解，救援人员缺乏对设备、地形和索道救援技能的必要熟悉，无论是组织指挥还是救援实施，都难以达到理想效果。

这似乎是一个难以调和的矛盾。

山重水复疑无路，柳暗花明又一村。

冥思苦想之际，一支特殊的力量进入泰山索道的视野。泰山长年驻扎着一支消防力量，消防人员年轻，身体素质好，纪律性强，每逢重大节假日客流高峰，都会协助泰山索道维持秩序，彼此之间非常熟悉。既然泰山索道自身力量不够，社会力量又要参与，如果让泰安消防参与泰山索道救援，问题不就迎刃而解了？2004年底，泰山索道与泰安消防支队接触沟通，得到积极回应。泰安消防表示，参与社会救援是消防的职责，一旦泰山索道发生事故，泰安消防必然要参与，但如果没有良好的训练作为基础，临时上阵效果肯定不好。消防人员体能好、训练有素，具有丰富的救援知识和技能，是一支永远年轻、战斗力强的力量。另外，泰安消防先进的救援设备也可用于索道紧急救援。

2005年初，双方合作制定首个《泰山索道应急救援预案》，明确应急救援适用范围、应急救援组织机构及职责、现场应急救援实施程序、工作要求及纪律、现场保护及现场秩序维护、事故调查处理、应急救援总结及事故情况通报、预案培训演练及完善、外部救援体系等内容，并分别制定了3条索道的应急救援预案，对各索道线路进行救援区域划分、救援人员和救援器材配置、紧急救援现场各工作小组划分及职责、紧急救援程序、救援原则和注意事项，泰安消防全面参与泰山索道紧急救援。2005年5月27日至6月21日，双方在后石坞索道进行了为期26天的联合演练，并成功进行3次汇报演习，创造了40分钟成功营救40名乘客的国内最高历史纪录。山东省质监局在泰安召开全省客运索道及大

图6-5　2008年泰山索道联合应急救援演练现场，领导专家参观救援设备

型游乐设施安全管理工作现场经验交流会，总结推广泰山索道与泰安消防开展联合救援的先进经验。

　　借助社会力量进行紧急救援的成功探索，为切实提高国内索道行业的整体应急能力、救护能力探索出了一条新的可行之路，也引起了国家相关部门的高度关注。2008年11月9日，山东省公安消防总队在后石坞索道举行泰山索道联合应急救援演练，国家安监总局、质检总局以及北京、河北、黑龙江等9省安监、质检、消防总队有关领导现场观摩。演练模拟特殊天气情况下索道紧急停运后对滞留在21个吊椅的37名乘客进行紧急救援，8个救援小组通过T形小车滑行到被困游客缆车上方，利用缓降器、救生三角带等器材对被困人员实施救援，整个救援历时40分钟，受到与会领导高度称赞。

　　此后，泰山索道购置应急救援设备设施、在山下建立了国内首个索道救援训练基地，泰安消防将客运索道应急救援纳入日常训练科目，开展常态化训练，泰安市政府将泰山索道应急救援预案纳入《泰安市突发事件总体应急预案》，形成了科学完善的泰山索道应急救援机制，并延续至今。

　　客运索道救援机制课题研究　泰山索道与泰安消防开展客运索道联合救援

的成功探索实践，持续在国内引发强烈反响，国家相关部门开始从理论上对客运索道应急救援机制问题进行研究，为国家出台相关法律法规做准备。2008年底，财政部、工业和信息化部和国资委联合委托中国索道协会开展《关于完善我国客运索道应急救援机制问题研究》课题研究，2009年初中国索道协会将该课题委托给泰山索道。经半年努力，泰山索道完成课题研究，提出了完善我国客运索道应急救援机制的建议，即：坚持预防为主，立足自救互救，政府统一领导，依靠专业救援，部门协调联动，社

图6-6　2008年泰山索道联合应急救援演练

会广泛参与，形成统一指挥、功能齐全、反应灵敏、运转高效的应急救援机制。2009年8月，工业和信息化部产业政策司组织专家评审组，对泰山索道提交的课题研究报告进行评审。评审专家包括：公安部纪委副书记、副督察长（原公安部消防局局长）陈家强少将，财政部经济建设司副司长柯风，国务院应急办处长贾群，国家质检总局特设局局长陈钢，国家安全生产应急救援指挥中心信息管理部主任吕海燕，国家安监总局监督管理二司副司长王力争，公安部消防局战训处处长魏捍东，北京市科学技术研究院院长丁辉，国家客运架空索道安全监督检验中心教授级高工吴鸿启。专家一致认为，课题研究报告依据充分，结构合理，内容完整，层次清晰，符合该课题研究的目的和基本要求。所提建议针对性强，课题成果具有创新性和重要的指导性。

　　安全评估　2000年以来国内客运索道发生的事故，特别是2004年发生的河北祖山索道事故，在国内客运索道行业引起极大震动。泰山索道人不得不思考这样几个问题：这些索道为什么会发生事故？这些事故是否可避免？我们自身对自己的设备状况、安全管理状况是否心中有数？为此，泰山索道萌发了开展

安全评估的想法，力求通过安全评估，全面了解人的不安全行为、设备的不安全状态和管理上的缺陷等不安全因素，采取相应的应对措施，消除安全隐患，避免事故发生。

2005年2月，泰山索道正式启动安全评估工作。总体思路是对照索道行业国家标准或国际上的一些先进规范，对泰山三条索道的设计、安装、设备制造及日常检修、维护和操作等进行全过程、全方位评估，全面、客观、准确地辨识泰山索道所存在的危险源和有害因素，确定危险的部位，分析其发生事故的可能性和一旦发生事故后所产生的事故严重程度。安全评估的重点是人的不安全行为、设备的不安全状态和管理上的缺陷三个方面，包括人员素质评估、管理机构和岗位设置评估、设备评估、安全管理制度评估、安全网络建设评估、设备安全操作规程及设备维保情况评估、索道设计和制作安装评估、配套土建工程评估、索道线路及总体评估、运载索安全评估、站房及驱动和迂回设备安全评估、吊具与抱索器安全评估、电气设备安全评估等20多大项300多个子项，同时还开展索道负荷试车试验、安全记录及以往故障发生频率统计分析，人为不可抗拒的因素预测分析，针对评估和分析提出对策与措施。通过评估评价，全面了解安全管理现状、设备性能状况，对事故的因果关系认有了更加全面准确的认识，针对存在的问题逐一研究制定防控措施。

泰山索道开展安全评估的成功探索，得到了行业主管部门的充分认可，并在全行业推广泰山索道的经验做法，主导编制了《客运索道安全评估指南》（DB37/T 4450—2021），不仅保障了泰山索道的长治久安，也为国内索道行业提高整体安全管理水平提供了新思路、新方法。更为重要的是，泰山索道通过安全评估的成功实践，实现了预防关口前移、树立起了风险管控的意识，为下一步实现应急管理工作重心转移，构建风险分级管控和隐患排查治理机制做出了初步探索，奠定了坚实基础。

三、应急处置为主、应急救援为辅的应急管理新实践

2013年以来，我国现代化的应急管理体系建设全面加速，应急管理工作的重点由减轻灾害向降低风险转变。也是从2012年起，泰山索道调整应急管理工作思路，将工作重点转向提高综合性预防能力和应急处置能力，开始了以应

急处置为主、应急救援为辅的应急管理新探索、新实践，推动泰山索道应急管理体系和应急处置能力现代化，编制完成《特种设备突发事件应急处置技术指南　第1部分：客运索道》（DB37/T 4451.1—2021），另有《客运索道应急处置规范》正在编制中。

健全完善设备应急处置预案体系　多年的应急救援实践让泰山索道清醒地认识到，只要索道设备有恢复运行的可能，无论运行速度快慢，依然是救援线路游客效率最高、速度最快、最安全稳妥的方式，除非索道设备确实无法运行，如在支架倒塌等极端情况下，不得不实施紧急救援。因此，事故发生后如何在最短时间内将索道设备修复或采取其他手段恢复索道运行，是应急处置的关键。这是对索道应急管理实事求是、科学严谨的态度。在这种思路主导下，泰山索道立足于有、防范于无，将预防关口、应急关口前移，做实做细设备应急处置措施，健全完善应急处置预案体系，以万无一失防一失万无。

设备故障应急处置的关键是判断准、处置稳、排除快，一旦发生极端情况，首要任务是在最短时间内，通过技术手段让索道先转起来，将线路上的人员安全运至站内。按照"准、稳、快"原则，泰山索道制定了系统性、预防性的专项应急预案和事故现场处置方案，于2015年形成泰山索道生产安全事故应急预案，包括批准令、综合应急预案、专项应急预案、现场处置方案和附件，并在泰安市应急管理局备案，每3年进行一次评审、修订。陆续健全完善了涵盖索道机械电气设备领域20多项突发事件应急处置方案，针对驱动设备、脱挂与站内传送设备、制动与张紧系统、运载设备、支架线路设备、安全检测与控制系统等6大系统，开展近40多项故障模拟及应急处置演练。其中，专项应急预案包括突发自然灾害专项应急预案、高处人员坠落或车厢撞人事故专项应急预案、物体打击事故专项应急预案、机械伤害事故专项应急预案和触电事故专项应急预案等5大项。事故现场处置方案包括抱索器脱挂轨打不开事故现场处置方案、紧急闸油缸事故现场处置方案、摩擦轮或五槽皮带传动轮抱死事故现场处置方案、张紧液压高压油管爆裂事故现场处置方案、支架脱索事故现场处置方案、传动皮带轮轴承座损坏事故现场处置方案和紧急驱动柴油机突然停机事故现场处置方案等7大项，采取"岗位大练兵、技术大比武"等多种方式开展应急处置培训演练50余场次。改进研发相关工装，在各支架配备不同的应急工具套装，提高应急抢修效率。比如，为了应对"皮带轮卡死""钢结构故障"等故障，专门设计制作了桁架专用起吊架，放置于桁架工具区，配齐吊装带、倒链、撬棍、绳套、绳卡、扳手等抢修工具。一旦发生故障，抢修人员无须携带上述沉重的抢修工具、以节省抢修时间和人员体力，快速到达现场进行抢修处置。近年来，泰山索道先后自行研制了紧急闸打开专用工具，摩擦轮、五槽轮提升专用工具等，大大提升了设备抢修维护工作效率。再如，低压直流电气系统的支路接地故障，波及面广、查找困难。一旦发生故障，将对索道安全运行构成严重威胁。为了预防此类故障，使用带有LED指示灯的熔断器保护各支路，当被保护的电路发生这类故障时，熔断器断开起到保护作用，LED灯亮起指示故障发生在哪一条支路，不仅能防止短路电流、入侵电涌对设备的损害，更能极大提高故障判断的准确性和处置的快速性。

健全完善自然环境风险处置方案　索道安全面临的环境风险，主要包括大风、雷电、火灾和危石危树等。在环境风险防控方面，泰山索道"只有想不到、没有做不到"，织密防护网、筑牢安全线。

大风对索道安全运行具有重要影响。大风造成索道车厢剧烈摆动，严重时碰撞支架，导致吊厢损坏甚至坠落。同时，由于车厢剧烈摆动，带动运载索在托索轮上发生偏移，严重时造成脱索（运载索脱离托索轮）。一旦发生脱索，紧急驱动系统也无法启动索道，运载索必须复位后方恢复索道运行。而运载索脱索一般发生在恶劣天气，复位非常困难，对维修人员和滞留在车厢内的游客都是极大的考验。泰山索道采取人防与技防双管齐下，自主研发风速风向监测系统，实现风速风向监测全线覆盖，自主研发钢丝绳绳位检测系统，实现运载索运行状态实时监测。极端天气下，安排专人值守支架，近距离观察吊厢摆动情况和运载索运行情况，防止技防系统出现偏差或故障。

雷电对索道设备和运行极具破坏性。泰山索道采取在制高点布防、组建避雷网、购置雷电预警仪等多种措施，努力将雷电影响降到最低。2016年起，泰山索道通过购置ATSTON雷电预警仪、在索道线路和站房周围的制高点设置避雷针、对站内各供电回路增设避雷模块等综合措施防雷。先后在望府山、拦住山、帽沿山、中溪山以及中天门索道3#支架东侧的山顶，布设避雷针、埋设接地模块，索道遭受雷击次数减少80%。2022年在扇子崖最高点设置避雷针、埋设接地模块。对站内有对外联络的低压供电线路，分别在进口和出口位置安装避雷模块，并有效接地，将上下站通讯采用的双绞线传输，改为光纤传输，有效解决了通讯线缆受雷击、损坏控制系统触摸屏的问题。为避免雷电从高压回路进入索道供电系统，高压电缆地埋后在电缆上方敷设避雷带，间隔一段距离建设避雷井，并与支架避雷系统连接，形成联通上下站支架的避雷网络。

图6-7　水灭火系统操作培训

因用电等不安全因素容易引发火灾，国内某索道因车厢电气线路故障引燃可燃物，造成19台车厢被烧毁。泰山索道深刻吸取教训，探索解决索道站防火问题。处置火灾最有效的手段是水，但泰山水源匮乏。为了解决这一矛盾，泰山索道建立了水灭火系统，在索道站房周边利用生活用蓄水池，建立站房周边消防管网，在蓄水池旁建立消防用泵房，配套建设泵房和覆盖每个索道站的供水管网，每站蓄水量可持续喷水2小时左右。岱顶三站水管连通，可持续从水源地补水。

游客通道内的危石直接危胁游客安全，索道沿线危石危树险坡直接威胁索道线路支架等设备安全。泰山索道采取工程加固与位移监测系统日常监测相结合的综合防控措施，避免发生危石滚落、危树倒塌、山体滑坡等自然灾害事故。2022年，先后对影响中天门索道8#支架和11#支架安全的危石群做加固处理。

为了提高应对特殊天气的预警和处置能力，泰山索道与泰山气象站建立天气信息共享机制，大风雷电等特殊天气由泰山气象站提前预警。内部实行集中会商制度，相关专业人员根据气象云图、气象雷达图对天气进行分析研判、集中会商，保证索道设备在恶劣天气到来前及时停运、天气恢复正常后及时恢复对外运营。针对冬季三班倒期间索道站机电应急力量不足问题，2021年底建立3条索道机电人员联动机制，对全部机电人员实行联动管理，明确联动级别和联动区域，合力保障各索道快速有效实施设备抢修、应急处置。

第三节　智慧索道建设

　　泰山索道从1994年实行财务管理电算化开始，持续推动以信息化和智能化为主要特征的智慧索道建设，信息化逐步融入设备管理、技术管理、安全管理、运营管理、财务管理和干部人事管理，搭建起了环形网络架构，建成了多项网络信息应用系统，在提高管理水平、服务质量，宣传展示形象、提升社会效益和经济效益等方面发挥了重要作用。

　　2001年，以第一代泰山索道自动售检票系统建成、投入使用为标志，泰山索道信息化建设起步。2002年自主设计开发"泰山索道设备管理系统—桃花源索道设备管理平台"，形成"智慧索道"建设雏形。2006年开展大规模的网络信息化建设，搭建了网络基础架构，建设标准化网络机房，模拟视频监控系统和信息播放系统两个应用系统先后建成投入使用。2012年2月，开通泰山索道官方网站。2016年10月，开通泰山索道微信公众号。2021年2月，泰山索道微信视频号和抖音号同步上线运行。2021年9月，泰山索道线上售票系统建成投入使用。2022年，统筹网络安全和信息化建设，将"智慧索道"建设纳入中天门索道安全质量提升项目，广泛开展需求调研和技术探讨，形成了智慧索道具体建设方案，将与中天门索道安全质量提升项目同步实施。

一、早期探索

　　1994年，泰山索道采购了第一台计算机，俗称286电脑。该电脑使用DOS操作系统，操作烦琐复杂，功能较为简单，主要用于财务管理中的统计、计算、制表等工作。

　　随着电子信息技术的快速发展，泰山索道广泛使用计算机，1998年实现办公自动化。为加强对计算机及办公自动化设备设施的管理和维护，泰山索道设立微机室，主要负责计算机、打印机等办公自动化设备设施以及相关耗材的采购、管理、维护和维修等工作，兼顾对讲机等通信设施管理，先后隶属于工程技术部门、运管（企业）管理部门和办公室。

2001年，微机室由企业管理部管理后，开始加强计算机网络系统和应用系统建设。2012年，为加快推进信息化建设，泰山索道成立网络信息管理部门，加快了"智慧索道"建设步伐。

二、网络基础建设

计算机网络是信息系统中最重要、最基础的设施。快速、稳定、安全、可靠的计算机网络，在"智慧索道"建设中至关重要。计算机网络俗称信息高速公路，利用通信设备和线路将地理位置不同的、功能独立的多个计算机系统互联起来，实现交换信息、共享资源和协同工作。泰山索道于2006年完成网络基础架构搭建和网络机房建设，并持续完善，为智慧索道建设奠定了坚实基础。

网络基础架构建设　泰山中天门、桃花源和后石坞三条索道，分布于泰山的南路、西路、东路，机关办公地点则位于泰安市区，四个点之间的物理距离远、跨度大，局域网建设较为困难复杂。2006年8月，泰山索道网络基础构架建设项目由山东视聆通信有限公司承建，并于同年12月建成投入使用。泰山索道网络基础构架，主要是利用无线网桥在三个索道站与机关之间进行数据传输。2012年5月，为保证信息传输通道的畅通，泰山索道在各索道站之间和索道线路沿线敷设了多条光缆，为各种信息系统应用提供了丰富充裕的网络资源。同时，租用两条电信公司裸光纤，连接机关与桃花源索道站，建成了机关到各个索道站之间互联互通的有线局域网。2014年，建成覆盖索道线路及办公区域的WIFI网络，作为有线网络的补充和延伸，为索道线路的多种应用业务提供更加丰富的网络接入通道。2015年，在原有泰安联通公司200兆互联网宽带的基础上，又接入泰安电信公司100兆互联网宽带，实现两条互联网宽带访问的负载均衡。此外，为了提高管理效能，实现业务功能的远程访问，将局域网内的索道综合管理平台、网络视频监控、互联网票务办理等业务映射至外网。2016年，对泰山索道网络架构进行优化改造，将原来的网络系统核心由索道站迁移至机关办公楼，租用1条泰安移动公司千兆光纤，连接中天门索道站与机关，形成了以机关、中天门站、桃花源下站为骨干的办公环网，实现了机关至中天门索道和桃花源索道两条网络链路的冗余备份。为了确保售检票系统的安全性和可靠性，租用2条泰安移动公司独立的百兆票务专网，将机关—中天门站—南天门站—桃花源上站—桃花源下站五个节点构筑为环形网络结构，形成独特的网络拓扑结构。这种独特的票务网络结构，将某一节点故障对整体网络的影响降到最低，中天门索道和桃花源索道分别出现停电、断网、维护和检修，均互不影响。这种因地制宜的网络结构设计，是泰山索道信息业务安全、可靠运行的重要保障。

网络机房建设 网络机房是数据传输、交换、存储的核心，担负着各项业务的应用和数据服务。2006年前，由于条件所限，索道站的网络机房建在各站配电室的角落，机关网络机房建在微机室，通过隔板在办公室隔出一小部分空间当作机房，其安全性、可靠性无法得到保障。2016年4月，泰山索道标准网络机房建设项目由山东众志电子有限公司承建，于同年10月建成投入使用。泰山索道网络机房按照标准机房规范进行建设，地面铺设防静电地板，墙壁采用彩钢板，吊顶为微孔铝制吊顶，机房配电使用UPS不间断电源供电，保证机房内设备在断电情况下能够继续运行，配备配电箱断路器及防电涌设备，机房内配备专用精密空调，恒温恒湿。根据全新的网络架构设计，将所有应用业务的服务器全部部署于泰山索道网络机房，使其成为泰山索道网络信息的核心部位。同时，在桃花源索道上、下站分别建成1间标准网络机房。上站网络机房位于站台出站侧西南角，面积约16平方米，分内、外两间，内间为标准机房、放置网络设备，外间为备件仓库。下站网络机房位于站房北侧、配电室以南的原救援物品仓库，面积约10平方米。2019年2月，机关办公场所整体搬迁，网络机房和设备同步搬迁。

三、应用系统建设

随着互联网技术与旅游行业的深度融合，以及所实现的行业物理资源与信息资源的高度系统整合和深度开发激活，以"互联网+"为核心的"智慧索道"建设成为行业发展的新趋势。泰山索道在国内客运索道行业率先在票务、设备管理等方面开展信息化建设，首次提出建设"智慧索道"概念，成功开发、使用多款应用系统。

自动售检票系统 2001年3月，九届全国人大四次会议批准我国第十个五年计划，提出"加速发展信息产业，大力推进信息化"，我国信息化建设进入新阶段，北京、上海、深圳等经济发达地区的个别景区景点开始采用电子门票。景区电子门票以售票检票速度快、准确率高、劳动强度小、管理漏洞少、统计分析功能强等诸多优势，启发了泰山索道管理者，并于2001年6月组织相关人员学习考察，确定由北京新中航公司承接泰山索道自动售检票系统建设。8月，我国客运索道行业第一个自动售检票系统顺利建成，并在中天门、桃花源两条索道投入使用，这也是泰山索道建设智慧索道的首次成功尝试。自动售检票系统投入运行后，泰山索道票由单纯手工印制票转变为以电子票为主、手工印制票为辅，售检票速度显著提升，售检票人员工作强度大大减轻，人情票、无票乘车等管理漏洞基本被堵塞，信息化、智能化建设为泰山索道票务管理现代化、科学化发挥了重要作用。但是，由于技术不够成熟先进等原因，该系统存在故障率高、功能单一等缺点。

2003年，泰山索道与山东科技大学合作，成功研发拥有自主知识产权的第二代自动售检票系统，并于2004年2月安装完成、投入使用。该系统运行比较安全稳定，维护较为简便，但验票闸机IC卡识别度和统计错误率较大。2008年底，由深圳爱森斯公司承建的泰山索道第三代自动售检票系统投入使用，中天门、桃花源两条索道首次实现联网售票，两条索道的电子票相互认可，为客流高峰期间的客源分流发挥了积极作用。同时，该系统实现了索道站运营数据统计的山下实时显示，售票机、检票机、服务器等关键设备可以实现远程控制。2016年4月，为进一步优化设计、扩展功能，泰山索道对第三代自动售检票系统进行整体升级改造，同年11月建成第四代自动售检票系统，在原有功能上新增了导游管理及详细的售检票数据统计分析，检票闸机采用三辊闸门禁设备，同时根据日常索道运营服务需求，新设计了落杆升杆卡、反转卡、清零卡等多种指令卡。此后，该系统陆续增加银联刷卡支付、微信和支付宝扫码支付功能，智能化、智慧化水平不断提升，在大大方便游客的同时，也提高了泰山索道的票务管理科学化水平。

线上售票系统　2020年新冠肺炎疫情发生后，国家文旅部门要求景区和游客实行"限量预约、错峰出行"。2021年6月13日是端午节小长假第一天，进泰山看日出游客较多。由于泰山景区对桃花峪游览公路实行封闭施工，桃花源索道对外停运，大量下行游客汇聚于中天门索道上站和中天门游客中心，造成游客滞留并引发舆情。国家文化和旅游部、省文化和旅游厅要求泰山景区严格落实"限量预约"要求，泰山索道积极响应，决定完善泰山索道售检票系统，新增线上购票功能，为游客"提前预约购票"创造条件。9月，泰山索道线上售票系统建成启用，软件部署在云服务平台，以泰山索道微信公众号作为线上购票入口，游客也可通过泰山景区官方购票平台上的链接，跳转进入泰山索道线上购票系统。至此，泰山索道售票模式由单一的线下窗口售票，丰富为线下窗口售票和线上网络售票两种方式并存的模式。泰山索道线上售票系统投入运行后，游客可随时随地通过手机实现提前预约、自主购票，减少了现金交易排队等候的时间和可能带来的疫情传播风险。同时，泰山索道也可通过控制售票数量、调节售票时间等多种方式减少人员聚集，有效降低疫情传播风险。线上售票系统投入运行后，受到广大游客，特别是年轻游客的欢迎，通过线上售票系统购票的游客比例超过60%，年轻游客使用率高达80%以上。

由于线上售票系统是在原有售检票系统基础上实行的硬嵌入，硬件和软件的兼容性、适配性等方面存在一定问题，加之2016年以来随着电子信息技术的快速发展，原售检票系统自身也需要更新优化，导致线上售票系统运行不够稳定，包含线上售票功能的自动售检票系统建设，将是泰山索道下步智慧索道建设的重要内容，即将与中天门索道安全质量升级项目同步实施。

综合管理系统　此前，泰山索道在设备、技术、安全管理上采用传统的管理方式。2002年，泰山索道首次在设备管理中引入信息化，自主设计开发了"泰山索道设备管理系统—桃花源索道设备管理平台"。该平台针对桃花源索道设备管理设计，功能主要包括设备的基本运行参数，机械和电气设备的维护指导，大型检修记录、故障记录和救援演习实录，以及备品备件管理等多项实用模块，是索道设备信息化管理的初步尝试，是"智慧索道"概念首次在设备技术、安全管理上的充分体现和成功运用。

泰山索道设备管理系统—桃花源索道设备管理平台，为桃花源索道设备日常管理维护提供了第一手真实科学的技术数据支撑，为职工专业技能教育培训提供了丰富的在线资源，综合效应十分显著，为实现信息化与设备管理的融合提供了样板。2013年4月，泰山索道建设新一代综合管理系统，由上海三吉电子工程有限公司承建、负责软件开发。该系统主要包括门户、维护录入、维护提示、查询统计、备品备件、信息管理、抱索器、支架概览、视频接入、票务接入、身份识别等主要功能模块，10月份完成安装调试，12月1日投入试运行，

图6-8　计算机软件著作权证书——三吉
泰山索道安全监测综合管理软件

图6-9　实用新型专利证书——客运
索道智能广播系统

并通过专家组验收，2014年1月1日正式启用。2014年5月和2015年2月，分别获得计算机软件著作权证书和实用新型专利证书。

此后，泰山索道对该系统持续升级，功能日趋完善，除三条索道的设备技术安全管理之外，还拓展至运管服务和监督检查等方面。2014年6月，新增导游人员比对系统集成。2014年11月，新增中天门张紧系统压力实时监测模块。2014年12月，新增中天门和桃花源索道的电压、电流实时监测模块。2015年3月，新增三条索道的设备评价系统。2016年1月，新增稽查检查结果发布系统。2016年3月，新增安全培训和在线学习、考试系统。

2017年至2018年，桃花源索道进行设备升级改造。为适应桃花源索道的新设备、新情况和新需求，泰山索道于2018年6月启动综合管理平台升级开发，由上海锐孚信息科技有限公司负责。同年9月，系统开发完成并进入安装调试，10月1日正式启用。新系统根据桃花源索道新机电设备PLC配置的数据输出端口，读取部分运行数据（如运行速度、主电机温度、抱索力值、制动系统压力、风速风向等），并通过显示屏集中展示，同时具备设备运行状态的趋势分析功能，智能水平进一步提升。

视频监控系统　2006年8月，泰山索道在国内客运索道行业率先建设视频监控系统，主要用于重点设备运行、重点场所安防实时监控，由山东视聆通信有限公司承建。该系统采用一线通传输模式，硬盘录像机存储，摄像机通过调制器与总线连接，同年12月投入使用。之后，随着电子信息技术的快速发展，该系统所采用的模拟信号方式画质差、传输速度慢，无法满足精细化管理的需求，泰山索道于2013年4月实施视频监控系统升级改造，由山东众志电子有限公司承建。该系统采用网络高清视频监控，在中天门索道和桃花源索道共安装60路网络高清监控摄像机，经逐渐增补完善，目前已建成400路监控摄像机，覆盖泰山三条索道的广场院落、售票窗口、候车长廊、站台运营、关键设备、索道线路等各个区域，为索道站公共区域安防、运营服务管理、机电设备运行监控，特别是节假日和客流高峰的指挥调度发挥了巨大作用。2016年，泰山索道与泰山景区管委会合作，实现了景区与索道视频监控资源共享，进一步丰富和拓展了双方的视频监控覆盖范围，为实现整个景区的安全管理、应急处置、客流疏导等提供了科学依据。2018年6月，根据桃花源索道设备升级改造实际，对桃花源索道管理站的视频监控系统进行重新规划设计，安装摄像机75路，覆盖站区站房、索道设备和运行线路，摄像机像素由此前的130万升级到200万。增加视频监控服务器统一管理，同时开发桃花源索道支架绳位视频监控系统，在支架塔头共设计安装摄像机26路，实时、直观显示钢丝绳在支架轮组上的运行状态，为桃花源索道安全运行提供了有力保障。

信息播放系统　2006年，在中天门索道运用LED显示屏进行信息播放。LED显示屏使用P10单色单元板，仅能播放文字信息。中天门索道站安装于售票室外和进站通道，南天门索道站安装于售票室外、仙居宾馆墙外。2012年先后在中天门索道购票通道起始点、南天门照相点、南天门未了轩、南天门宾馆等位置安装LED显示屏。受环境影响和技术限制，LED显示屏均为单色或三色屏，以文字形式为游客提供索道运营信息。2018年6月，结合桃花源索道设备升级改造，泰山索道实施信息播放系统升级改造，首次对各索道站LED屏进行统一规划、设计和施工，由山东万隆电子有限公司承建，在桃花源索道下站售票口、下站检票口、下站进站通道尽头和上站检票大厅、上站售票口、上站进站通道尽头、南天门仙居宾馆外等7处安装LED屏，部分采用全彩显示屏，可播放视频影像，点间距缩小至P4、P5，播放清晰度明显提高。2019年6月和7月，分别在桃花源和中天门索道贵宾室安装当时最先进的金运河P1.25小间距LED屏，安装尺寸分别为2.56×1.44米和3.0×2.025米。通过使用高清视频测试，这两套播放系统性能稳定，播放流畅，画面清晰，效果良好。

2013年4月，中天门索道站游客候车长廊建成投入使用，在长廊内接入网络电视信号，共设置6块液晶电视显示屏，实现电视、网络信息的实时播放。由于长廊属于半开放式建筑，而液晶电视防水、防潮效果较差，随着使用年限的加长，故障频发。2019年6月，将6块液晶电视屏更换为金运河P3室外全彩LED屏，故障率大为降低，运行稳定。

2018年5月，在桃花源索道站上下站候车长廊内各安装2块创维55寸多媒体显示屏，分辨率为1920×1080，操作系统为Android 4.2，可播放多种媒体格式文件，支持24小时开机。

至此，泰山索道建成了布局较为完善、技术较为先进的信息播放系统，在为游客提供泰山和泰山索道旅游相关信息的同时，也能播放时政等其他信息，既满足了游客对旅游信息的需求，又能缓解游客排队候车时的焦躁心理，进一步提升了服务品质。

索道吊厢智能管理系统　安全是索道的生命，是经济效益的基础。泰山索道在安全管理信息化方面，持续探索、不断创新，从设备运行数据的实时监测到视频监控的全面覆盖，为索道安全运营提供了强有力保障。但是，如何实现对索道吊厢的有效安全管理，始终困扰着泰山索道，也成为全行业难以攻克的难题，技术人员无法掌握线路运行中设备、乘客、环境等因素对吊厢运行安全的影响。2016年6月，泰山索道与上海岳游传媒公司深度合作，共同成功开发索道吊厢智能管理系统，集成了吊厢内部实时监控和音视频播放，吊厢内广播和对讲，吊厢GPS定位和摆动角度监测，相邻两吊厢间距监测，自动判断吊厢内有无乘客，吊厢在线路上距上、下站的实时距离以及所处海拔高度等多种智能安全监测功能，实现了对吊厢运行状态以及内部乘客情况的全程可视、可对讲，为游客带来更好的乘坐体验和安全保障。2017年2月，

图6-10　实用新型专利证书——一种索道运行管理系统

该系统获得实用新型专利证书。实际使用过程中，因需要对索道吊厢打孔穿线，造成吊厢顶部漏雨，影响吊厢内部美观，加之索道线路网络信号比较弱等其他因素，导致部分功能难以达到预期效果。如将该系统提前嵌入索道设备设计制造环节，应能更好发挥其使用。

四、线上宣传展示平台建设

泰山索道信息化建设在推动设备技术、安全运营管理水平的同时，也为加大宣传推广提供了全新的渠道和平台。泰山索道先后开通官方网站、微信公众号和抖音号，以图片、短视频、直播等多种形式，充分展示泰山索道发展成果，推动党务政务公开，为游客提供旅游资讯和线上售票入口。官方网站等线上平台，起初由网络信息管理部门负责维护、管理和更新，后由组织人事部门、宣传部门维护和更新，网络信息管理部门负责技术支撑和网络安全保障。

官方网站　2012年2月，泰山索道官方网站正式上线运行，注册域名为"tsropeway.com"。2015年11月，根据泰安市网络信息管理部门要求，泰山索道官方网站改版升级，注册域名变更为"tssd.org.cn"。泰山索道官方网站设计了新闻动态、通知公告、导游卡办理、文化建设、视频、图片、在线留言、联系我们等丰富的功能模块，主要发布三条索道的运营信息、泰山和泰山索道风景、重要工作进展及成果、重要事项公开公示等，架起了泰山索道与游客和社会各界的沟通桥梁。2022年被评为泰安市市级文明网站。

网站综合平台　随着无线网络技术的快速发展，移动终端的应用成为主流，游客获取信息的渠道向移动终端转移。为适应这种新变化，更好满足游客需求，泰山索道于2019年8月启动网站综合平台建设，由泰安紫蜂旅游信息技术有限公司承建，11月建成并通过验收、投入使用。该项目对原有官方网站进行全面改版升级，将服务器迁移至山东众志电子有限公司托管机房，新增旅游资讯、互动交流等功能模块，引入泰山景区管委会直播泰山的视频链接，使游客能在线领略泰山自然风光和历史文化。同时，开发微信端官方网站（即微官网），由平台实行统一管理、内容共享互通。信息只需要发布一次，即可同时更新到PC端和移动端，同时每个发布终端均设置不同的模块，支持不同的发布终端以适合的形式显示。

　　微信公众号　2016年10月和2018年8月，泰山索道先后注册微信服务号和订阅号，微信号"taishansuodao"。2019年10月，泰山索道微信公众号首次发布信息，此后成为泰山索道线上宣传平台，至今累计发布信息300余条。2021年2月，开通微信视频号，累计发布短视频120余条，总浏览量突破500万，总点赞量近6万。同年9月，泰山索道以微信公众号为平台，推出线上售票系统，进一步发挥了微信公众号的作用。

　　官方抖音号　2021年2月，泰山索道官方抖音号正式上线运行。2月18日，在桃花源索道管理站举行微信视频号和抖音号首发上线仪式，泰安日报社、泰安广播电视台、大众网泰安站等媒体参加。泰山索道官方抖音号通过发布短视频、慢直播等方式，发布三条索道运营信息、展示泰山索道形象，累计发布短视频300余条，粉丝量2.2万，浏览量超过1000万次，点赞量超过18万。泰山索道抖音官方账号的开通，增加了与游客互动交流的渠道，为下一步开通抖音售票平台创造了条件。受短视频拍摄、制作等专业能力限制，泰山索道微信视频号和抖音官方号上线以来，作品吸引力不够强，粉丝量增长较为缓慢，综合效应不够明显。

第七章

精神四飞扬——索道经营

　　1983年8月5日，一辆满载着30名乘客的橘红色索道车厢在锣鼓和欢呼声中驶离泰山中天门，轻盈地跨越群山峻岭，飞向2078米外的南天门，宣告一个崭新的旅游登山时代的到来。泰山中天门索道建成运营，为全国各地名山大川打开了一扇新的窗口，也为中国旅游业的迅速发展架起了一条现代化的通天之路。

　　泰山索道在40年经营管理中，以登高望远的胸怀、高瞻远瞩的大气和奋勇争先的锐气，敏锐捕捉时代进步的发展动向，勇敢站在改革开放的潮头浪尖，扎实推进社会效益和经济效益同步提升。历经多种经营体制机制调整变化，不断深化经营管理体制机制改革创新，实施规模扩张战略，抢占旅游资源高地，开展异地投资和跨界投资，不断壮大规模、增强实力，一度拥有6条客运索道，组建了国内首家大型专业化旅游集团。坚定践行以游客为中心的发展理念，大力开展旅游服务标准化建设，不断健全服务设施、规范服务程序、完善服务制度、建设服务文化，树立良好形象、打造服务品牌，为提高我国客运索道的经营管理水平和经营业绩发挥了探索、引领和示范作用。让人深切感受到，泰山索道精神飞扬四方。

第一节　经营体制及其变更

　　企业是时代的产物，必须与时俱进。同样，企业采取何种经营体制机制，也会被打上鲜明的时代烙印，深刻反映企业所处时代和当地经济社会发展大环境的特征。40年来，泰山索道的经营体制机制，随着国内改革开放形势和地方党委政府决策的变化而不断变化，经历了事业单位、股份制企业、上市公司和事业单位等多种经营体制机制形态，总体保持企业化管理运作模式。但是，从成立之初的事业单位，再从上市公司经资产重组后实行当前的事业单位运营体制，每一次的经营体制调整，并非经营体制上的兜兜转转，而是一次又一次螺旋式上升、曲折式发展的新起点，为泰山索道实现经济效益和社会效益的最大化提供了合适、有效的经营体制机制保障。

一、隶属于政府部门主管的事业单位

泰山中天门索道是我国建成运营的第一条旅游客运索道，采取怎样的运营体制，国内尚无先例。泰安地区行政公署在泰山索道筹建处基础上，组建事业单位性质的泰山索道公司经营管理泰山中天门索道。

1983年5月6日，在中天门索道即将建成、投入试运营前夕，泰安地区行政公署批准成立泰安市泰山索道公司，负责中天门索道的经营管理。虽然名为"公司"，但性质是科级事业单位，实行企业化管理，人员编制46人，隶属于泰安地区行政公署外事办公室。1987年10月，为适应泰山旅游事业的不断发展，泰安市成立旅游局，并与外事办公室合署办公，泰山索道公司隶属于市外事办公室、市旅游局。1988年10月，泰安市政府确定泰山索道公司为副县级事业单位，仍实行企业化管理，独立核算，自负盈亏。1989年4月，泰山索道公司更名为泰安市泰山索道站。1992年11月，泰安市外事办公室和市旅游局分设，泰山索道站隶属市旅游局管理。

二、企业化经营体制

20世纪90年代，随着改革开放的持续深入和经济体制改革的快速推进，以公有制为主体的多种所有制经济形式丰富多样，社会主义市场经济走上历史舞台，企业作为市场的主体地位进一步强化，经营体制改革如火如荼。泰山索道顺时代发展潮流而动，力图通过经营体制机制改革，解决发展过程中出现和面临的问题，不断提高企业活力，实现持续快速发展，在经营体制方面先后实行了中外合资、股份制改造和公开发行股票、股票上市的探索。其中，中外合资未能实现，股份制改造获得成功，泰山索道成为山东省旅游行业、国内客运索道行业第一家上市公司。

与香港企业的合资　改革开放以来，我国在坚持社会主义公有制主体地位的前提下，积极发展中外合资、中外合作和外商独资企业等所有制形式，吸引和利用外资、引进国外先进技术和经营管理理念，有力推动了我国对外开放水平和经济社会发展水平。中外合资企业能够引进外国先进技术和经营管理理念，可以享受低税率、少税种的优惠政策，同时有利于降低投资风险，提高企业国际竞争力。在这样的时代背景下，1992年，为解决建设泰山后石坞和桃花源索道的资金及技术问题，泰山索道提出中外合资，得到泰安市有关部门支持。

1992年4月，为了确保泰山后石坞、桃花源索道工程项目按期完工，保证索道设备安全、可靠、先进的性能，经多方了解，泰山索道站认为香港庄月集团公司有条件给予相应配合，且该公司董事长愿意帮助解决主要机电设备的进口货源和资金问题，并就合资建设经营后石坞索道、桃花源索道达成协议，经市旅游局向市外经委提报申请并得到同意，泰山索道站获准与香港庄月集团公司合资兴办"泰安市泰山索道有限公司"，共同建设、经营后石坞和桃花源索道项目。

1992年5月27日，后石坞索道有限公司、桃花源索道有限公司与庄月集团香港公司举行合营签字仪式。6月3日，市计委、市外经委批复同意合资经营可行性研究报告。6月9日，市外经委分别颁发中外合资企业——泰安后石坞索道有限公司和桃花源索道有限公司的批准证书，泰山索道站分别向后石坞索道有限公司和桃花源索道有限公司委派了董事长、董事和总经理、副总经理。

实际上，自双方达成合资建设经营后石坞索道和桃花源索道协议以来，香港庄月集团并未履行出资义务，也未为后石坞和桃花源索道设备进口提供帮助。因此，后石坞索道和桃花源索道的合资企业一直徒有虚名、名不副实。1995年11月，经市旅游局向市政府申请，后石坞索道和桃花源索道的合资企业营业执照被吊销，后石坞和桃花源索道仍由泰山索道公司独家经营。

股份制改造和股票上市　后石坞、桃花源两条索道建成后，泰山索道从银行贷款1亿余元，背负了沉重的债务负担，每年实现的运营收入尚不足偿还银行利息。作为独立核算、自主经营、自负盈亏的企业化管理事业单位，泰山索道为减轻债务压力、拓宽资金来源渠道，为企业持续发展提供新动力，于1993年3月启动股份制改造，1994年10月成功创立山东泰山旅游索道股份有限公司，1996年9月23日，公司股票"泰山旅游"在上海证券交易所挂牌上市，成为我国旅游行业和客运索道行业第一家上市公司。

2000年底，作为上市公司——山东泰山旅游索道股份有限公司控股股东的泰安市国资局，向山东浪潮集团旗下齐鲁软件产业有限公司有偿转让股权，使得齐鲁软件产业有限公司获得上市公司控制权，并完成向泰安市国资局出售泰山三条索道资产、向齐鲁软件产业有限公司购买相关资产的资产重组，泰山三条索道资产从上市公司中退出，与泰安市泰山旅游集团其他资产组建国有独资公司——泰安泰山旅游索道有限责任公司，至2003年11月。

三、地方政府直属事业单位

2003年11月21日，泰安市委、市政府决定调整泰山索道公司管理体制，泰山索道公司从泰山旅游集团中退出，成立泰安市泰山索道运营中心，负责经营管理泰山三条索道及相关资产，为泰安市政府直属的正县级事业单位、内部实行企业化管理。

泰山索道运营中心经费为一级财政预算，以收定支，实行收支两条线管理。2004年至2008年，泰安市政府以定额调控加逐年比例递增的方式，参与泰山索道运营收入分配。2008年12月18日，泰安市政府以征收风景名胜资源有偿使用费的方式参与索道运营收入分配，按泰山索道运营实现的总收入，扣除应交纳税金、应提取的价格调节基金及索道设备更新改造资金每年1500万元后，剩余净收益的60%计算征收。12月31日，为做大做强政府投融资平台，市国资委同意将泰山索道运营中心评估后净资产6.88亿元注入市泰山投资有限公司，泰山索道运营中心管理体制、资金管理模式和收益分配等保持不变。2013年5月20日，泰安市政府调整泰山索道收入分配体制，每年安排索道更新改造资金2000万元，专项用于泰山索道及其附属设备更新改造、其他固定资产购置和日常维修；泰山风景名胜资源有偿使用费改为净收益的70%征收。

2004年12月，泰安市委、市政府决定，泰山索道运营中心调整为由泰山景区党工委、管委会代管。2016年10月，泰山索道运营中心调整为市政府直属，党组织关系由泰山景区党工委管理调整为泰安市委市直机关工委管理。2021年4月，泰安市委、市政府明确，泰山索道运营中心为泰安市政府直属公益二类事业单位。

第二节 "泰山旅游"的资本运营

1992年10月召开的党的十四大，明确提出建立社会主义市场经济体制。泰山索道敏锐把握这一历史契机，紧紧抓住、利用改革这一有力武器，积极探索借助资本市场解决资金压力和持续发展问题，从1993年到1996年，仅用3年时间，完成从事业单位到上市公司的华丽转身，推动泰山索道驶向快速发展的高速公路，为国内旅游企业加快推进经营体制改革、构建现代企业制度、积极主动融入资本浪潮，开辟了一条崭新的道路。黄山、峨眉山等景区纷纷效仿，掀起了国家重点风景名胜区走向资本市场的热潮。

一、股份制改造

中天门索道由国家旅游总局投资。1990年动议修建泰山后石坞、桃花源索道，泰山索道需要自行投资8000万余元。当时条件下，泰山索道年运营收入尚不足1000万元，且80%需要上交地方财政。为解决资金问题，泰山索道尝试引进外资、与香港庄月集团公司合资建设经营，但后者并未实际出资，导致1993年桃花源和后石坞索道建成后，泰山索道背上了1亿余元的银行贷款，年利息超过1000万元，泰山索道面临巨大压力，迫切需要找到一个解决问题的办法。1990年深圳和上海的股票热，直接推动了股份制改革的热潮。泰山索道借此契机，闻风而动。

在各级政府支持下，泰山索道股份制改造进展顺利。1993年3月6日，泰安市政府将泰安市泰山索道站列为股份制改造试点企业。3月27日，泰安市体改委同意泰安市泰山索道站经定向募集、设立山东泰山旅游索道股份公司。1994

年1月，为推进股份制改造，泰安市泰山索道站更名为泰安市泰山索道总公司。4月15日，山东省体改委同意组建山东泰山旅游索道股份有限公司。4月24日，泰安市泰山索道总公司作为独家发起人，发布招股说明书，发行总额6800万股，其中国家持股3000万股，向社会公开募集法人股3800万股的股权证，发行价为1.28元。4月28日，泰山索道总公司在济南召开股票首发式暨包销签字仪式，山东省、泰安市领导出席仪式。4月28日~5月18日，股票发行承销商国泰证券公司济南营业部、工商银行山东省信托投资股份有限公司、中国银行信托股份有限公司山东分公司完成募集任务，共募集法人股1021.6万股。此外，按1.28：1比例向内部职工募集股份1862.6万股。同时，经湖北大信会计师事务所验证和评估并由泰安市国资局确认，泰山索道经营性资产按1.18：1比例折为国家持股共3000万股。不到1个月时间，泰山索道定向募集、发行股票取得圆满成功。

1994年10月15日，经山东省体改委批准，山东泰山旅游索道股份有限公司创立大会暨第一届股东大会召开，表决通过了公司章程，选举产生了第一届董事会和董事长、第一届监事会和监事长，聘任了董事会秘书和经理层。11月7日，由泰安市泰山索道总公司作为独家发起人，经定向募集法人股和内部职工持股改组而成的山东泰山旅游索道股份有限公司在山东省工商局注册登记，总股本为5884.2万股，其中：国家持股3000万股、法人持股1021.6万股、内部职工持股1862.6万股。

至此，泰山索道股份制改造圆满完成。这是山东省旅游企业、中国客运索道行业第一家股份有限公司。

二、"泰山旅游"股票上市

股份制改造只是泰山索道迈出的第一步，下一步，是争取公司股票上市。上市公司站在改革开放最前沿，是企业最有生命力的一种方式。只有成为规范的上市公司，才是真正跳出恶性循环、摆脱重负、解决公司长远发展问题的最好途径。但这对于成立股份有限公司时费了九牛二虎之力才达到最低股权证数量、身边强手如云并且都跃跃欲试的泰山索道来说，难度非常大。然而不到两年时间，泰山索道股票便以"泰山旅游"之名，闪亮登上了上海证券交易所的交易大牌显示屏。那两年，泰山索道人经历的是异常繁忙、异常艰难，但也异常意气飞扬的日子。

争取上市额度　1994年4月8日，泰安市国资局发文明确公司股份制改造过程中国家股股权设置有关问题。8月1日，泰安市政府将公司作为泰安市公开发行股票及上市的预选企业之一，推荐给山东省证券委和山东省体改委。

但是，泰山索道发行的股票想要上市却没有额度和指标。

20世纪90年代我国股票市场初立，股票发行方式体现了当时从计划经济向市场经济转型的时代特征，实行"总量控制""额度管理"的审批制。比如全国一年一共发行300亿元股票，那么这个300亿元"大蛋糕"由全部争取上市的企业共享分摊。起初，国家并没有将额度分派给各省区、各部委，之后由于出现了地区之间的不平衡，因此采用了给各省、各国家部委发放上市额度的办法，由各省、各国家部委分配。股票发行审批制下，没有"条条"（主管部门）或者"块块"（地方政府）的批准，企业就没有上市的额度、指标，无法进入上市程序。山东省作为经济大省，要求上市的企业很多，上市额度非常紧张，并且当时山东省股票上市额度的分配，倾向于工业企业，分配给旅游企业的上市额度非常少，竞争异常激烈。

一筹莫展之际，获悉国家旅游局有1995年的上市额度。公司立即向山东省旅游局和泰安市政府汇报，山东省旅游局和泰安市政府高度重视、大力支持，多次向国家旅游局报告情况、提出上市请求。1995年7月，公司分别向山东省证券管理委员会、国家旅游局提出使用国家旅游局1995年度上市额度发行股票、上市的申请。

国家旅游局非常支持泰山索道股票上市。中天门索道由国家旅游总局全额投资建设，其服务质量、经营业绩得到国家旅游局充分肯定。1995年10月10日，国家旅游局向中国证监会致函，推荐泰山索道上市。10月16日，山东省证券管理委员会致函国家旅游局表示，如国家旅游局推荐泰山索道为国家旅游局第一家上市企业并给予一定上市规模，山东省将适当配给一定规模，使公司尽快上市。10月23日，国家旅游局再次致函中国证监会，将泰山索道列为国家旅游局首家推荐上市企业。10月29日，国家旅游局批准泰山索道为国家旅游局挂靠企业，由国家旅游局实行间接管理和行业管理，解决了地方旅游企业使用国家旅游局上市额度的名义问题。

1995年11月30日，公司一届三次股东大会通过了公司章程修改议案，作出公司由定向募集公司转为社会公众公司、向社会公开发行股票并在证券交易所上市的决议。1996年2月，山东省证券管理委员会通过公司股权设置方案和上市申请初审。3月4日，山东省计委、证券委同意公司使用山东省1995年度股票发行额度622万元。3月14日，国家旅游局同意公司使用国家计委、国务院证券委安排给国家旅游局的1995年度股票发行计划指标1100万元。至此，公司拥有山东省和国家旅游共计1722万元的上市额度，达到公开发行股票并上市交易的标准，上市额度问题圆满解决。

公开发行股票、股票挂牌上市　1996年3月29日，公司获得山东省政府下发的山东省股份有限公司批准证书。4月1日，上海证券交易所向公司出具《上市承诺书》，获得公司股票在该所上市挂牌交易的承诺。5月15日，国家旅游局对公司发行股票的有关申请进行初审，认为"符合国家有关法律政策要求，同意上报中国证监会复审"。8月6日，中国证监会审核通过公司股票发行方案，同意公司使用国家旅游局和山东省1995年度股票发行额度共计1722万元。在此发行额度内，公司向社会公众增资发行A股1000万股，每股面值人民币1.00元，采用溢价发行，每股发行价5.6元。另722万元的额度用来解决原定向募集的内部职工持股上市。8月9日，公司发布《招股说明书》，君合律师事务所签署法律意见书。20～22日，以国泰证券有限公司为主承销商（上市推荐人）、南方证券有限公司为副主承销商、海通证券为分承销商的承销团采用余额包销的方式，采取"全额预缴、比例配售、余额即退"的发行方式，公开向社会新发行A股1000万股并获得圆满成功。本次发行后，公司总股本为6884.2万股，股本结构为：国家持股3000万股，占总股本的43.58%；法人持股1021.6万股，占总股本的14.84%；社会公众持股（A股）1722万股，占总股本的25.01%；内部职工持股1140.6万股，占总股本的16.57%。扣除发行费用后，本次发行股票募集资金5200万元。9月16日，公司发布《上市公告书》。9月23日，经上海证券交易所审核同意，公司股票在上海证券交易所正式挂牌上市交易，股票简称"泰山旅游"，股票代码：600756。

泰山索道成为国家旅游局首家推荐上市企业，也是我国客运索道行业第一家上市公司。

股票上市的意义　"泰山旅游"股票的成功发行和上市交易，是全国旅游业和索道业的一次觉醒，在中国旅游发展史、中国客运索道发展史和泰山索道企业发展史上具有重大意义。"泰山旅游"的诞生，第一次使得象征着古老文明、积淀着厚重民族文化底蕴的泰山，昂首走进了社会主义市场经济的最前沿，阔步前进在现代文明的最前列，进一步提升了泰山和泰安的知名度，较大程度上改善和提升了受损的泰山形象，为国内其他风景名胜区和索道企业提供了新的发展思路。

泰山索道股票上市，对泰山索道自身发展起到极大作用。一方面，泰山索道拥有充足的募集资金，不仅银行债务迅速还清、资金问题得到有效解决，也为进一步扩大规模创造了良好条件。另一方面，泰山索道按照上市公司规范要求，建立健全了现代企业制度，泰山索道人树立起了强烈的市场竞争意识，企业经营管理更加科学、规范和高效，企业发展驶向快车道，充满勃勃生机和强大动力。1996年评为泰安市十大经济支柱企业，1997年运营收入超过5000万元，1999年运营收入近7000万元、纯利润高达3000万元。此外，泰山索道股票上市，也为泰山索道在做大做强索道产业基础上，构建以索道为龙头的旅游大格局作了极好铺垫，泰山索道股票名称就是最好例证。泰山索道上市交易的股票名称是"泰山旅游"而非"泰山索道"，这不是疏忽，而是一种前瞻的思考，是一种更高层次的眼光和境界。索道只是旅游的一部分，泰山索道在思考如何构建以索道为龙头的泰山大旅游的现代化新格局。

三、资产重组

2000年底、2001年初，在政府主导下，泰山旅游索道股份有限公司与浪潮集团旗下上市公司浪潮电子信息股份有限公司的子公司——齐鲁软件产业股份有限公司完成资产重组，泰安市国资局向齐鲁软件产业股份有限公司转让部分国有股、出让上市公司控股权，上市公司向泰安市国资局出售泰山三条索道资产、向齐鲁软件产业股份有限公司购买相关资产，齐鲁软件产业股份有限公司成为上市公司控股股东，泰山三条索道退出上市公司，泰山索道退出上市公司行列，成为国有独资企业。

泰山索道股票上市后，其最主要的融资功能并未得到充分发挥，对地方经济社会的贡献仅停留在企业自身规模壮大所产生的税收增加等微弱优势。加之当时相关部门对上市公司功能作用的认识较为局限，泰山索道实施的走出本土到异地投资建设的发展战略，被认为是拿着泰安的钱为外地做贡献，引起比较大的非议。地方政府需要泰山索道对当地经济社会的贡献最大化，并提出跨行业并购白酒、造纸等企业的方案，因不符合其发展战略而未能付诸实施。此外，进入新世纪后，电子化、数字化、信息化等新经济形态迅速进入新赛道，成为资本市场乃至整个经济社会领域的新宠儿，一方面吸引众多传统企业向数字化、信息化转型，另一方面这些新经济形态也迫切需要通过资本市场实现更大发展，多方寻求上市资源。在经济社会大环境、泰安小环境、泰山索道自身原因等多种因素联合作用下，地方政府做出对泰山索道进行资产重组的决策。

齐鲁软件股份有限公司是山东浪潮集团旗下上市公司浪潮电子信息产业股份有限公司于2000年5月注册成立的控股子公司。相关资料显示，齐鲁软件股份有限公司是山东浪潮集团整合内部软件资源组建成立办公自动化研究所、系统集成事业部，购并整合外部社会力量组建通信事业部和金融事业部而成立的高新技术软件开发企业。

泰山索道是国内规模最大的旅游客运索道运营企业，拥有6条大型旅游客运索道。营收和盈利较为稳定，现金流状况较好，资产负债率不高，毛利率、净资产收益率等财务指标比较健康。同时，公司资产规模不大，总股本较小，是资本市场上质量非常高的收购标的。如此优质的资源，当然受到浪潮集团欢迎。双方一拍即合。

相关资料显示，浪潮集团向泰安市政府承诺，资产重组完成后，浪潮集团将在泰安建设软件信息工业园，把泰安打造为浪潮集团的软件基地，5年内销售收入突破500亿元。

整个资产重组，从信息公开到重组结束，历时仅两个多月。资产重组的主要内容是，泰安市国资局向齐鲁软件有偿转让部分国有股、转让对上市公司的控股权，即泰安国资局向齐鲁软件"卖壳"。齐鲁软件"买壳"成功后，成为上市公司第一大股东和实际控制人，向泰安市国资局出售泰山三条索道资产，向齐鲁软件购买相关资产，实现泰山三条索道资产退出上市公司、齐鲁软件相关资产进入上市公司。

2000年12月16日，泰安市国有资产管理局与山东齐鲁软件产业有限公司签署《股权转让协议书》，拟向齐鲁软件出让3282万股国家股股份，占公司总股本的29.8%。每股转让价格为人民币4元。股权支付方式为现金或由泰安市国有资产管理局认可的齐鲁软件拥有的资产或债权。12月17日，公司召开第二届董事会十次会议、第二届监事会第七次会议，审议通过了公司向山东省泰安市国有资产管理局出售公司所拥有的泰山中天门、桃花源、后石坞三条大型客运索道的相关资产及相关负债，并向山东齐鲁软件产业有限公司购买通信事业部和系统集成事业部的全部经营性资产的议案。

　　2001年1月19日，公司召开2001年第一次临时股东大会。出席本次会议的股东（或股东代理人）共14人，代表公司股份65673746股，占公司总股本的59.62%。公司董事、监事参加会议。会议以投票表决的方式审议通过了如下事项：审议通过了关于资产重组的方案：同意公司向泰安市国有资产管理局出售泰山中天门、桃花源、后石坞三条索道的相关资产及负债，同时向山东齐鲁软件产业有限公司购买其通信事业部和系统集成事业部的全部经营性软件资产。同意公司出售索道资产的交易价格为20687.66万元，公司购买软件资产的交易价格为14708.25万元。同意票为17664594股，占出席会议有效表决票的99.94%（泰安市国有资产管理局作为关联股东予以回避），反对票为2976股，弃权票为6176股。审议通过了关于修改公司章程的议案（表决结果同上）；同意对公司章程第四条（公司注册名称）、第十三条（公司经营范围）和第九十三条（董事会组成）进行修改（表决结果同上）；审议通过了关于变更公司名称、股票简称的议案（表决结果同上）；审议通过了关于改组公司董事会的提案（表决结果同上）；审议通过了改组公司监事会的提案（表决结果同上）。同日，公司召开第二届董事会第十一次会议、第二届监事会第八次会议，选举产生新的董事会和监事会。

　　2月19日，公司发布公告称，公司名称由"山东泰山旅游索道股份有限公司"更名为"山东浪潮齐鲁软件产业有限公司"，股票简称由"泰山旅游"更名为"齐鲁软件"，股票代码不变。

　　至此，本次资产重组顺利完成，泰山中天门、桃花源、后石坞三条索道从上市公司中退出，由后成立的泰安泰山旅游索道有限责任公司经营，泰山以外的云南西双版纳野象谷索道、山东邹城峄山索道和河南嵩山少林索道三条索道留在上市公司。

　　从1993年初开始股份制改造，到1996年股票上市，再到2001年初重组退市，泰山索道始终处于我国经济体制改革的最前沿，不断接受和实施最先进的企业管理理念，持续深化劳动、人事和分配三项机制改革，健全完善了一整套现代企业制度，形成了一整套规范化、民主化和科学化的现代企业治理体系，强化了市场意识和竞争意识以及由此催生的敢于探索、勇于创新、永争第一、甘于奉献等先进企业文化，为泰山索道此后20余年的发展，积累了很多优秀的禀赋。

只是后来的发展，因种种原因而事与愿违，出现一个遗憾的结局，成为无以言说的疼痛。

第三节　内外发展战略

20世纪90年代以来，全国的客运索道以每年20多条的速度迅速增长，在旅游观光等方面发挥着越来越大的作用，行业竞争日趋激烈。为了开拓更广阔的市场，泰山索道放眼全国，提出"依托泰山，走出泰山，抢占旅游资源"的战略规划，明确以泰山为大本营，辐射出去控制资源，尽可能多、尽可能快地抢占国内旅游市场，真正成为全国旅游索道行业龙头企业的发展方向和奋斗目标，并提出到2000年建成运营10条现代化客运索道的发展目标。同时，泰安市政府积极发挥泰山索道作为上市公司的龙头作用，整合泰安旅游系统内宾馆饭店、旅游汽车运输、旅行社和旅游商品等市场资源，组建泰安市泰山旅游集团，将国有资产授权给泰山旅游集团经营，形成了以泰山索道为龙头、涵盖"吃、住、行、游、购、娱"于一体的大型专业化旅游集团。泰山索道基本形成了对外放眼全国投资建设索道、壮大主业规模实力，对内立足泰山经营当地旅游资源、构建泰山大旅游的双轮驱动发展格局。

一、异地投资建设索道

经过十多年的运营，泰山索道积累了丰富的客运索道经营管理经验，管理维护泰山三条索道已是绰绰有余。同时，股票的成功发行和上市，为扩大规模提供了充足的资金保障。更为重要的是，作为上市公司，泰山索道必须有更为稳健、更可持续的利润增长点，以确保公司基本面的稳定，为融资创造条件。仅凭泰山三条索道，很难实现大的突破。另一方面，泰山索道此前一直从事客运索道，并未涉足其他领域，对其他行业根本不熟悉。加之客运索道本身具有投资小、见效快、效益持续稳定等其他行业所不可比拟的优势，投资风险小、回报高。因此，泰山索道把规模扩张的重心放在自身熟悉的领域，提出抢占全国名山大川旅游资源高地、建设客运索道的战略规划。

然而，1997年和1998年并不是对外投资的最佳时机。彼时，香港股市、楼市崩溃，亚洲金融风暴波及拉美和俄罗斯，大有蔓延全球之势；国内金融市场也极不稳定，自然灾害深重，中信的广国投破产，长江发生特大洪涝灾害，黄河罕见出现历史性断流……可以说，国际、国内各方面形势都没有为泰山索道寻求发展和突破提供良好的氛围和环境。但是，泰山索道有底气，中华泰山、国泰民安，泰山旅游并未受到太大影响，泰山三条索道营收依然稳健，为对外扩张创造着稳定的现金流。同时，泰山索道深知，越是经济低迷困难、别人不敢投资的时期，越是主动出击、先发制人的最好时机。于是，他们知难而进、逆流而上，先后在云南西双版纳野象谷、山东邹城峄山和河南嵩山投资建成三条索道，与所在景区实行索道运营收入二八分成（即景区收取索道运营收入的20%）的模式。

至2000年，泰山索道拥有6条大型现代化旅游客运索道，一跃成为国内拥有索道数量最多、规模最大的索道运营企业。

虽然短时间在异地建成运营3条索道，但是其中却充满艰辛和坎坷。各地经济社会环境存在较大差异，有的地方有人捷足先登，有的地方思想观念较为陈旧、审批较为复杂，有的地方投资环境不够好、各种中梗阻，但是泰山索道人以务实高效、合作共赢和诚实守信等良好作风，逐渐赢得所在地方信赖，泰山索道人所表现出来的能吃苦、讲信用、重感情等良好形象，赢得广泛好评。

在这轮异地投资前，泰山索道于1995年底成立了泰山索道工程安装有限公司，从事索道安装、维修、调试和设备供给等业务，为在外地投资建设索道做施工安装队伍准备。后该公司未实质运营。同时，泰山索道充分利用始于1998年我国高等院校毕业生取消国家分配、实行自主择业的政策，从国内高校毕业生中招聘近20名大学毕业生，为实施规模扩张战略做人才储备。泰山索道考察组先后对四川峨眉山、云南西双版纳野象谷热带雨林景区、海南五指山、河南嵩山少林寺、山东邹城峄山索道等地进行深入调研考察，并建成了云南野象谷、邹城峄山及河南嵩山三条索道。除建成三条客运索道外，还低价购买了两条旧索道设备。

异地3条客运索道的建成，有效改善了所在景区旅游服务环境、提高了景区知名度，迅速实现了良好的社会效益和经济效益。1998年5月8日正式投入对外运营的云南西双版纳野象谷索道，当年运营游客近4万人次。山东邹城峄山索道2000年营收超过100万元。目前，这3条索道由浪潮软件旗下山东成泰索道发展有限公司管理运营。

泰山索道走出泰山、领先一步到国内名山大川开发旅游资源、建设客运索道、发展旅游事业，在泰山索道发展历史上具有重要战略意义，也为国内其他客运索道走出本土、抢占资源发挥了示范引领作用，武汉三特、陕西骏景先后在国内抢占旅游资源，建设运营或托管运营多条索道，一定程度上加快了客运索道在我国的发展速度。旅游资源，尤其是优质旅游资源，数量有限、不可再生，谁能抢先占领，谁就占据发展的战略高地，在业内拥有更大的发展。泰山索道作为上市公司，既有对外扩张的能力，也有对外扩张的内在需求。泰山索道作为国内综合实力最强的索道运营管理领军者，到全国各地开发建设索道，为当地带来先进的索道技术设备管理经验，大大延伸了旅游产业链，增加了就业岗位，创造了较好的经济效益、社会效益和环境效益，也为当地打开了一扇了解外部世界的窗口，加快了当地的对外开放水平，提升了当地旅游形象，同时也扩大了泰山、泰山索道的知名度。泰山索道走出泰山、异地投资建设索道的战略，虽因资产重组而戛然而止，但这种探索是成功的，3次投资也都是成功的。浪潮软件虽然主业是信息服务产业，但时至今日，仍未放弃，持续经营这3条索道。

二、本土集团化发展

泰山索道双轮驱动战略的另一端，就是依托泰安市政府授权经营的泰山旅游集团，立足泰山、泰安，统筹泰安本土旅游资源，向大泰山、大旅游、大市场、大产业进军。1997年12月，泰安市政府整合吸收原市旅游局和泰山管委所属事业单位泰山宾馆、神憩宾馆、泰山中国国际旅行社、旅游汽车公司、旅游客运公司以及泰山旅游实业总公司6家单位资产，以上市公司——山东泰山旅游索道股份有限公司为核心，组建成立泰安市泰山旅游集团有限责任公司，是当时泰安市政府授权经营国有资产、实行政企分开的四个企业集团之一。1998年1月，泰安市政府同意泰山旅游集团国有资产授权经营和建立现代企业制度试点方案。

　　泰安市政府整合组建泰山旅游集团，主要目的是充分发挥泰山索道作为上市公司先进的管理理念和充足的资金优势，构建以索道运营为核心，集"吃、住、行、游、购、娱"于一体的旅游产业链，形成全方位、专业化的旅游服务体系，增强市场竞争力，提高泰山旅游产业整体发展水平。更为主要的是，当时历史条件下，这6家单位作为原泰安市旅游系统和泰山管委下属的事业单位，一度在泰安旅游系统举足轻重，曾经为泰安旅游事业发展做出重要贡献。如：泰山宾馆地理位置优越，是泰安最早的三星级涉外宾馆；神憩宾馆是岱顶唯一一家三星级宾馆。但是在市场经济浪潮冲击下，由于体制机制落后，导致管理无方、经营不善，加之缺少资金的投入，设施陈旧老化，资金短缺、经营困难，日渐被市场经济所淘汰，大多濒临破产甚至已经破产，单位内部矛盾重重、人心涣散，干部职工下岗上访。地方政府认为，泰山索道也曾是隶属于泰安市旅游局的事业单位，经济效益稳定而且已是上市公司，有责任、有义务帮助政府纾难解困。

　　泰山索道以强烈的历史担当，接下了这个难题。与浪潮集团完成资产重组、退出上市公司后，泰安市政府对泰山旅游集团进行了产权制度改革，泰山索道通过规范运营机制、明晰产权制度、强化内部管理等措施，使得泰山旅游集团真正成为以泰山索道为母公司、以资产为纽带的母子公司体制，泰山宾馆等各子公司经营管理水平和经济效益显著提升，泰山旅游集团在泰安市旅游行业的龙头地位逐渐清晰起来。

　　泰山索道投资2000万余元，对泰山宾馆进行了基础设施完善和改造，有效扩大了经营面积、提高了经营档次，使这家泰安市最早的三星级宾馆重现辉煌，成为当时最火爆的宾馆饭店；投资1000万余元，为客运车队和汽车公司购置了新的运营车辆，成为行走在泰山与泰城之间的生动广告；投资500万余元，支持泰山旅游实业公司转型，深入挖掘泰山女儿茶文化，建设女儿茶生产基地，成功开发出质量上乘、包装精美的泰山女儿茶，迅速成为泰山旅游纪念品中的尊品。同时，建成泰山女儿茶苑，成为泰安市最高端的餐饮品牌，引领泰城餐饮的风向，一度一座难求；出资300余万元，支持泰山中国国际旅行社赴海外进行宣传促销，有效提高了泰山及泰山旅游集团在海外的知名度。短短几年之内，泰山旅游集团各子公司纷纷摆脱困境，走上了自我积累、自我发展的良性循环，一个以泰山索道为龙头，涵盖吃、住、行、游、购、娱旅游全要素的泰山旅游集团，以"旅游使人年轻"的全新旅游概念，成为泰安旅游发展的新时尚，泰山索道也组建了中天门索道、桃花源索道、后石坞索道等3个分公司和索道宾馆、天路旅游商贸、天路旅行社等3个分支机构。

第四节　内部经营机制

从体制和所有权的角度，不管是实行企业化管理的事业单位，还是规范运作的上市公司，更不用说是国有企业，泰山索道资产属国家所有、经营所得依赖于泰山，实行什么样的经营管理体制，必须由地方政府根据当地经济社会发展实际情况充分考虑地方政府权益做出安排和决定。因此，地方政府对泰山索道管理体制的历次调整，泰山索道都坚决服从和执行，并在确保安全前提下，积极探索符合当时历史条件和社会经济发展水平的内部经营机制，调动增加运营收入，提高服务质量的积极性、主动性和创造性，为推动经济效益和社会效益的持续提升创造了运行高效的内部经营机制，也为后来建成运营的索道提供了可资借鉴的模式。

一、内部运营管理机构

1983年建成的中天门客运索道，在国内还是新生事物，经营管理既没有现成的标准规范，也没有可以借鉴的管理经验。公司刚成立时，参考日本有关索道的机构编制情况，结合中国国情和泰山索道实际情况，设置运转科，主要负责索道日常运营服务。经过1984年、1988年两次改革，设置运营科和企管科负责运营管理，其中运营科负责索道运营管理，企管科负责制定经营计划、票务管理制度和运营情况统计等。1993年后石坞和桃花源索道建成运营后，泰山索道运营三条索道，并启动股份制改造，成立泰山索道总公司，改制设立股份有限公司，实行总公司—分公司的层级管理模式，三条索道为分公司。股份公司即总公司，设企业管理部，负责制定并实施企业发展规划和发展战略，负责制定并执行年度经营计划、内部运营管理制度，负责宣传营销和企业文化建设，负责服务质量建设。新建索道设立筹建处，负责筹建各项工作。筹建完成转入运营后，成立索道分公司，各索道分公司内设运营科，具体负责每条索道的售票、检票、站台服务等日常经营。2003年底泰山索道运营中心成立后，内设运营管理处，除承担原企业管理部相关职责外，新增信息化建设和管理、服务标准化建设和商标建设管理等职能，各索道为索道管理站、内设运营科，职责不变。2021年4月，泰山索道运营中心完成事业单位改革，内设机构名称由"处"调整为"部"，运营管理处更名调整为运营管理部，职责职能不变。索道管理站内设科室名称及职责不变。2021年9月，运营管理部内部设立客服中心，主要负责处理游客咨询、诉求、投诉等。

二、内部运营考核机制

企业内部运营考核机制，发挥着制定并实施年度经营计划、考核年度经营业绩完成情况以及实施相应的奖惩等作用。有效的内部运营考核机制，有利于在企业内部形成良好的竞争，最大限度调度工作积极性、主动性和创造性。泰山索道的40年，无论管理体制如何调整，运营机制始终是自主经营、独立核算、自负盈亏的企业运作模式。1987年开始，泰山索道打破大锅饭机制，开始探索实行内部运营考核，每年制定经营计划，包括运营收入计划、非生产耗电指标计划以及办公经费支出计划，类似于目前的年度预算。然后将各项控制指标分解到各个班次，每个班次将运营收入计划再分解到每个月。有的年份实行半年考核、有的年份实行年度考核，运营收入、服务质量、节能降耗等指标均纳入考核体系，考核结果与个人收入挂钩，各班次之间你追我赶、良性竞争。这种内部运营考核机制，也类似于当时工业企业实行的承包经营制。1996年泰山索道上市后，按照上市公司要求实行内部经营考核，定期公开经营业绩。2004年改制成泰山索道运营中心后，泰山索道经费为一级财政预算，泰山索道运营中心每年根据费用支出情况制定运营收入计划。2013年后，泰山索道与泰安市财政先后实行"四六""三七"分成的收入分配模式，即泰山索道运营收入全额上缴财政，扣除相关费用后剩余部分由市财政与泰山索道按6∶4或者7∶3比例分成，极大激发了泰山索道增收创收的动力，泰山索道采取多种有效措施，索道运营收入大幅增长。

内部承包经营制调动了各索道站增加收入的积极性，各自采取了多种有效的主营促销措施，开展多种副业经营，利用索道站空闲空间，开辟如照相、快餐等多种经营。尤其是后石坞索道，人人争当促销员，广泛开展多种经营。后来，索道站空闲区域的经营网点，由各索道站自行对外承包，所得费用由各索道站用作办公经费。2004年至2020年，这部分对外承包经费一并纳入泰山索道运营收入、上缴市财政，泰山索道停止内部经营网点对外承包。2021年，市财政调整政策，这部分承包费用由泰山索道自行支配，泰山索道再次启动各索道站经营网点对外承包，采用公开竞标方式，价高者得，各承包网点的经营、安全、服务和人员由所在索道站管理，承包费用由泰山索道运营中心统一支配。

三、工作运营班次

索道运营是一项非常辛苦的工作。泰山索道位于泰山，特别是位于岱顶的索道站，自然环境恶劣，夏天潮湿、冬天寒冷，站台岗处于风口，常年阴冷。加上泰山索道客流大，运营服务工作时间长、强度大。20世纪80年代，针对索道战线长、人员分散、运营时间长、高山室外作业工作环境艰苦等特点，泰山索道逐渐摸索实行了适应索道管理的一班制工作和两班制工作并行的工作制度，两班制即将全部人员分为两组，再将每组人员分成上站（南天门站）和下站（中天门站）两个班次，每个班次在山上连续工作2天（48小时）、在山下2天，既能保证职工必要的休息时间，又能使索道保证每天十几个小时的正常运营。此后，由于冬季（每年11月份至次年2月份）游客较少，山上水资源较为紧缺，泰山索道探索实行冬季三班倒工作班次，每个班次在山上工作2天、在山下4天。同时，利用冬季旅游淡季，开展冬季集中培训和设备检修维护，冬季集中培训包括思想政治教育、职业技能培训等，为提高干部职工思想政治素质和专业技术水平发挥了非常重要的作用。泰山索道运营工作班次安排模式和冬季集中培训的做法，为后续建成的国内索道广泛借鉴并延续至今。2013年后，由于冬季气温低，高空野外作业不利于人员安全、不能确保设备检修维护作业质量，泰山索道不再利用冬季旅游淡季进行设备检修维护，一般在6月份相对淡季、国庆节过后、冬季来临前，对外暂停运营，集中开展设备检修维护，停运检修时间一般为5～7天。

2000年改造前，为满足游客需求，中天门索道24小时对外运营，安排有小夜班。桃花源、后石坞索道只白天运营。2000年后，中天门索道晚上不再对外运营。2013年前，泰山索道对外运营时间相对固定，执行社会上通行的作息时间。2013年后，泰山索道为满足游客需求、增加运营收入，执行弹性运营时间，即根据不同的季节日出日落时间调整运营时间，并根据客流变化情况在对外公布的运营时间基础上提前开车运营、延迟停运，既方便了游客，又能及时对岱顶分流减压。

泰山是一座信仰神山，每年春节期间会有大量香客进山。泰山索道每年都安排干部职工腊月三十上山，以保证春节期间的安全有序运营。1999年，国务院出台新的法定休假制度后，刺激形成蓬勃发展的假日旅游经济，节假日来泰山旅游人数激增。泰山索道在"五一"劳动节、"十一"国庆节和春节期间，组织机关人员到山上加班。2012年开始，机关人员除各类法定节假日上山加班之外，每年3月至11月的每个周六、周日也到中天门索道站加班，全力应对客流高峰。

四、索道票价制定

计划经济时代，我国经济实力较弱、规模不大，社会主义建设需要从国外大量引进先进设备和技术，对外汇的需求比较大。从国内总体经济发展形势出发，国家将旅游行业作为赚取外汇的重要产业，对旅游价格的规制管控以创汇为导向，直接动力来源于旅游产品供给的严重不足和对建设资金的需求。为了实现外汇的积累，国家大力发展入境旅游，各省市物价局和旅游局根据地区旅游资源、接待条件和客源情况，按照国家物价局和国家旅游局制定旅游价格的具体原则和作价办法，制定本地区旅游价格规制体系。旅游价格区分外宾和内宾，实行甲、乙票价双轨制。[①]进入市场经济时代后，外宾和内宾旅游价格双轨制逐步取消。

泰山索道票价由山东省物价部门管理，被列入《山东省定价目录》。1983年8月，泰山中天门索道投入运营后，索道票价同样实行国内外游客票价双轨制，国内游客票价为每人单程2元，往返3.5元；国外游客为每人单程5元，往返9元。1986年1月1日至1991年3月31日，泰山索道新票价在区分内宾、外宾的同时，还另外区分了华侨、港澳台同胞和外籍华人，其票价是每人单程5.5元、往返11元，外国游客每人单程7.5元、往返15元。1991年4月1日起，泰山索道票价恢复只区分国内游客和国外游客，至1993年3月31日期间，国外游客票价为上行每人15元、下行每人12元。1993年4月1日至1998年5月9日，国外游客单程每人25元、往返每人50元。1998年5月10日起至今，泰山索道票价不再区分内宾和外宾，中外游客票价相同。

泰山索道票价是影响运营收入的重要因素。泰山索道按照小步快走的原则，坚持根据不同时期经济社会发展水平，紧密结合运营成本，严格按照程序提出调整票价申请。1983年8月5日至1999年4月1日，中天门索道票价历经7次调整，票价由最初的单程每人2元、往返3.5元提高到单程25元、往返50元。桃花源索道1993年11月运营后至1998年5月9日，票价略低于中天门索道。1998年5月10日至今，桃花源索道票价与中天门索道保持一致。从1999年4月1日至2007年底，中天门、桃花源索道8年未进行票价调整。

2008年1月1日至2013年1月31日，中天门、桃花源索道实行单程每人80元、往返每人140元的新票价。由于往返票价与2个单程票价之间存在20元差价，为部分不法分子提供了套利空间。他们大量购买往返票，然后向游客出售单程票牟取利益，当天运营结束后如往返票尚未销售完毕，便在窗口退票，严重扰乱了泰山索道正常经营秩序。特别是客流高峰时期遇大风、雷电等特殊天气停运时，售票窗口挤满了退票的人。原本让利于游客的票价政策，成了不法分子牟取不当利益的空子。2013年2月1日起，泰山索道取消往返票票种，只出售单程票。

---

① 陈卫华：《我国旅游价格规制模式演变与制度创新》，《合作经济与科技》2010年第09期。

图7-1　历年泰山索道票样

　　后石坞索道1993年8月底投入运营后,票价为单程每人15元、往返30元。1998年5月10至今,一直延续单程每人20元、往返40元的票价。

　　泰山索道通过多种形式的票价优惠政策让利于导游和游客。

　　泰山索道一直对带团导游给予免费。2013年4月起,启用"泰山索道导游专用卡",索道站售票窗口不再为导游人员打印导游票(免费),省内随团导游出示"导游专用卡"经审验后免费通行,省外导游到各索道站办理免费乘坐手续。

　　泰山索道对旅游团队实行优惠。2012年5月前,中天门、桃花源索道对旅游团队实行20免1优惠政策。2012年5月后,为引导游客向桃花源索道线路分流,泰山索道取消中天门索道20免1团队优惠政策,桃花源索道旅游团队优惠幅度由20免1调整为10免1。

　　泰山索道对身高1.2米以下儿童实行免费乘坐政策,超过1.2米的儿童实行全票。

　　泰山索道对60岁及以上老年人实行半价优待。2021年1月1日起,泰山三条索道对年满60岁的老年人实行半价优待,60岁及以上老年人,持有效身份证件原件到窗口购买索道票,可享受半价优待。

　　泰山索道对导游实行免费、对60岁及以上老年人半价优待政策，都存在过冒用导游证、冒用老年人身份证的问题。泰山索道采取掌纹识别、人脸识别等多种技防、人防措施，尽可能减少堵漏。

第五节　运营管理创新

　　理念是行动的先导和指引。泰山索道良好的经济效益，得益于经营管理理念、经营管理措施的持续创新，得益于经营管理制度和基础服务设施的持续完善，得益于服务质量和游客满意度的持续提升。40年来，泰山索道精耕细作、用心创造，以提高索道运营收入为目标，以提高游客满意度为核心，以服务流程再造为切入点，不断创新运营服务新举措、新标准，持续优化运营服务流程、强化内部运营管理，持续打造泰山索道服务文化和服务品牌，取得显著经济效益和社会效益，为泰安地方财政做出重要贡献，荣获多项国家级和省市级表彰。

一、理念创新

　　"效益为本"理念　1983年8月泰山索道建成运营即鲜明提出"安全为天、效益为本"理念，明确把安全和效益作为泰山索道的两个终极追求目标，在经营管理方面陆续出台相关制度，初步建立起了票务管理和服务质量的管理制度，主要包括《运营科交接班制度》《关于乘坐索道游览的暂行规定》《乘坐索道车的规定》。1988年4月发布《泰山索道公司运营规则》，包括日常运营管理、票证管理、文明服务等共计42项，并出台了《站务日志》《运营成绩报表》《文明公约》等运营管理制度。1989年初形成《企业管理规章制度》（汇编），分运营管理规则等9大部分。4月，制定出台"十个不准""五个坚持"。"十个不准"包括不准带客人无票乘车、不准与游客争吵等运营服务要求。20世纪90年代中期后，泰山索道紧紧围绕经济效益和社会效益，突出票务管理和服务质量，持续对运营管理制度进行补充、修订和完善，充分体现了"效益为本"的运营管理理念。

"四化"管理理念　2004年，泰山索道提出以"决策管理科学化、设备管理航空化、队伍管理军事化、服务管理民航化"为主要内容的"四化"管理理念，全面对标民航服务，运营管理的重点由以票务管理为主、服务管理为辅，转变为票务管理和服务管理并重，加强了服务管理方面的制度建设，补充完善了服务人员职业道德规范、服务程序与规范、服务安全管理、服务用语规范、服务卫生工作标准、广播管理规范、特殊服务规范、服务品牌管理制度、服务设施管理制度、服务信息展示制度、客户回访制度、服务质量评估办法、投诉处置程序等一系列服务管理制度。

"标准化"管理理念　2012年，泰山索道提出"标准化"管理理念，开始探索索道运营服务标准化建设，以实现服务流程优化再造，健全完善服务基础设施，推动游客满意度提升。2013年2月，泰山索道完成安全服务标准体系文本编制，中国索道协会以此为蓝本，组织编制国内客运索道企业安全服务质量等级评定标准，在国内客运索道行业广泛开展安全生产标准化和服务质量等级评定。2013年6月，泰山索道承担泰安市创建全国旅游服务综合示范市中的部分任务。2015年12月，经专家评审，泰山索道成为省级服务标准化试点单位，2017年12月被评为山东省服务标准化示范单位。2017年底，经国标委批准，开展国家级服务业标准化试点，2019年底通过专家评审验收，国家标准化管理委员会于2020年6月发文公布。2022年，通过省级标准化示范项目验收，山东省市场监督管理局于2022年12月31日发文公布。在游客满意度提升方面，2012年起，泰山索道深入实施旅游满意度提升工程，与山东旅游职业学院和泰山学院合作，定期开展服务礼仪培训，与泰安市武警支队合作开展军训，与冬训融合。2012年11月19日，2012度冬训（军训）在泰安市武警支队教导大队举行开训仪式，176名职工分三批完成了本年度冬训任务，是泰山索道历史上规模最大的一次集中培训。2013年1月5日，在全市"好客泰山人，满意在泰安——十大服务明星"评选活动中，中天门索道站检票员李胜利当选。在中天门索道上、下站和桃花源索道上站建成游客候车长廊，为游客创造了良好的候车环境。

"三大提升"管理理念　2019年3月，泰山索道广泛开展"对标提升"，全面对标山东航空集团公司，从党的建设、技术安全、运营服务、素质能力、硬件设施和企业文化6个方面，查摆工作不足和差距，制定全面提升措施，2020

年形成管理、能力、效益"三大提升"理念，深入推进党建、安全、服务"三大品牌"建设，持续打造"党旗红·强基层·平安行"的党建品牌、"泰山索道 平安相伴"的安全品牌和"阳光服务 绿色通道"服务品牌。每年组织开展增收创收和节能降耗专项行动，努力提高索道运营收入。广泛开展"我为群众办实事"，坚持"以游客为中心，把游客当亲人"，制定出台"首问负责制"，成立客服中心，泰山索道运营服务流程优化提升被评为全省质量改进优秀成果，"阳光服务 绿色通道"服务品牌被评为全省企业品牌创新成果。

二、运营模式创新

索道运营是一种较为特殊的经营。2012年前，泰山索道的运营时间相对固定，游客依据个人意愿进入索道车厢，站台服务人员仅起到安全提醒和上下车厢指引，并不按照索道车厢容量确定每个车厢乘坐游客的人数，导致运营效率不高，游客排队时间比较长。2012年起，泰山索道从延长运营时间和提高索道车厢利用率两个方面着手，探索实施弹性运营和满厢定员新模式。同时，为解决客流高峰期间游客下行中天门索道吃不了、桃花源索道吃不饱的情况，避免游客因排队时间长而放弃乘坐索道、造成客源流失，泰山索道探索实行"分流减压"模式。这三项创新的运营模式，大大提高了索道运营效率，减少了游客排队等候时间，为实现经济效益和社会效益最大化做出了极大贡献。

弹性运营 所谓弹性运营，是指索道运营时间根据游客需求而确定，开车时间和停运时间可早可迟。2012年前，泰山索道根据季节变化，全年执行冬季和非冬季两个运营时间，如夏季运营时间为7点至17点，则运营时间为早上7点、停运时间为下午5点。早7点以前想坐索道，只能等到7点索道开车运营；下午5点以后想坐索道，但索道已经停运。特别是早上，一直存在游客排队等索道开车运营的情况。2012年，泰山索道提出"只要游客有需求，索道就运营"的原则，由过去"游客等索道"转变为"索道等游客"。经持续探索、不断完善，形成了以"早开车、晚停车"为主要内容的泰山索道运营新模式，即弹性运营模式。

弹性运营模式提出的起因是，暑期日出时间较早、基本在6点前，看完日出或没有日出、下山游客到达索道站的时间大体在6：30至7：00，而此时索道尚未开车运营，先期到达的游客只能排队等待索道开车运营，后期到达的游客因排队时间过长而放弃等待，步行下山。一方面，经过一夜步行登山的游客此时筋疲力尽，又困又累又饿，却还要排队2个多小时。另一方面，放弃等待、步行下山的游客是潜在客源，他们并非不想尽快下山，只是因为坐索道排队时间太长。此外，为了赶上下午下山的末班索道，很多游客在山顶走马观花，特别是下午上山的游客为了下山，更是匆匆忙忙。因此，泰山索道运营时间如能更加人性化，满足他们乘坐索道的需求，不仅能实现更好的经济效益，也能赢得游客的好评。因此，泰山索道开始探索性采取早上提前开车。为了保证早上开车的时间更加精准，安排人员调研从日出观看点到索道站的时间，早上到天街、夜间到中天门和十八盘实地查看客流情况，如客流达到一定数量，则提前开车运营。提前开车运营取得很大成效后，泰山索道又推迟下午停运时间，受到游客广泛称赞。特别是节假日，泰山索道将早开车时间提前到5点、晚停运时间延迟到下午7点甚至晚上8点，游客游览时间增加3小时以上，索道乘坐率超过100%，即来泰山旅游的游客平均乘坐过一次泰山索道。

满厢定员　所谓满厢定员，是指客流高峰期，根据索道车厢的容量，安排游客坐满每个车厢。比如，中天门索道8人吊厢则坐满8人，桃花源索道是6人吊厢则坐满6人。2012年前，游客乘坐索道根据个人意愿，有时候一行4人甚至2～3人坐一个车厢而不愿意与其他游客混坐，导致索道车厢利用率仅为50%左右，造成游客排队时间过长。2012年起，泰山通过实施满厢定员，索道车厢利用率接近100%，游客排队时间从以前的最长4小时缩短至最长2小时左右。为了得到游客支持配合，泰山索道从岗位职责、人员配备、服务程序等方面做出明确规定，当游客排队人数达到一定数量，则启动满厢定员，由站台人员引导游客每个车厢坐满8人。为了尽可能减少游客抵触情绪，泰山索道制作了宣传音频和视频，在候车长廊反复播放，检票员给予口头提醒，检票后实行分段放行，站台新增一个"数人放行"的岗位，每次放行8人。在满厢定员模式趋于成熟后，泰山索道制定了《客运索道"满厢定员"服务规范》，被其他索道广泛使用。

分流减压　受传统观念、交通便利程度以及旅游信息宣传不够等多种因素影响，长期以来，近90%的游客选择从泰山中麓上下山，导致客流高峰期间中天门索道"供不应求"而桃花源索道"供过于求"。特别是旅游旺季和节假日早高峰下行游客，绝大部分从南天门坐索道下山，游客排队时间长，旅游体验差，且存在较大的安全隐患。为了解决这个问题，泰山索道于2012年开始探索实施分流减压新举措，在南天门宾馆处设置分流导向咨询点、设置分流导向标志牌和路线指引图，安排人员现场宣传引导，通过人工咨询、语音广播和电子显示屏等多种方式，引导游客乘坐桃花源索道快速下山，减轻南天门索道下行压力，同时避免客源流失。2018年，桃花源索道完成技术更新，运量由此前的单向每小时1000人增加到2400人，运量大、排队时间短的优势愈发明显，分流减压作用更加突出，2019年客流高峰期间分流超过13万人次，其中5月2日创造了单日分流2万人次的最高纪录，为加快岱顶客流高峰疏散做出了积极贡献，受到泰安市政府通报表扬。

弹性运营、满厢定员和分流减压等3项创新运营模式的实施，导致节假日和客流高峰期间索道站人员力量不足。为了保证充足的人员力量，使这3项创新运营模式发挥最大作用，2012年起至今，泰山索道实行机关人员周六、周日下基层制度，即机关人员周末和节假日到中天门索道站帮助工作，协助检票、站台服务、秩序维护、卫生保洁等工作。2020年新冠肺炎疫情发生后，新增协助测温、扫码等工作。

三、完善服务设施

服务基础设施是衡量旅游服务质量的重要标志。泰山索道克服场地狭小等困难，不断健全完善基础服务设施。特别是2012年以来，先后建成了中天门、桃花源索道游客候车长廊和排队护栏，持续整修游客步行通道，建设生态智能卫生间，构建旅游信息标志标牌系统，努力为游客营造良好的旅游环境。

改善游客候车环境　2013年4月，中天门索道下站游客候车长廊建成投入使用。该长廊由山东羲之古典建筑有限公司设计，全长74米、宽2.4米，可容纳600多名游客。长廊内设老弱病残孕等特殊游客专座和无障碍专用通道，同时接入网络、电视信号，设置4块电视显示屏，实现电视、网络信息的实时播放。2015年4月建成中天门索道上站游客候车长廊，在出站通道与进站通道之间建成一个"小立交"，有效避免了进站游客和出站游客交叉重叠，大大方便了游客，在保证良好旅游秩序方面发挥了重要作用。在此之前，上站进站和出站通道交叉。高峰期间，为避免拥堵混乱，出站游客绕行望府山，极为不便。为此，在出站口广场建设了一个小型"立交桥"，巧妙地实现进站和出站通道彻底分离，出站游客不再绕行望府山，而且与进站游客互不干扰，高峰期间旅游秩序良好。

图7-2　中天门游客候车长廊

图7-3　中天门索道上站原游客通道

图7-4 改造后的中天门索道上站游客通道

2018年9月建成桃花源索道上站游客候车长廊。2013年9月，在中天门索道下站大门外和站内建成排队护栏。2014年4月，在南天门出站口至照相点建成排队通道。2016年，在中天门上下站游客排队通道安装遮阳伞，在游客候车长廊安装电风扇。上述设施的健全完善，解决了排队游客日晒雨淋问题。2019年，安装了游客临时休息座椅，在游客进出通道建筑上方安装了防雨篷和接水槽，避免雨水淋湿游客。2020年安装了口罩自动售卖机、手机充电装置，方便游客自助购买口罩和充电。2012年起，泰山索道持续完善旅游信息标志标牌，不定期更新、补充和完善，为游客提供准确的旅游信息和线路指引。

建设生态智能卫生间 由于泰山上水资源较为缺乏，景区内公共卫生间脏、乱、差，冬季多数公厕因缺水而关闭，长期存在的游客上厕所难问题一直未得到有效解决。2019年，泰山索道大力开展旅游厕所提升工程，被泰安市文旅产业发展领导小组纳入重点项目和"插红旗"项目，按3A+标准在3个索道站改造、新建了10座旅游厕所，面积近500平方米，每天可为近万名游客提供免费旅游厕所服务。特别是在中天门索道上站售票处、下站出站处建成的智能化生态环保公厕，探索采用"生物降解"新技术，污物通过生物技术完成降解分解，冲刷过后的水资源经净化后能循环使用，真正做到了零污染、零渗透、零排放，极大方便了游客、保护了泰山生态环境。

40年来，泰山索道始终坚持经济效益和社会效益两手抓，紧紧围绕更好满足游客乘坐索道需求这一目标，持续深化经营体制机制改革，不断创新经营管理理念，努力改善旅游服务环境、提高旅游服务质量，探索形成了具有泰山索道特色、具有示范推广价值的运营管理新模式，经营管理水平和经营业绩、游客满意度等各方面都走在全国客运索道行业前列。1983～2022年，泰山三条索道累计运送游客7500万人次。泰山索道先后获得全国旅游服务先进单位、全国旅游系统先进集体、全国青年文明号、山东省文明单位、山东省富民兴鲁劳动奖章、山东省旅游行业精神文明建设先进集体、山东省青年文明号标兵单位、山东省消费者满意单位等荣誉，服务品牌被评为首批山东省服务名牌，"泰山索道"图形商标先后被认定为"山东省著名商标"和"全国驰名商标"。

第六节　风险与挑战

我国客运索道行业起步时间较晚，发展速度较慢。但客运索道以投资规模小、投资回收快、现金流量大、盈利能力强等优势，为景区发展做出了积极贡献。据上市公司公开资料，2021年，峨眉山A、黄山旅游、丽江股份、九华旅游、西域旅游、三特索道等上市公司索道业务毛利率均超60%，其中九华旅游索道缆车业务毛利率更是达78.4%。泰山中天门索道2019年运营超过304万人次，平均每天运营超过8000人次，是国内最繁忙的索道。

但是，旅游客运索道特别是山岳型旅游客运索道，其经营管理面临诸多风险和挑战。国家及地方相关政策，包括风景名胜区管理政策、索道票价政策等，是客运索道生存与发展的关键因素。客运索道作为架空运行、电子信息系统较为复杂的特种设备，大风、冻雨、雷电对其安全运行具有较大威胁。客运索道作为景区内部代步工具，更多体现其"工具性"，很难成为独立的"旅游产品"，乘坐索道游客人数依赖于进入景区游客数量。一旦景区或景区所在地区发生公共突发事件，因游览人数减少而给索道经营造成困难。如2003年的非典疫情、2005年的泰山老虎事件以及2020年以来的新冠肺炎疫情。此外，近年来玻璃栈道、悬崖秋千、速滑等新兴山岳型旅游项目的出现，一定程度上瓜分了客运索道的市场。

泰山索道同样面临上述经营风险。特别是泰山是世界文化与自然双遗产，在泰山上建设客运索道存在一定争论，泰山索道必须始终保持如履薄冰的谨慎，确保各方面不出现任何问题。票价是影响索道经营收入的重要因素，国家和地方惠民政策的出台，景区门票及交通工具降价压力，给泰山索道经营形势带来不确定性。如2021年山东省政府出台的老年人优待政策，每年影响泰山索道收入高达5000万元以上。泰山索道的管理体制，直接关系到经营动力。好的体制，能最大限度调动泰山索道增收创收的积极性，实现地方政府和泰山索道双赢。相反，无法调动甚至削弱泰山索道增收创收积极性的管理体制，不仅会造成经营收入下降，更会因技术骨干流失、人员责任心缺失给泰山索道经营带来安全隐患。40年来，地方政府多次调整泰山索道管理体制，给泰山索道的经营带来很大的不确定性。可以说，地方政府涉及泰山、泰山索道的政策，是泰山索道经营面临的最大机遇和挑战。泰山索道40年的经营实践和成果表明，保持泰山索道经营自主权的独立，是地方政府给予泰山索道最好的管理体制。

为了化解自然因素对泰山索道经营安全的威胁，泰山索道从选用先进设备、利用信息化手段提高监测预警能力、完善应急处置体系等多方面入手，不断提高人防、技防能力水平，较好地解决了安全与经营的矛盾。

2003年发生的非典型肺炎（SARS）疫情，给泰山索道经营造成一定影响，"五一"期间接待人次同比下降98%，泰山索道5月8日～6月10日对外停运，全年运营收入同比下降23.7%。2020年初突如其来的新冠肺炎疫情，给泰山索道经营造成前所未有的冲击。新冠肺炎疫情发生以来的三年，泰山游客人数锐减，泰山两度因疫情暂停对外开放，泰山索道也于2020年1月25日～3月21日、2022年3月20日～4月11日两次同步对外暂停停运，运营收入呈断崖式下滑。特别是2022年3月初～6月中旬，日常索道每天运营最多仅百余人次，"五一"4天小长假仅运营6316人次，不及以往一个早高峰的运营人次，国庆7天假期仅收入640万元，不及以往高峰期一天的收入。

面对新冠疫情，既不能盲目乐观，也不能过于悲观。相信，随着全球应对措施的进一步强化和科学家的集体攻关，新冠疫情一定会被战胜。作为五岳之首和中华民族精神家园的泰山，是无数人梦想和向往的地方，一定会迎来繁花如常的春天。

从长期来看，疫情对旅游业的影响有限，疫后将会快速恢复。只要疫情得到控制，政府对旅游业的支持措施和旅游企业的应对措施得当，被疫情暂时压抑的旅游需求将得到极大释放，我国旅游产业基础、便捷的交通条件将促使旅游业迅速恢复。从2003年SARS疫情过后的旅游业发展来看，2004～2007年，我国国内旅游出游人数分别增长26.6%、10%、15%、15.5%，旅游业收入增速分别为36.9%、12.2%、17.9%、24.7%，可见旅游业在疫情第二年即回到了正常轨道。与2003年相比，当前旅游产业已进入全域旅游、文旅融合的纵深发展阶段，旅游已成为人们的生活方式，因此疫后也将恢复得更快。[①]

泰山的魅力是泰山索道持续发展的不竭源泉。随着设备设施的不断改善和经营体制的不断优化，泰山索道将在促进泰山保护与发展中发挥更大作用，为泰安经济社会发展和我国客运索道行业发展做出新的更大贡献！

表7-1　　　　　　　　索道票价变更表（1983～2022年）

索道名称	票价	时间	备注
中天门索道	单程：2元/人 往返：3.5元/人	1983年8月5日至 1985年12月31日	外国游客单程5元/人，往返9元/人
	单程：3元/人 往返：6元/人	1986年1月1日至 1990年6月30日	华侨、港澳台同胞、外籍华人单程5.5元/人，往返11元/人；外国游客单程7.5元/人，往返15元/人
	上行：10元/人 下行：8元/人	1990年7月1日至 1992年6月30日	1991年4月1日至1993年3月30日，国外游客上行15元/人，下行12元/人；1993年4月1日至1998年5月9日，国外游客单程25元/人，往返50元/人
	单程：15元/人 往返：30元/人	1992年7月1日至 1993年12月31日	
	单程：25元/人 往返：50元/人	1994年1月1日至 1998年5月9日	

---

① 曾繁文：《新冠肺炎疫情对旅游业的影响及应对措施建议》。

（续表）

索道名称	票价	时间	备注	
中天门索道	单程：30元/人 往返：60元/人	1998年5月10日至 1999年3月31日		中外游客票价相同
	单程：45元/人 往返：90元/人	1999年4月1日至 2007年12月31日		
	单程：80元/人 往返：140元/人	2008年1月1日至 2010年12月31日	山东省物价局 鲁价费发〔2007〕282号	
	单程：80元/人 往返：140元/人	2011年1月1日至 2013年1月31日	山东省物价局 鲁价费发〔2010〕256号	
	单程：100元/人	2013年2月1日至今	山东省物价局鲁价费发 〔2012〕122号、〔2015〕96号 山东省发改委鲁发改成本 〔2018〕1296号、〔2019〕1071号	
桃花源索道	单程：25元/人 往返：50元/人	1993年11月8日至 1993年12月31日		中外游客票价相同
	单程：20元/人 往返：40元/人	1994年1月1日至 1998年5月9日		
	单程：30元/人 往返：60元/人	1998年5月10日至 1999年3月31日		
	单程：45元/人 往返：90元/人	1999年4月1日至 2007年12月31日		
	单程：80元/人 往返：140元/人	2008年1月1日至 2010年12月31日	山东省物价局 鲁价费发〔2007〕282号	
	单程：80元/人 往返：140元/人	2011年1月1日至 2013年1月31日	山东省物价局 鲁价费发〔2010〕256号	
	单程：100元/人	2013年2月1日至今	山东省物价局鲁价费发 〔2012〕122号、〔2015〕96号 山东省发改委鲁发改成本 〔2018〕1296号、〔2019〕1071号	
后石坞索道	单程：15元/人 往返：30元/人	1993年8月28日至 1998年5月9日		
	单程：20元/人 往返：40元/人	1998年5月10日至今	山东省物价局鲁价费发 〔2007〕282号、〔2010〕256号	

第八章

天堑变通途——异地索道建设

20世纪90年代中期的中国，以完善市场经济体系为目标的国有企业改革如火如荼，在一些传统制造产业走向下坡路的同时，以旅游业为代表的新兴产业迅速崛起，1997年甚至推出"中国旅游年"。冠以"泰山旅游"的泰山索道，从中找到了持续发展的"金钥匙"，那就是立足泰山、走向全国，抢占旅游资源，在中国旅游的版图上留下更多的"泰山索道"足迹，提出"3年建设10条索道"的短期目标，并以索道为龙头带动旅游其他要素的同步发展。

泰山索道人怀揣雄心壮志，意气风发地把目光投向了全国名山大川，决心用索道沟通外面的世界，足迹遍布大江南北，先后考察索道线路10余条，成功在云南西双版纳野象谷、山东邹城峄山、河南嵩山少林寺独资建成3条客运索道，为这3个景区架起了一条"天堑变通途"的高速发展之路。同时，泰山索道以强大的实力，受托协助相关方面安装维护、运营管理青岛世界园艺博览会园区的索道，开创了托管运营索道的先河，也为推动国产索道设备技术的进步提供了诸多改进意见建议。

成功进军资本市场，为泰山索道异地投资建设索道提供了强大的内生动力。但因资产重组、退出资本市场，泰山索道投资建设的3条索道刚刚起步便遭遇"风雨"而"改名换姓"，河南嵩山索道甚至还没来得及投入运营，便有了新的主人，泰山索道在全国投资建设索道的发展战略戛然而止。这3条异地投资建设的索道，留给泰山索道的绝非仅仅是"失去"的惆怅。这段短短的历史，在泰山索道40年历程中惊鸿一瞥，给泰山索道留下了宝贵的财富，积累了异地投资建设、经营管理的丰富经验，也让泰山索道的优秀品格响彻大江南北，这或许仍将是泰山索道未来制胜的法宝。

第一节　西双版纳野象谷索道

泰山索道在拓展市场、对外发展的大背景下，为抢占旅游资源，对中国唯一一处热带雨林西双版纳野象谷进行考察，与当地景区在建设索道问题上不谋而合，迅速达成协议；同时，得益于云南省诸多投资免税的优惠政策、良好的投资环境，泰山索道在泰山之外独资建设的第一条索道——野象谷索道，历经160天建设，于1998年4月投入运营。2000年底，因泰山索道与山东浪潮集团资产重组，野象谷索道资产留在上市公司，由浪潮软件旗下的山东成泰索道发展有限公司经营管理至今。

西双版纳野象谷索道作为国内第一条热带雨林索道，极大改善了景区内部交通条件，为游客欣赏热带雨林美景、近距离观赏亚洲野象提供了全新而独特的视角，成为游客眼中的"景中景"。

一、建设背景

野象谷位于云南省西双版纳傣族自治州景洪市勐养镇，地处西双版纳国家级自然保护区勐养子保护区、"联合国教科文组织人与生物圈保护区"之内，距景洪市22公里，是中国首家以动物保护和环境保护为主题的国家公园，也是中国唯一可以与亚洲野象近距离交流的地方，从某种意义上说，勐养自然保护区，就是中国野象的保护区。野象谷自然资源丰富，生态系统和森林植被保护完好，这块神奇的绿洲汇集了热带、亚热带的森林和野生动物物种，被世人称作"生物物种基因库"。

西双版纳国家自然保护区从1992年开始，在邱开培总经理的带领下对小勐养三岔河进行系统规划开发，并命名为野象谷，修建了人行道、高架观象走廊、雨林观光索道以及树上观象旅馆。游客来到这里，与野象为邻、百鸟为伴，千般感受、无穷回味，漫步在雨林之中，千姿百态的树木环绕四周，享受自然的美妙，酷夏不觉暑，严冬不知寒，尘世喧嚣消失得无影无踪，一股回归自然、返璞归真之感油然而生。

经过多年发展，野象谷逐步成为一个具有热带雨林观光旅游、探险猎奇、科学教学、休闲度假的综合性生态旅游新景区，成为云南省西双版纳的旅游热点，被评为"云南十大名优景点"，在全国具有较高知名度。

二、考察立项

1997年2月16日，泰山索道一行4人到云南西双版纳考察，并于考察第三天来到野象谷。当时野象谷开发时间较短，旅游配套设施不够健全，只能通过步行道观光。面对如此绝美的原生态热带雨林风光，考察组奇思萌发：如果在这里修建一条索道，从上空俯瞰雨林、观赏大象，该是多么奇妙无比。随行当地向导表示，野象谷景区有修建索道的打算，这可更让考察组待不住了。他们立即掉头，赶到景洪，与西双版纳自然保护区负责人沟通了解，野象谷景区开发之后开辟了一条林中小路，由于地形限制和森林保护需要，游客只能单队向前，且游览到深处后，还要原路返回，容易发生拥挤，限制了游客的数量与活动范围，而且由于野象谷是野象等野生动物活动的中心地带，为安全考虑，在动物活动时不能让游客进山游览，这与游客想要近距离观察野生动物的需求互相矛盾，所以景区有建设索道的考虑，使游客形成循环，还能从空中鸟瞰雨林。这个规划已经引起了国内几家公司的兴趣，有公司已考察多次，但尚未确定合作、更未签署合同。景区负责人表示，依然欢迎泰山索道参与合作竞争。短短20分钟的交流，双方对建设索道的初步需求、技术要求以及合作方式交换了意见，表达了进一步沟通合作的意愿。

考察组认为，这可能会成为泰山索道发展中的里程碑，必须牢牢把握住这次机会。他们马不停蹄，连夜回到泰安召开董事会，对野象谷索道项目进行论证分析。董事会一致认为，西双版纳在国内外影响力较大，野象谷作为全国独一无二的热带雨林，其旅游资源具有不可取代性和不可再生性，如能成功投资修建索道，必将是泰山索道对外投资的"开门红"，也将对进一步提高泰山索道的知名度起到非常重要的推动作用。此后，在不到一个月时间里，公司派人三下西双版纳，泰山索道人的诚恳、效率，特别是索道建设与景区保护兼顾的方案，深深打动了当地领导及景区管理者。1997年3月31日，双方在昆明签订由泰山索道独资修建野象谷索道的合作合同，并确定以索道票收入的8%向景区分成的合作模式。

1997年4月，泰山索道委托北京起重运输机械研究所进行西双版纳野象谷旅游索道可行性分析与初步设计编制。5月，北京起重运输机械研究所出具《西双版纳三岔河（野象谷）旅游索道可行性分析报告》，从景区发展、整体规划及环境保护等多方面论证了建设三岔河（野象谷）旅游索道的必要性。报告认为，虽然索道建设一次投入较大，投资回收期较长，经济效益并不十分理想，但考虑到索道的建设对完善西双版纳旅游业的基础设施，促进西双版纳旅游业向高品位、高层次的发展有一定积极作用，同时西双版纳在国内外享有较高知名度，对投资单位有较大广告效应，从长远来看，具有较好的投资价值。

北京起重运输机械研究所根据泰山索道对线路选址及运量的要求，对野象谷索道进行了初步设计，采用单线循环固定抱索器两人吊厢式索道，并对电力、电信和土建等相关方面做出初步规划。

三、政策优惠

西双版纳傣族自治州为加快旅游产业发展、鼓励外商外地投资，出台了一系列政策，也是泰山索道决定投资建设野象谷索道的重要因素。西双版纳傣族自治州政府于1997年4月8日下发《西双版纳傣族自治州人民政府鼓励外商外地投资的暂行规定》，将"旅游度假区和景区景点建设"列为投资重点项目，明确对在经省、州批准的旅游度假区投资的项目不征收投资方向调节税；对投资的外商外地企业，自投产之日起，前三年免征企业所得税。同年11月20日，西双版纳傣族自治州人民政府下达《关于批转西双版纳旅游度假区管委会〈西双版纳旅游度假区优惠政策〉的通知》，将旅游交通项目列为"度假区重点兴办项目"，明确度假区内投资和经营方式，包括泰山索道这类国内独立经营企业，并规定"对外商外地投资者免征固定资产投资方向调节税；自投产之日起前三年免征企业所得税，后三年减半征收企业所得税"。

四、论证审批

野象谷索道建设的审批重点在环境保护，这也是泰山索道建设索道坚持和遵循的根本原则。泰山索道以减少环境影响为核心的方案，经过评审委员会及专家组的论证后，由云南省计委批复同意。

1997年6月30日，西双版纳国家级自然保护区森林旅游发展总公司向西双版纳傣族自治州计委提出关于申请建设野象谷客运观光索道的立项报告，报告分析了野象谷在西双版纳东环线建设的核心地位，指出了目前存在旅游设施与客流量不符的矛盾，提出"客运观光索道是目前多种方案比较之后最为可行的两大重大环境保护措施之一（另一项是观象高架走廊）"。7月9日，西双版纳傣族自治州计委批复森林旅游发展总公司："原则上同意建设客运索道，但项目的实施及运行以不影响大象的生存环境和生态环境为前提。"

1997年9月25日，云南省西双版纳自然保护区管理局组成了以分管副州长为组长的项目评审委员会和专家组，对野象谷客运架空索道设计进行评审，听取项目设计方案汇报、查阅项目设计说明书和评审成果图。评审论证的焦点问题是环境保护，专家们提出了许多关切的热点问题，例如能否对野象出没构成影响、对生态环境是否造成永久性破坏，等等。泰山索道认为，在野象谷这样的原始密林里完成一项高品质的旅游基础设施建设，不可避免会对热带雨林造成一定损害，但这种损害是恢复性损害，一个雨季就可以得到迅速恢复。索道建成后，游人在半空中观象，人类对野象的活动干扰更少了，而且为森林防火提供了更便捷的交通工具，总之索道对环境的影响是利多弊少。与会专家对泰山索道的意见给予高度评价，认为"设计的索道安全可靠，技术先进，符合规范，从选型、线路、站房配置基本合理，建议计委、建设部门批准开工建设"。分管副州长表示，"在不影响野生动物栖息和生态的前提下，不但要建索道，而且要建好这条索道"。评审委员会提出对12～17号支架做增高处理，缆车底部与自然地面净空距离最低不少于7米，使对森林影响降至最低限度等意见建议，泰山索道——充分吸收并调整相关方案。

为减少索道建设对环境的影响，泰山索道制定了《西双版纳野象谷客运索道建设过程中环境保护方案》，确定"精选施工队伍，减少施工人员；加强现场管理，减少环境污染；架设施工专用货运索道，保证物料运输；精心组织施工，缩短工程周期"等4个方面的原则。根据初设审查意见，泰山索道对设计方案进行调整优化。如，根据支架所处位置树木的颜色，对支架进行刷漆，最大限度与周围环境保持一致；站房设计在满足使用功能的前提下，体量尽可能小，减少占地面积；吊篮外侧颜色以对大象刺激最小的草绿色、天蓝色等中和色为主基调等。为了弥补索道建设前期对环境、树木造成的影响，泰山索道不惜增加投资成本，采取多种措施补救。

1998年2月3日，云南省计委批复同意建设野象谷索道，索道全长1886米，单向小时运量400人，总投资2800万元。2月15日，西双版纳傣族自治州计委批复西双版纳州森林旅游发展公司，"同意在野象谷景区建一条雨林观光索道，抓紧组织实施，尽早建成投入使用"。

五、建设过程

西双版纳野象谷索道是边勘察、边设计、边建设的典型案例。泰山索道人在茂密的热带雨林中，克服各种困难，从零开始，历时160天建成野象谷索道，创造索道建设最短工期的记录。

项目设计及筹备 1997年9月11日，机械工业部北京起重运输机械研究所编制的《版纳野象谷客运架空索道初步设计说明书》，在云南省西双版纳自然保护区管理局组织的评审论证会上获得通过。设计以安全可靠、技术先进、与周围景观相协调、方便游客为原则，尽可能减少对热带雨林的破坏。设计确定索道型式为固定抱索器双人吊厢索道，下站为驱动张紧站、设在百鸟园旁。此处引电方便、离山体近，基础稳定，便于设备配置，且附近场地宽敞，便于游客聚散；上站为迂回站，设在高架走廊尽头，使两条游览线路在此处相交，水平距约为1900米，线路高差约为125米；主电机功率75千瓦，辅助电机功率30千瓦。

站房设计在满足自身工艺与功能要求基础上，尽可能与周围环境保持协调，既富有民族特色、又有适度创新，采用虚实对比、高低错落、色彩变化、对称统一等建筑设计手法，巧借山形地势，建筑风格与周围环境相融，建成后受到地方政府和专家学者的一致好评。

1997年10月3日，泰山索道与山东省工程测绘勘察院签订测绘合同，约定1997年11月15日前完成对野象谷索道所处区域的全部测绘。同日与桃花源景区签订货运索道运输、安装合同。4日与机械工业部北京起重运输机械研究所（简称北起所）签订《西双版纳野象谷客运索道技术工程合同》，由北起所负责野象谷索道全部机电设备设计制造及索道调试，确保1998年4月10日前完成索道试运营。10日，与泰山管委古建维修队签订工程合同，施工范围包括支架钢筋砼与上下站设备钢筋砼，土石方开挖、浇筑钢筋砼基础、回填等全部工作，工程量为760立方米，约定1997年11月25日开工，1998年1月15日前完成全部钢筋砼浇筑工作，1998年2月完成驱动站房及附属设施的土建施工任务。

　　项目施工　1997年10月6日，泰山索道第一批筹建人员来到西双版纳野象谷。在潮湿炎热的热带雨林，生活条件极其艰苦，他们展开了线路测量工作，落实水泥、砂石、木材、钢材等建筑材料，同时每天往返近100公里到西双版纳州政府办理工商、税务及开工建设等有关手续，短短20天时间完成工程所需一切手续和工程施工前期准备。1997年10月28日，野象谷索道筹建处正式成立。

　　西双版纳变化无常的热带雨林天气和错综复杂的雨林地形给索道建设增加了很大难度。天气阴晴不定，动辄暴雨如注、只能被迫停工。长时间处于高热高湿环境，人们体力消耗很大、浑身乏力，支架攀爬、施工感觉非常费劲。施工人员还要忍受蚊虫、蚂蟥叮咬的痛苦，蚂蟥一不注意便会钻进肉里、吃饱喝足了因身体肿胀才自行爬出来。每天清早出发，晚上10点左右收工，连续工作十几个小时。全线21座钢支架，数十吨重的设备都是在这样的环境下运输、安

图8-1　野象谷索道建设人员合影

装的，设备安装环节仅用时60天。在整个建设过程中，泰山索道建设者们克服重重困难，在极度恶劣的自然条件下施工，于1998年4月16日傣族传统节日泼水节当天，野象谷客运索道建成并进行试运行，创造了国内外同类型索道建设速度之最。国家

图8-2 野象谷索道支架安装

客运索道安全检测中心对野象谷索道一次性验收合格，认为"从设计、安装、施工等方面，达到国产索道最高水平，为提高索道国产化树立了样板"。[①]

回忆起当时的建设过程，参与当时筹建的泰山索道人说："版纳索道施工的时候，条件是比较艰苦的，咱们到那里以后不习惯、不适应，蚊虫、蚂蟥太多，我两条腿都被蚂蟥咬烂了，不是我一个人，是大家都这样，但这样也没有耽误工程进度，没有人觉得苦，一心只想按工期把索道建设起来。"

六、营运情况

野象谷客运索道于1998年4月16日通车试运营，1998年5月8日正式运营，当年实现营收超百万元。2000年12月31日，因公司资产重组，野象谷索道产权归山东浪潮齐鲁软件产业股份有限公司所有，泰山索道提供一年的技术支持，于2002年6月全部撤出。

1998年3月，经云南省物价局批复，野象谷索道票价为单程35元，1999年调整为单程每人40元、往返每人60元。

1998年4月28日，西双版纳野象谷分公司正式成立并取得营业执照，经营范围包括索道运输、汽车客运、旅游及住宿等。1998年6月3日，西双版纳野象谷分公司内设运营科、后勤科、办公室和财务室。

---

① 石锡波：《钢铁翅膀》，《泰安日报》1999年7月19日第四版。

　　1998年4月16日试运行以后，野象谷索道继续边运营、边完善，营运和基建收尾工作互不干扰，穿插进行，同年运送游客4万人次，运营收入超百万元。

　　西双版纳野象谷分公司制定20余项符合野象谷索道实际情况的规章制度。高度重视安全生产，成立安全生产管理小组，实行安全生产责任制，克服线路长、支架多、维修量大等困难，强化安全教育，提高机电人员对机电设备维护和管理重要性的认识，严把安全生产关。高度重视优质服务，广泛开展文明建设，制定站台服务规范化。

　　为提高运营收入，西双版纳野象谷分公司与西双版纳自然保护区旅游发展公司合作成立版纳野象谷旅行社，向社会和旅游界推销野象谷景点，促进西双版纳旅游东环线的形成和发展，在增加景区容量的同时，保证野象谷索道经济效益最大化。成立旅游车队，将6辆旅游车承包到人，增加索道配套服务，方便游客进入景区，提高索道客流量。将全年营收目标分解到个人，出台奖惩机制，激发员工积极性，最大限度提高社会效益和经济效益。

　　2000年10月31日，泰山索道与山东浪潮集团进行资产重组，野象谷索道产权归山东浪潮齐鲁软件产业股份有限公司所有。由于浪潮软件缺乏运营管理客运索道经验，泰山索道安排部分人员留守，为野象谷索道提供一年过渡期的技术服务。一年过渡期内，泰山索道人并未因为资产权属关系而放松对安全的严格管理和对优质服务的追求，尽心尽力将索道技术、安全管理和经营服务经验，毫无保留地教给对方，充分体现了泰山索道人的无私和大度。2002年6月，带着太多的无奈和不舍，留守野象谷索道的泰山索道人全部撤离返回。从此，野象谷索道永远留在泰山索道的回忆之中，挥之不去。

图8-3　索道与野象和谐共处

第二节　邹城峄山索道

峄山位于山东省邹城市东南10公里处，是一座驰名海内外的文化名山。因山中怪石万垒，络绎如县，故名绎，因峄、绎同音，故名峄山。峄山雄踞津浦铁路和104国道东侧，北衍泰山之灵修，东引沂蒙山系之诸峰，西瞰微山湖白练。她以奇石叠垒、洞幽玲珑，集泰山之雄、黄山之秀、华山之险于一身的独特景观，可与五岳之首的泰山斗美，素有"岱南奇观"之称。

峄山方圆10余公里，最高峰海拔582.8米，以"奇、秀、灵、险"而名扬四海。早在2200多年前，秦始皇便将峄山作为其东巡的第一山，登临封禅，刻石纪念。历代帝王将相、先贤圣哲、墨客名流、神医高道争相"辇来于此"赋诗作画，修身养性，留下了大量珍贵的诗文墨宝和圣迹文物，形成了瑰丽多彩的峄山历史文化。峄山是历代宗教人士清心修炼的理想之地，也是历史上铁马金戈必争的要地。峄山自然风光奇特，移步异景，目不暇接，著名的二十四景、五大奇观、七龙洞、八段锦、二十名石、三十六洞天、三十六大奇观、峄山百景说、七十二庙宇等，使无数游客流连忘返，是著名的风景名胜区、游览胜地。

景区开发后，随着旅游事业不断发展，游客逐年增加，1997年已达16万人次。但由于登山盘路坡大难走，往返行程需4～6个小时，很多年老体弱者，只有望山兴叹，带着遗憾离去。为了解决登山难的问题，提高景区旅游品质，峄山风景管理处自1992年初委托有关设计单位进行建设客运索道初步设计，因资金未落实而无果。

一、建设背景

1997年底，峄山风景管理处负责人多次到泰山索道就索道建设进行洽谈，泰山索道也派人到峄山实地考察，初步确定了站址和投资规模。双方认为，索道建成后必将对提高峄山旅游环境、景区品位和整个景区发展起到重大的推动作用，并达成由泰山索道独资建设索道的协议。1998年2月1日，双方签订《峄山旅游客运索道建设经营合同》，明确由泰山索道在峄山风景名胜区独资修建客运架空索道，采取以索道票收入的8%向景区分成的合作模式，8月3日经邹城市公证处公证。1998年2月9日，泰山索道监事会组织赴峄山现场考察，认为"董事会与峄山风景管理委员会签订的建设索道的合同比较严谨，对双方都是有利的，是可行的，同意修建峄山索道"。同日，取得建设工程规划许可证。

泰山索道随即开展峄山索道可行性研究，根据旅游资源、客流量和景区发展前景等因素，论证峄山索道建设必要性，开展投资及效益分析，认为"索道建成后，为进一步开发利用峄山景区创造了条件，建设期短、投资少、回收快，具有较好的经济效益和社会效益"。同时对峄山索道进行了初步设计，索道型式为循环吊厢式索道，对基建条件进行了分析规划。

1998年2月11日，邹城市计委批复同意立项，"为了进一步提高峄山旅游景区品位和综合效益，推动峄山景区发展，解决登山难的问题，鉴于你处同山东泰山索道多次洽谈、考察和论证，峄山景区具备修建客运索道条件，经研究同意该项目立项。该索道线路全长940米，支架9个，总投资1700万元，建设期8个月。所需建设资金由山东泰山索道投资。修建索道应有利于保护风景，不得对自然地貌造成破坏"。

针对"保护风景，不对自然地貌造成破坏"的要求，峄山索道从设计上尽可能与周围环境相协调，与设计单位北京有色金属设计研究总院现场研究决定，将站房设计成"八角楼亭"，外观稳重、壮观，站内八根砼立柱，减少站房内空间，采光、视线好，工作人员活动便利。峄山索道主站房"八角楼亭"的设计，开创了设备基础与站房做成一体的成功范例，不仅施工方便，也降低了费用，后被许多同类型客运索道建设单位借鉴采纳。

二、建设过程

1998年2月9日，峄山索道筹建处正式成立，第一批筹建人员进驻峄山。筹建处首先解决用水问题，经山东省地质勘察院专家对索道下站地理条件进行考证，确认该地区为贫水地带，难以满足生活用水需求，施工用水更难以满足。根据建议，在下站东侧岩石夹缝中建挡水坝存水，铺设200米管道引流到工地，保证施工人员的生活饮水问题，再购置一台扬程为60米的潜水泵，从200米外水库底部抽水至工地，并建立临时蓄水池，满足施工用水需要。

同年2月11日至20日，对上、下站站点和线路进行初测。25日向北京有色冶金设计研究总院下达设计委托书并签订设计合同，确定索道型式为固定抱索器双人吊厢索道，下站为驱动站，站址在景区大门右侧，上站为回转站，站址在南天门右侧。地形断面图于27日送北京有色冶金设计研究总院高级工程师王庆武处。

同年2月26日，货运索道全部设备运抵峰山。3月1日，与桃花源管理区签订货运索道运输、安装施工合同。3月20日货运索道释放主索，并于25日正式投入使用。

1998年3月，与山东省经纬工程测绘勘察院签订测绘合同，对峰山线路所属区域开展全面测绘。11日进行支架定点，12日各方负责人共同沿线路逐个支架点实地查看，对个别支架定点做了调整，这对线路与支架点最后确定起到了决定性作用。筹建人员一天沿线路走三四次，风餐露宿，20日完成全部定点与引点工作。

4月2日，峰山索道正式开工建设。18日，向邹城市劳动局提交开工报告，"索道线路水平距离775米，上下站高差347米；索道型式为单线循环吊篮式；设备中钢丝绳由奥地利进口，机电设备为国内生产"。5月6日，峰山索道筹建处与山东岩土公司签订勘察施工合同。

4月4日下站锚固基础图纸到位，总计34.7立方米，即日开挖地槽，22日18点起连续作业10小时，一次成功，工程质量很理想。4月15日各支架图纸到位后，为了能够交好图纸、衔接好工作，筹建处召开由土建、货索、各工作面与作业负责人参加的现场办公会，对施工要求、时间安排、技术规范都做了详尽安排，自17日起，1#、3#、4#、5#、6#、7#、8#等7个支架点全线铺开，共作业76.3小时，浇筑砼146立方米，均一次完成，经邹城市建委质量监督站检验完全合格，具备支架安装条件。

设计线路支架共有10个，其中砼支架7个，剩下的3个支架为锚杆基础，施工难度很大，尤其是上站和接近上站的9号、10号支架基础施工，全是锚杆基础，共计20个柱孔，平均深度113厘米，柱底坐落在一片75度的岩石上，下面是十几米深的峭壁，开凿施工难度极大。为保证岩基不受破坏，不能爆破，只能人工开凿，但是工期不等人，开凿不能如期完成将影响设备安装。筹建处寻方求计，找到了用无声破碎剂破石的方法，经过现场实验，效果还算理想，又联系当地石匠协助施工，解决了这个困难。

5月2日，上站图纸到位，即进行场地平整工作。整个站房坐落在大面积花岗岩上，全部石方近200立方米，经过十几位石匠二十多天连续作业，6月24日完成设备锚杆基础，具备了安装条件。6月10日设备安装人员到位，24日开始支架安装；支架轮组7月23日到位，24日完成安装；钢丝绳6月20日到位，8月28日完成放索。

1998年9月29日，峄山索道建设完成，投入正式运营。从筹建处成立到通车运营，仅用7个月时间，其中自接到图纸到安装调试完毕仅用时150天。此次峄山索道建设工程效率完成之高，质量之优，得到当地政府的高度评价，是泰山索道在外建设的又一成功范例。建设过程中货运索道起到至关重要的作用，运送建筑材料以及设备，再次证明建设客运索道先架货运索道的正确性，是加速索道建设的宝贵经验。

三、营运情况

9月10日，邹城市物价局批复峄山索道筹建处，峄山索道试运行期间单程每人25元，往返每人50元。

组织结构　峄山索道被称为"一寸长的索道"，麻雀虽小，五脏俱全。峄山索道运营后，其余工程在正常经营管理中逐步加以完善，峄山索道筹建处更名为峄山索道分公司。为使新建索道尽快进入运营管理的正常轨道，根据实际情况和峄山索道特点，峄山索道分公司内设运营科、办公室和财务室。

技术创新　1998年12月，峄山索道连续发生数次脱索问题，致使索道无法正常运行。经分析，确认故障原因为，钢丝绳张力过大、线路支架不在一条直线上、托索轮挡板刚性小，易发生形变。为解决此问题，在北京有色冶金设计研究总院指导下进行张力调整，分两次将张力下调10%，随后进行偏载实验，效果显著；在山东省地质大队配合下，对线路所有支架进行统调，经空载、偏载、重载及急停实验，达到规范要求；与生产厂商协商，试产15套新挡板，新挡板加厚3毫米，加高3毫米，到货后在2#、6#支架进行试验，经检查完全符合设计要求，随后更换全部挡板。此后再未发生脱索，保证了索道运行安全。

图8-4　峄山索道通车典礼

　　峄山索道处于雷电多发区，雨季雷电非常频繁，容易造成电子设备损坏。为解决这一问题，峄山索道分公司将上下站信号线加装拔插头，雷电天气时及时拔开，切断控制缆与控制柜联系，避免因线路遭雷击而将雷电引入控制柜造成PLC及变频器的损坏。

　　峄山索道电控系统采用变频调速，属国内首创。但由于索道线路较陡，负力大（接近18千瓦），当下行人数较多时，容易引起变频器直流母线电压过高、变频器报警而造成紧急制动。峄山索道与山东省科学院自动化所合作，将原变频器改为带放电电阻形式，当出现负力过大造成直流母线电压过高的情况时，变频器通过电子开关经电阻柜进行放电，从而消除了因负力过大而引起的停车问题，经满负荷试验，完全达到使用要求。峄山索道成功改进的电控系统变频调速技术，迅速引起业内关注，并大范围推广，之后国内索道均使用此技术进行调速。

　　由于固定式抱索器索道固有的缺陷，如要确认车厢内有无乘客，必须采用人工记录的方式。这种方法，既烦琐又不可靠，且要求工作人员时刻精力集中，一旦出现漏记，有可能造成重大责任事故。为消除这一事故隐患，峄山索道设计了一套自动识别装置，利用重车、空车钢绳挠度会发生变化这一特性，当有人车厢驶离站台时，自动将该车厢记忆并点亮指示灯，显示线路上有乘客；因固定抱索器车厢间距相等且不变，利用过车计数开关即可检测车厢位置，当该车厢驶近站台时，自动发出报警信号，提示工作人员准备接车，再辅以人工记录，确保运行安全。此装置属国内首创，1999年5月12日经批准后试制安装，在此后峄山索道营运过程中效果稳定、使用情况良好。

运营管理　峄山索道营运过程中开展了一系列促销工作，重点以邹城周边旅行社、团体、大型会议为促销目标，与旅行社和其他组团单位签订促销协议书，实行10%～30%的免票优惠。开展一系列服务质量提升举措，以"微笑计划"为核心，加强制度建设，每月进行一次优质服务评比，并在旅游淡季开展综合培训，提升服务技巧和能力，有效提高了服务质量。这些措施，为泰山索道今后的运营服务管理进行了有益探索。

与野象谷索道一样，因资产重组关系，2001年后峄山索道产权归浪潮齐鲁软件产业股份有限公司所有，脱离了泰山索道的怀抱。

图8-5　峄山索道

第三节　河南嵩山索道

1998年3月1日，泰山索道对嵩山进行考察，拟定建设峻极峰索道、连天峰索道、迎仙公园滑道三个投资项目。项目手续审批期间，泰山索道考察少室山线路时发现了更为合适的少林寺塔林至三皇寨线路，确定在此修建客运索道。经相关部门审批，1999年9月15日嵩山索道项目正式动工，2000年7月2日完成设备安装、调试，具备运营条件。

一、建设背景

嵩山古称中岳，位于河南省登封市境内。古代中国分为九州，河南省属豫州，在中国中部，故称中州、中原。嵩山位于中原腹地、黄河南岸，因以其中而冠五岳，自唐代以来就称中岳，与东岳泰山、西岳华山、南岳衡山、北岳恒山齐名。嵩山形成已有25亿年历史，是中华民族发祥地之一，五千多年的中华民族历史在嵩山留下了大量的、不可磨灭的史迹。三皇五帝都在嵩山生息繁衍。原始社会后期，嵩山开始成为中华民族活动中心。大禹把嵩山作为他治理洪水灾害的根据地，被万世传诵。虞舜禅让天下于禹，禹建夏朝，改帝称王，为夏禹王。中华民族的"华夏"之称即源于此。

嵩山横卧中原，巍峨壮观，属伏牛山系北支外方山山脉一部分，其主体由

图8-6　嵩山索道

太室山和少室山两部分组成。在登封市东为太室山，西为少室山。清乾隆帝称"太少无穷奥"，太室如龙眠，少室如凤舞，两山各有36峰，峻拔诱人，峰峰有名，峰峰有典，因而人们称嵩山上有72峰、下有72寺。嵩山山上山下雄险奇秀，林壑幽美，寺庙林立，古迹棋布，真是"嵩山好景几千秋，太少奇险奥九州"。嵩山于1982年被列为全国第一批国家级风景名胜区，1986年建立嵩山国家森林公园。现嵩山分太室山、少室山、马鞍山三大景区。太室山景区包括峻极峰、中岳庙、嵩阳书院三个景区；少室山景区包括少林寺、三皇寨、连天峰三个景区。

20世纪90年代后期，为开发旅游资源，促进旅游业发展，登封市人民政府制定了详细的优惠政策。1998年3月1日起，应嵩山国家森林公园邀请，泰山索道对嵩山进行为期两天的实地考察，初步拟定建设峻极峰索道、连天峰索道、迎仙公园滑道三个投资项目，并被登封市人民政府列为1998年招商引资重要项目。

太室山峻极峰索道建设手续审批期间，考察人员对少室山进行了线路考察。当日在少室山内步行8小时，对整体地形进行了初步分析，认为在此修建一条索道较为合适。下站在少林寺塔林以西皮狐子岭，少林寺作为嵩山森林公园内名气最大的一个景区，游览少林寺，必然要游览塔林，位于少林寺以西300米的少室山脚下，南临少溪河，北依五乳峰，古树老林，宝塔参差。上站在三皇寨景区，三皇寨是炎黄子孙为了纪念人祖三皇在嵩山一带开天辟地之功而命名，位于少室山西麓山腰，海拔1200米。由于山势险要、路窄坡陡，犹如悬挂于少室山腰的天然山寨，是集险、奇、峻、秀、径、幽、美于一体的景区，可谓冠著嵩岳。这条线路全长2700余米，上下站址都离两个景区有一定距离，索道线路又向山区并在低标高区域行走，上下站之间可以通视，地形条件非常优秀，且对少林寺景区和三皇寨景区无任何影响，是比较理想的一条索道线路。而且，通过客运索道把少林寺景区和三皇寨景区连接起来，起到承上启下的作用，使人们游览山下少林寺等景区后便可乘坐索道到少室山上的三皇寨景区游览，然后由三皇寨南坡而下乘车到市内。索道作为登山交通的主要一环，把少室山山下和山上的两个著名景区连接起来，并构成旅游环线，不但扩大了嵩山的环境容量，而且为游客节省了体力和时间，提高了游览质量，满足了游客快节奏旅游需要，索道的功能得到充分发挥。

通过此次考察确定了索道线路，即少林寺塔林至三皇寨。1998年12月29日，与河南省国营登封林场签订《皮狐子岭至三皇寨索道建设经营合同》，约定以索道票收入的8%与景区分成的合作模式，同日经河南省登封市公证处公证。

二、审批论证过程

1998年9月8日，河南省登封市计委批复同意嵩山三皇寨索道建议书，索道设计线路下起皮狐子岭、上至三皇寨，全长2800米，高差450米，总占地面积15亩山岗裸露地；总投资2920万元，由泰山索道独资建设。9月16日，河南省林业厅批复登封林场，认为项目符合林业部《关于国家森林公园总体设计的批复》的要求，同意建设。12月20日，河南省嵩山风景名胜区管理委员会、河南嵩山国家森林公园批复国有登封林场，"经审查，该项目符合规划，同意建设"。

1999年3月2日，山东省旅游局批复泰山索道，同意建设嵩山三皇寨客运索道项目。4月1日，河南省文物局批复郑州市文物管理处，原则同意修建三皇寨索道，并提出：三皇寨下站位置要尽量向西至隐蔽处，建筑面积不得超过500平方米，建筑高度不得超过6米；建筑形式以青灰色仿古建筑为主，并需种植大型乔木遮掩，以利于少林寺及塔林环境风貌相协调。

1999年5月26日，河南省建设厅召开论证会，对嵩山三皇寨客运索道选址方案进行论证。7月14日，国家建设部组织召开论证会。两次论证会均认为，嵩山三皇寨客运索道对于更好地利用嵩山风景旅游资源和促进登封经济发展有着十分重要的意义，索道选址恰当，方案可行，依照程序，早日促成项目

图8-7 嵩山索道调试抱索器

工程完成，发挥其效益。9月16日，河南省建设厅致函河南嵩山风景名胜区管委会指出，根据建设部城建司原则同意嵩山三皇寨旅游客运索道项目选址的通知精神，要求管委会严格按照三皇寨旅游客运索道项目选址，抓紧项目施工建设，确保工程质量，工程完工后尽快恢复地质环境原貌，进行绿化。登封市建设局要抓紧给予办理施工建设有关手续。1999年9月23日，该项目取得建设工程施工许可证。

1998年9月15日，河南嵩山国家森林公园向登封市政府申请该项目"享受登封市鼓励市外投资税收（所得税）优惠政策，并享受《河南省对上市公司所得税征收、返还有关政策》"同日得到登封市政府批复同意。

三、建设过程

1998年10月14日起，山东经纬工程测绘勘察院对嵩山三皇寨景区进行全面测绘，完成支架放点及引点测量，上下站址及支架工程勘探。1999年1月1日，公司向北京有色冶金设计研究总院下达设计委托书并签订《嵩山三皇寨设计合同》，约定5月提交初步设计书。设计主要内容为：索道型式为脱挂抱索器四人吊厢索道，全长为2774.17米，高差453米。下站为驱动站，站址在少林寺西南约400米处坡地上；上站为回转站、站址在梯子口上端分水岭处。站房设计力求与当地传统建筑手法相呼应，建筑立面构图采用三段式构图。基础部分采用仿石材面砖，中部采用浅灰色外墙涂料和勒角，屋面则采用露顶屋檐，以使站房既保持有传统建筑符号，又尽量减少坡屋顶的沉重感。同时站房与生活设施或站外广场之间的过廊，既起到在立面上的分割作用，又具有通透感，使整个建筑外观端庄秀丽，色彩典雅大方。

1999年8月18日成立嵩山索道筹建处。9月15日，嵩山索道项目正式动工，当日开挖4#、5#支架基础坑。为解决上站施工缺水问题，在线路上找到一处水源，建挡水坝存水，购置一台256米抽水设备，解决了上站用水问题。两站设备基础及全线16个支架基础，开挖土、石方共计1000余立方米，浇筑砼500余立方米。筹建处人员监督每一处基础开挖、浇筑工作，确保工程质量。12月15日，设备基础和支架基础全部完成，具备设备安装条件。主要机电设备由奥地利多贝玛亚公司引进，其他有关设备由国内配套完成。设备安装全部由泰山索道自行完成，并于2000年4月30日全部完成。根据多贝玛亚公司要求，6月11日完成全部支架法兰盘连接间隙的整改，7月1日完成放绳、编绳及紧索，2日经多贝玛亚公司技术人员调试验收，具备运营条件。

设备安装完成后，因资产重组原因，嵩山索道资产归浪潮软件所有，并一直未对外运营。泰山索道安排部分人员留守，协助做好过渡期内的设备管理和技术保障，并对浪潮软件相关人员进行技术培训。2001年6月28日，嵩山索道正式投入运营，踏上了属于他的发展征程。2002年6月，泰山索道人员全部撤出嵩山索道。

图8-8　嵩山索道站房全景

第四节　托管青岛世园索道

2013年，为做好青岛世园索道的建设、维护、运营、后勤保障等工作，泰山索道动员全体干部职工接受组织挑选，到青岛世园索道接受锻炼和磨砺，从各部门、各索道站抽调业务骨干，组成了个人素质高、思想作风硬、工作能力强的世园索道运营管理团队共计51人，其中机电技术人员16人，运营服务人员30人，后勤保障人员5人。世园索道累计安全运营181.5天，安全运行1900小

图8-9　青岛世园索道

时，运送游客56万余人次，实现了零事故、零投诉的佳绩。

　　泰山索道青岛世园索道运营管理团队，充分发扬泰山索道拼搏奉献的优良传统，全面展示新时期泰山索道优秀品牌的良好形象，圆满完成了管理、运营青岛世园索道的光荣使命。团队以优良的工作作风、精湛的专业技能，保证了第一条国产带有转角站的脱挂式客运索道安全可靠运行，积累了经验、得到了锻炼、经受住了考验，赢得了青岛世园会执委会、世园索道投资方、世园索道设备制造商以及中国索道协会等各方面的尊重与信任，再次为促进国内客运索道行业的持续健康发展做出了贡献。

一、项目背景及论证

　　2014青岛世界园艺博览会（以下简称青岛世园会）是经国际园艺生产者协会（AIPH）授权、国务院批准，由国家林业局、中国贸促会、中国花卉协会和山东省人民政府共同主办，青岛市人民政府承办的世界性园艺博览会。青岛是继昆明、沈阳、西安后我国第4个成功申办的城市。在世界园艺博览会园区内规划建设使用客运观光索道在国内尚属首次，为减少政府性投资，青岛市政府及世园执委会将世园索道项目对外招商，由武汉江城物业公司、山东世桥工程公司两家企业投资建设。经中国索道协会推荐，受2014青岛世界园艺博览会执委会邀请，世园索道投资方委托泰山索道运营中心负责运营管理。

2013年3月25日，泰山索道与青岛世界园艺博览会执委会（即青岛世界园艺博览局，以下简称世园局）、北京起重运输机械设计研究院、世园索道投资方一起，对世园索道总体方案进行讨论研究。

由于北起院以前没有设计过带转角站的客运索道，泰山索道与北起院都建议将索道设计方案修改为只有上下站不带拐角站的方案，既节约成本，又增加设备可靠性，并能减小设备维护工作量。但是世园局认为，世园索道上、中、下三站布置的总体方案已经通过上级批准，不能做出修改。为此，世园索道仍按上、中、下三站布局进行设计。

世园局建议按照国外无站房方案进行设计。因无站房客运索道必须增加设备罩，这样会延长北起院的设计周期。经讨论确定，世园索道采用制作、安装、拆卸都比较方便的钢结构站房。

世园局建议，上下两段索道采用一套驱动机带动一个驱动轮，驱动轮上下两个槽分别驱动上下两段索道。因为设计周期方面的考虑，最后采用北起院的方案：两套驱动装置分别带动两个驱动轮，分别带动上下两段索道，将来拆除索道时，主驱动设备还能继续使用。

考虑到世园索道只运营半年多时间，拆除后的支架塔身钢结构重新利用率不高，再次使用时需要重新喷砂。如果进行热浸锌处理，每吨造价将增加3000元左右。为减少不必要浪费，简易支架未进行热浸锌处理，只采取除锈刷漆方式进行防腐。

由于国产皮带和轮衬的耐磨性仍不能满足运营需要，为减小运营期间的维修停运损失，建议采用进口皮带和轮衬。由于车库在上站，建议在下站和中间站设置紧急停车轨道，以备应急。

2013年3月20日，泰山索道制定世园索道勘探和测量方案（包括基础施工前的地质勘探和地形测量、放引点、向施工单位交接放点情况，基础施工后的预埋件和基础平面测量，设备安装后的机械安装精度测量等），并协助世园索道与山东经纬测绘院取得联系。

4月16日，协助世园索道修订设备采购合同。

4月29日至6月5日，泰山索道制定索道上中下三站所需控制室、机修间、备件和工具仓库、配电室、办公室、宿舍、售票室、检票闸机、排队广场的位置、数量和面积等配置方案。

2013年10月，世园索道进入设备全面安装阶段。由于设备安装单位安装脱挂式索道经验较少，泰山索道安排1名技术人员前往青岛协助筹建，负责指导监督索道设备安装。2014年2月16日，安排7名机电技术人员前往青岛，接替指导协调设备安装调试工作。主要完成工作包括，对上、中、下三站的安装图纸进行核对及索道线路各支架的安装检查。参加上下两站设备张紧小车、迁回轮、行走机构、加减速、进出站抱索器脱挂系统安装调试。参加中站设备吊装调试、两套驱动设备、驱动轮组装调试。通讯光缆的安装、链接部件的设计制作等。参与三站的动力、生活用电的电缆铺设、三站站房的整改、制作监督等。参与两站运营设施及机电维修工作间的设计、指示牌及标示制作。设计制作、安装中站站前防坠安全网。发现并修正上站车库、站房地平的前期施工误差。

泰山索道技术人员与设计方商定供电建设方案。2013年11月17～19日，与世园索道高压供电的设计单位山东国网启明电力勘察设计有限公司的设计人员确定了世园索道高压供电方式、容量、电源配送方式、备用发电机布置方式、功率设计等方案。同时利用工作间隙对职工宿舍港丽宾馆的生活用电功率计算、主进线电缆选型、食堂供配电系统改造等方面与港丽宾馆的管理人员进行沟通，明确了施工要求和完成时间，为职工能够顺利入住创造了条件。2014年2月12～14日，对世园索道三站高压配电室的走线、电缆施工、施工工艺和方法与施工单位进行沟通，确定了施工方案及预埋管线的配置方案。

泰山索道根据世园索道票务营销需要，建议世园索道选用深圳市爱森斯信息技术有限公司的电子票务系统，并采取预先印刷条码索道票、出售时激活的整体解决方案。完成了索道上下站排队、检票通道设置，根据售检票场地安排以及索道站的布局，系统规划监控设备配置方案，完成了符合标准化要求的站台及各站通道的警示、标志牌系统。

二、设备调试

世园索道设备由北起院设计制造，是我国自主研发、带有近120°中间转角站的第一条单线循环脱挂8人吊厢式索道，全长2046米，其中Ⅰ段长1195米、Ⅱ段长851米，Ⅰ段、Ⅱ段各8座支架，全线共84个车厢，每小时单向运量2400人。由于缺乏现成的运行参数及经验支撑，加之工期紧张，所有机电、液压设备都是从各加工点直接运到现场进行组装，没有进行事前预组装调试，存在很多缺陷和不足，给设备安装调试带来了很大困难。设备安装调试期间，泰山索道技术人员与北起院的工程技术人员主动沟通，共同处置各类问题。通过实际接线、查线操作，发现并排除了多项接线错误，并将检查出的线路及站内设备的隐患及时反馈给设计安装方，配合安装方进行排除、修正。先后排查出需要处理、整改问题100余项，将隐患消除在正式运营之前。

经检查发现，全线有112个托压索轮的侧板卡簧外凸，运行中有明显偏摆并伴有异音，存在卡簧弹出、侧板分离的安全隐患。更换问题托压索轮并运行一段时间后，依然有托压索轮出现摆动现象，用卡尺精确测量卡簧槽的深度与宽度时发现，同一索轮存在不同程度的偏差，致使卡簧不能完全压入轮毂槽内，导致两侧板径向窜动。确定问题原因后，联系北起院加工制作合格索轮，并自制工具将外窜卡簧敲击进卡簧槽内，更换合格备件后未再出现卡簧弹出、运转摆动现象。

世园索道Ⅰ段线路位于游客密集区上方，在对3#支架检查时不慎将一个螺母从支架上坠落到了地面，所幸地面无人，未造成任何事故。但是，开园以后索道线路支架下方游客密集，支架上任何东西的坠落，都将对地面游客造成威胁，甚至带来生命危险，必须在开园之前彻底消除这一隐患。为此，泰山索道对两段线路支架进行了全面细致排查抢修。尽管每个螺母都有防松措施，但是为了坚决消除这个隐患，技术人员动脑筋、想办法、做实验，最终选用硅酮结构密封胶进行固化防松，效果非常好，并在正式运营后形成了每周必须沿线徒步攀登检查支架螺栓、轮组运转情况的制度。

由于世园索道设计运行周期短，合同中的备件存量很少，不利于应急处置。泰山索道根据调试及试运行期间的经验，评估各类故障处置效果，本着简单实用原则，向北起院建议增加部分关键备件，如支架托压索轮、液压备用油管及密封件、整体离合器、DCS800控制器、各类安全保险管等，真正做到有备无患。

由于世园索道设计制造比较仓促，编制的主辅操作程序不够严谨准确，一些操作步骤只是凭设计师的原始设计为依据，未经验证。泰山索道技术人员与北起院技术人员逐条、逐步地验证，在正式运营前完善了主辅驱动操作程序。

三、审查验收

2014年3月28日，山东省质监局依据新颁布实施的《特种设备安全法》，对世园索道进行审查。审查期间，未能提供设备制造、安装单位许可证，未能提供竣工自检报告和试运行记录，未能提供作业人员的劳动合同、作业证书未变更聘用单位，未能提供应急救援演练记录，未能提供设计说明书、安装说明书、电气部件合格证。同时，审查组提出增加并明确值班站长的岗位职责。

根据山东省质监局审查存在的问题，泰山索道协助有关方面进行了全面整改完善，由北京起重运输研究院补充了设备制造、安装单位许可证，提供了竣工自检报告以及设计、安装说明书和电气部件合格证，完成经试运行120小时的记录。青岛世园索道与现场作业人员补签了劳动合同，明确了双方责任义务。作业证书中修改了聘用单位，并明确聘用期限。根据青岛世园索道应急救援预案及现场救援演练方案，组织开展实地演练，救援方案、救援演练过程、救援总结制作档案。

另外，根据世园索道实际情况，泰山索道进行了多次自检自查自纠，进一步明确了组织机构和人员职责、班次安排，修订完善了各岗位职责，在各站出入口及公路立体交叉处设置了17处交通警示标志，在支架爬梯处也设置了禁止攀登警示牌，在站台售票处、进站入口设置了乘客安全乘坐须知。健全完善了管理制度和操作规程，设计制作运行管理表，要求每天试运行以及始业前、中、后进行全面检查，并由检查人员和值班负责人签字确认。

国家索检中心于4月初进行现场验收检验，对大轮主轴进行了超声波探伤，对大轮焊缝进行抽检磁粉探伤，对8人抱索器进行了在线型式试验，检验2台抱索器抗拉力均大于26千牛。索检中心向索道设计方和投资方下达客运索道检测检验意见书，提出5项整改意见，柴油机排烟烟筒需要加防护措施、避免进水，驱动站、两迁回站设备爬梯门未安装自动关闭装置，站台警示线未加文字说明、需设置上车禁止线说明，检测探伤驱动轮时发现驱动轮内有积水现象、需做加油排水处理，段制动液压系统存在渗漏现象。

泰山索道按照要求进行了全部整改，并将整改结果上传索检中心复核。4月22日，国家索检中心为世园索道颁发客运索道安全检验合格证书。25日，世园索道在青岛市质量技术监督局注册登记。

四、安全管理

为加强对世园索道的安全管理，充分展示好泰山索道的形象，泰山索道青岛世园索道运营管理团队成立安全生产工作领导小组，下设行政管理部、运营管理部、设备管理部和生活管理部，各部均设班组安全员。组建临时党支部，成立机电科和运营科，并专设女工班长。

青岛世园运营管理团队组织全员学习《特种设备安全法》等国家及省、市有关安全法律法规文件、设备操作规程规范、规章制度和岗位职责，并进行业务技能与安全知识考核。逐步健全了试运行制度、运行管理制度、安全生产责任追究制度、特殊条件下应急运行等安全管理制度，层层签订了安全生产目标责任书。对各项警示标志、安全须知等内容进行补充完善。

青岛地处沿海，容易出现台

图8-10　青岛世园索道水上应急救援演练

风等自然灾害。为尽可能减少台风造成的安全影响，技术人员联系世园特种设备安全指挥部，每天接收世园气象短信，及时掌握天气变化趋势，主动采取了系列防范措施，及时排查、处理站房漏雨、照明吊灯等安全隐患；因地制宜，利用施工剩余的帐篷布，做成防雨罩，解决控制柜防雨问题；因接地棒位置处于设备大架上部前端，雷雨到来时需要到大架上操作，摘挂需要较长时间，设计制作新型接地棒安装方式，将接地棒从大架上移植于站房基础上，通过重新接线与设备安全系统对接，安全可靠、操作及时简便；由于Ⅱ索全线没有风速仪，技术人员无法全面掌握线路风速情况，由北起院提供一套国产风速仪安装在7#支架。

五、运营管理

2014年4月17日，泰山索道26名运营服务人员抵达青岛世园区，开始为期半年的青岛世园索道运营服务工作。

由于26人来自不同的部门、不同的岗位，而且在青岛世园索道的岗位与在泰山索道的岗位不同，泰山索道结合运营管理经验，制订了世园索道运营服务岗位设置方案、岗位职责、工作流程、服务规范，组织售票、检票、站台等每个岗位人员进行了多种客流状况下的演练培训，确定了最佳运营组织管理模式。经过短短几天强度高、针对性强的现场模拟演练培训，运营服务人员充分理解了各自职责、工作规范，熟练掌握了各种服务手势、文明用语和服务标准，为运营服务奠定了坚实基础。

青岛世园索道客流高峰期间，84个索道车厢全部上线，车速达到5米/秒，此时站内车速相对较快，达到0.5米/秒，站内车厢为5辆，加之不是无障碍车厢，游客上下车时间比较紧张、存在一定的安全风险。同时，为了增加站台客容量，游客队伍要延长至下车区域（下行游客很少）。为此，泰山索道团队反复研究，确定增加站台人员、最少保证4岗，同时严格落实满厢定员，保证最大限度提高运营效率，使单向运量最高达到2200人次左右，创造了3小时运送游客近7000人的最高纪录。

青岛世园索道正式对外运营6个月后于2014年10月25日停止对外运营，累计运行182天，运送游客56.31万人次。

六、停运交接

2014年10月20日开始，泰山索道运营管理团队清点整理各项档案资料，将73项档案资料、3套电气图纸、3套操作说明书、三站184天运行日志、日检记录，6个月的半月检、月检记录，12次柴油机试运转记录，184天每日运行管理记录表移交给投资方，同时将69项备件、92项工具移交给投资方。

10月25日，解除设备电源和各入口售票点电源，并将各房间钥匙集中分类编号交与投资方。全体人员进行保洁，将各类物品摆放整齐，将各类备品备件、工具耗材集中存放在相对安全的可控硅室内，整齐划一地移交给投资方。在做好档案资料、备品备件移交的同时，技术人员对各项机电设备进行了撤离前的全面细致检查，步行对全线支架进行巡线，对支架U型针线路进行了绑扎加固。当得知该索道有可能继续运营时，机电人员检查了支架基础，对被绿化草坪掩盖的基础螺栓进行清理并涂油防锈，更换了主电机进风过滤网，保证再运行时的空气清洁。

七、收获与启示

此次青岛世园索道，虽然只是受托管理，而且运营管理时间只有半年，但是无论运营服务还是设备安全，泰山索道都把世园索道当作自己的事业来经营、当作自己的设备来维护。

技术人员深度参与世园索道筹备、建设、调试、运营各个环节。他们凭着深厚的技术功底，对这套国产设备的认识比较全面深刻，处理解决问题所采取的措施针对性和可操作性非常强，积累了管理国产索道设备的宝贵经验，为管好泰山三条索道提供了有益的借鉴和启示。同时，在设备安装调试期间，发现需要处理、整改问题100余项，通过与北起院同行一起研究问题、解决问题，尤其是对相关设备、技术的改进与创新，对提升国产索道设备的设计、制造、安装等各方面提出了诸多实事求是的意见建议，也得到了北起院的充分肯定和高度评价。经过此次青岛世园索道管理，对改进和提升国产索道的设计、制造、安装水平起到积极推动作用，也为提高我国客运索道行业管理能力做出了贡献。

通过参与山东省质监局、国家索检中心的审查验收，熟悉了新建索道的相关工作流程和方法。

更为重要的是，此次受托运营管理青岛世园索道的经历，为泰山索道积累了运营管理大型国际化展会客运索道的经验。大型国际化展会内的客运索道，无论是索道设备、游客特点还是运营服务模式，与山岳型风景区内客运索道具有显著的差异。比如，青岛世园每天对外开放时间晚、持续时间长，客流量高度集中，老年人、儿童、残障人士等特殊游客数量较多，等等；世园索道车厢数量多、速度快，上下两站都不是无障碍乘车方式，给站台运营安全和效率带来了极大压力，这为解决后期改造后桃花源索道站内车厢多、速度快等问题，作了提前的实战培训锻炼。园区客流高峰来得早、持续时间长，主要集中于9点至12点，最大运送量超过6000人次，为泰山索道应对客流高峰、化解客流压力提供了宝贵经验。

第九章
风景呈新色——企业文化

　　文化自信是一个国家、一个民族发展中最基本、最深沉、最持久的力量。一个民族的复兴需要强大的物质力量，也需要强大的精神力量。

　　对一个企业而言，文化同样重要。企业文化是企业的灵魂，是可持续发展的源泉和动力，是所有成员共有的思维方式和行为习惯。

　　泰山索道40年历史，就是一部企业文化的建设史和发展史，经历了从自发向自觉、从物质到精神的蝶变升华。她深深根植于深厚的泰山文化，充分汲取中华民族优秀传统文化和中国当代精神的精髓，萌芽于创业初期的艰苦奋斗，成长于稳定时期的固本培元，兴盛于壮大时期的开拓进取，繁荣于发展时期的

图9-1 服务礼仪比赛

创新提升，实现了从无到有、从有到优、从优到精的跨越式发展，全方位构建起"内化于心，固化于制，外化于形，显化于物"的企业文化版图，形成了"平安相伴"的安全文化、"快乐共享"的服务文化和"泰山索道我的家"的团队文化，"泰山索道"商标荣膺全国驰名商标和山东省著名商标。

源浚者流长，根深者叶茂。以人为本、团结共赢和与时俱进的泰山索道企业文化，极大厚植了全体干部职工的归属感、使命感、责任感、荣誉感、自豪感，充分展示了泰山索道的历史担当、社会责任、管理智慧、物质成果、精神风貌和价值追求，为泰山索道持续健康发展提供了丰富有益的文化滋养，积极向上的精神引领和源源不断的思想动力，推动泰山索道这道泰山上最亮丽的景观"风景呈新色"。

第一节　理念文化

理念文化随着企业的发展壮大不断催生、外化形成。和社会道德一样，理念是一种内在的价值理念和内在的自我约束，是企业文化的"总开关"。它不仅反映一个企业立身处事的信念、倾向、主张与态度，体现着企业的行为取向、评价标准、评价原则和评价尺度。泰山索道的理念，源于泰山索道走过的路，发展于泰山索道正在走的路，激励着泰山索道将要走的路。可以说，泰山索道的文化理念，造就了泰山索道的品性风格，体现着泰山索道的精气神，引领着泰山索道的未来。

一、理念文化的萌发和起步

泰山索道早期的企业文化，未能形成系统规范的文化体系，是一个自发的形成。20世纪70~80年代我国第一条大型旅游客运索道建设时期，泰山索道人所体现出的"敢为人先、艰苦奋斗、迎难而上、精益求精"精神，坚定了那一代人扎根于泰山深处的信念、磨砺了那一代人挑战一切困难的意志。在这种精神指引下，泰山索道建设者们以天为盖、以地为席，以风为餐、以冰为饮，战天斗地靠自己、披荆斩棘为事业，抒写了一个又一个感人至深的故事，创造了一个又一个令人惊叹的奇迹。也正是这发源于泰山深处的精神，成就了泰山索道"会当凌绝顶"的伟岸风骨，激励着一代又一代泰山索道人奋勇前行。

敢为人先的开拓精神　从1978年6月2日《关于架设泰山索道的请示报告》呈送山东省革委、动议建设泰山索道开始，到1983年8月5日建成通车，建设泰山索道这个"国字号"工程经历了五年多时间。彼时，中天门索道作为我国第一条山岳型客运索道，遑论技术设计、线路勘测、设备运输以及此后的安装调试这样的大事，就是一个小小的螺丝该拧到什么程度这样的小事，没有一事有章可循、没有一项不是原创。如若没有敢闯敢试、敢为天下先的开拓精神，困难面前缩手缩脚，关键时刻不敢果断拍板，这项前所未有而且浩大的工程恐怕会拖延些时日。泰山索道的第一代建设者们，以对历史高度负责、对国家高度负责、对事业高度负责、对人民群众高度负责的精神，秉承办法总比困难多的态度，没有先例创造先例，没有经验探索经验，没有办法想办法，一次次的选择与否定，一次次的否定与选择，成就了一段历史的结束与开始，靠的就是泰山索道建设者敢为天下先的开拓精神。

艰苦奋斗的奉献精神　20世纪80年代，刚刚从十年浩劫中走出来的中国，百业待举、百废待兴，经济落后、物资匮乏。在旅游业尚未形成的当时，泰安作为一个普通北方小城，各方面条件同样非常艰苦。在那个物质并不丰富的年代，精神世界却异常丰富，人们朝气蓬勃，充满勇气、梦想和活力，希望用自己的双手去改变生活、创造幸福。奋斗、奉献，似乎是那个年代的标签。泰山索道的建设者也一样，他们沉浸在对美好未来的憧憬中，并通过自己的艰苦奋斗努力去实现。他们夜以继日、不知疲倦，以苦为乐、苦中作乐，凝聚着那个时代特有的浪漫主义和现实主义。1980年冬天的泰山深处，天寒地冻、滴水成冰，筹建处的4名同志和地质测量人员，仿佛孤勇的侠客，每天不知疲倦地穿行于悬崖峭壁、峡谷沟壑。寒风像刀片一样刺透骨髓，他们只是紧紧身上裹着的棉衣。饿了，就着几毛钱一瓶的泰山白干，啃着冻得硬实的馒头，唯一的佳肴，就是父母万般嘱咐、他们万般推脱的咸菜疙瘩。渴了，随手抓起一捧掺杂了冰粒子的积雪。唯一奢华的享受，便是下山途中能在朝阳洞附近喝上一碗热热的胡辣汤……他们从来没觉得苦，反而乐在其中，笑容每天挂在脸上。每一位建

图9-2　1983年泰山索道建设时化雪烧水

设时期过来的泰山索道人，都始终不曾忘记七百多个日日夜夜，晴天一身灰、雨天一身泥，潮湿闷热、蚊蝇肆虐的夏天，寒风刺骨、雪过膝盖的冬天。正是这种精神上的强大动力，激发出他们超强的战斗力，支撑着他们一步一个脚印走向胜利的彼岸。

迎难而上的拼搏精神　为有牺牲多壮志，敢教日月换新天。泰山索道建设者们每天承担的任务都是新挑战，每次遇到的困难都是新问题，但是他们从不退却、迎难而上，不向一切困难低头、不向任何挑战屈服，以饱满的热情、集体的智慧，攻克一个又一个难关，实现一个又一个成功。比如112名挑山工历时3天、攀登3328级台阶，将重达近5吨的驱动轮抬到南天门。400名挑山工将近800米长不能拖地、不能扭曲的电缆，毫发无损地从中天门抬到南天门。在整个中天门索道建设过程中，没有一件事轻而易举。但是在建设者们心中，没有一个困难不可逾越，只要敢于迎难而上，勇于向困难挑战，就没有做不到、办不成的事。

精益求精的工匠精神　中天门往复式索道共2个支架，一座高30米、一座高46米。每座支架从下到上有上万个连接孔，这些连接孔必须丝丝相扣，不能有任何误差。为了保证质量，建设者们先在山下预装。预装过程中，他们时而蹲着、时而站着，瞪大眼睛，拧完每一个螺栓都要再检查一遍，累了就揉揉眼、伸伸胳膊，就这样连续高强度、高精密地紧张组装，一次性通过验收、全部达标。36吨重的钢丝绳放索和架空，是一项更危险、精度要求更高的工作。泰山索道建设者们盯紧每一个环节、严守每一道工序，严丝合缝、精益求精，安全顺利完成任务，受到日本专家高度称赞。

求知若渴的学习精神　人非生而知之。20世纪80年代，客运索道在我国是新事物，除少数建设过货运索道的专家，普通群众知之甚少。作为我国第一条客运索道的建设者们，对从日本引进的先进设备技术充满好奇，他们下决心一定管好用好这个设备。但是，空有决心远远不够，必须从零开始、虚心学习，才能实现从了解、熟悉到理解直至熟练驾驭。泰山索道人在紧张的建设时期，有空就学、不懂就问，白天在工地边干活边学习，晚上回到帐篷铺开图纸、挑灯夜学，逮着王庆武等专家就不放手，喋喋不休问个不停，有时候

图9-3　1983年泰山索道建设者

甚至争得面红耳赤，非要评个你对我错。凭着这种虚心务实、执着认真的学习，泰山索道人实现了从索道的建设者向使用者、管理者、维护者和修理者的华丽转身。

二、理念文化的探索与发展

不得不让人叹服的是，泰山索道人并非只会钻山沟、摆弄机器的"技术员"。在企业文化建设方面，他们同样表现出敏锐的嗅觉和高度的自觉。后石坞、桃花源索道建成后，泰山索道由1条索道增加到3条索道，人员从几十人增加到上百号人、二三百人，泰山索道逐步走向设备和人员同步管理的新阶段，喊出"爱我索道、无私奉献"的口号，对泰山索道和泰山索道人的形象提出一系列要求，提出"平安相伴，快乐共享"的核心价值观，以及以"四化"（决策管理科学化、设备管理民航化、队伍管理军事化、服务管理民航化）为核心的企业文化，并于2005年有计划、有组织地集中整理、全面阐述，初步形成较为系统完善、具有现代气息的泰山索道文化体系。

20世纪90年代，泰山索道对自身形象的定位是：团结拼搏、开拓奋进，安全为天、效益为本；高效、严细，勇创一流。对泰山索道人形象的要求是：爱我索道、无私奉献，提高素质、自强不息；崇尚科学、热爱劳动，爱岗敬业、关心集体；遵守法纪、维护秩序，见义勇为、弘扬正气；举止文明、助人为乐，

尊老爱幼、邻里和睦；助残济困、礼貌待客，诚实守信、胸襟大度；讲究卫生、美化环境，勤俭节约、移风易俗。尽管这些表述不够简明精炼，具有鲜明的时代特色，却是管理者对自身精准认识、精准定位和精准预期的充分体现。同时，这些要求也再次充分表明，泰山索道对自身所承担的社会责任有着一如既往的清醒认识，这是一个企业做大做强的关键因素之一。此外，这两个定位即便是新时代的今天，依然具有十分重要的现实价值和指导意义，因为其体现了社会主义先进文化的本质属性和要求，并不过时。

2005年初，泰山索道首次对企业文化建设做出专项部署安排，实行了第一次自觉的、真正意义上的企业文化建设。8个月时间里，泰山索道提炼出"平安相伴，快乐共享"的核心价值观，确立了"四化"为核心内容的企业文化，并对"四化"逐一作出具体阐述，形成《泰山索道组织文化及管理规范》《设备管理手册》《队伍管理手册》和《服务管理手册》。

核心价值观　即"平安相伴，快乐共享。"平安相伴，表达泰山索道构建和谐内部关系和外部环境的追求，既是泰山索道追求平安相伴一生的良好愿景，也是泰山索道与社会、与游客平安相伴的美好憧憬，包含着泰山索道祈求自身发展顺畅、祈求百姓安康幸福、祈求国家国泰民安的价值取向。"快乐共享"传递的是泰山索道与游客、与社会共享快乐的博大胸襟。泰山索道希望干部职工快乐工作、快乐服务，快乐地创造价值，并把快乐精神传递给服务对象以及与之相关的社会环境，实现"与游客同乐、与社会同乐"。泰山索道的"快乐"，不仅包括服务给游客带来的快乐，更包含着泰山索道创造的价值给社会带来的快乐，是泰山索道"服务游客，奉献社会"神圣职责的体现。

核心企业文化　即"决策管理科学化，设备管理航空化，队伍管理军事化，服务管理民航化"。泰山索道是为游客提供旅游索道运输服务的专业组织，其核心内涵包括索道设备、专业人员、为游客提供的服务以及居于统筹地位的科学决策。因此，"四化"理念是泰山索道核心价值观的具体体现和实现形式，通过全面明确和系统阐述其标准，形成了有文化内涵、有操作标准、有制度保障、有行为规范的核心企业文化。

决策管理科学化以决策支持系统为信息，以决策组织和决策方法为保障，通过理顺程序化决策和非程序化决策的方法步骤，完善危机决策管理的应急预案，实现决策的民主化、科学化。泰山索道决策坚持"高尔夫式"即快和准的决策理念，要求决策者在信息搜集、方案拟订时稳健细致，在决断时果敢迅速，彻底摈弃议而不决的优柔寡断，在谋求市场机遇的同时谋求政策机遇，争取更大的发展空间。

设备管理航空化是在充分挖掘设备管理成功经验基础上，将精细管理、设备重要度分级和检查维护复核等航空设备管理理念移植到索道设备管理中，构建完善的组织机构、岗位职责、操作规程、规章制度以及索道的运行，主要设备设施的使用、检查、维护和安全监察、紧急救援措施等全方位、全过程的索道设备规范化管理体系。

队伍管理军事化是借鉴军队的管理思想和管理方法，培养良好品质、精英素质、服从意识和荣辱观念等方面素质能力，强化工作责任心，提高工作执行力，达到"召之即来，来之能战，战必能胜"。倡导以人为本、和谐共处，通过内部的良性互动沟通，创建和谐的内部关系，追求团队与个人共同发展，增强对泰山索道共同价值的认同感。

服务管理民航化是借鉴其他行业尤其是民航的规范服务，结合客运索道实际，对服务人员、服务设施、服务方式和服务程序等进行全方位、标准化管理，以实现人性化、亲情化服务为目标，确定每一个岗位对内对外的服务程序和服务标准，并在服务工作实践中认真贯彻执行，使泰山索道的服务水平达到或接近民航服务的标准。

三、理念文化的完善与拓展

企业文化是企业发展实践的产物和价值追求的体现，会根据内部需求、时代精神和社会环境的变化而不断完善与拓展。

2012年，中国特色社会主义进入新时代。这是一个全新的时代，这是一个伟大的时代。

泰山索道也进入一个新的快速发展周期。对设备管理，更加注重检修维护质量。对安全的追求，更加突出治理体系和治理能力现代化。对服务的追求，更加注重亲情化。对职工的尊重更加人性。日常管理和设备操作实现了流程化、标准化和规范化。弹性运营、满厢定员等一系列站在游客角度的运营新思路更好满足游客需求，候车长廊、生态厕所等一系列为游客着想的基础服务设施更加健全完善，换门窗、装空调、除湿机、夏凉被等一系列暖心举措，职工工作生活条件大为改善，一批老一代泰山索道人光荣退休，一批新鲜血液补充进来，机关下基层、一线工作法等进一步融洽了干群关系和基层关系。跳出泰山看索道、跳出行业看索道，寻标对标、争先进位，业务大培训、技术大比武，管理、能力、效益"三大提升"，党建、安全、服务"三大品牌建设"……这一切，无不适应着新时代的新变化和新要求，体现着新时代的新担当和新特色。

泰山索道企业文化也同步进入新时期。内外环境日新月异的变化与调整，为泰山索道企业文化的完善与拓展注入了新动力和新活力。泰山索道更加注重管理、更加注重能力，力求以全面提升的管理水平和专业能力，促进工作质效的提升，进而推动两个效益的提升。以游客满意度为目标，更加突出优质服务和社会责任，更加突出新发展理念，努力构建新发展格局，尊重劳动、尊重知识、尊重人才、尊重创造，以美好的愿景鼓舞人、以宏伟的事业凝聚人、以科学的机制激励人、以先进的文化熏陶人，"泰山索道，平安相伴"的核心价值观更加精炼，"以游客为中心，把游客当亲人"的服务理念不再含蓄，安全生产标准化与双重预防体系构筑的"三重防火墙"确保泰山索道"大安全"磐基永固。

图9-4　岱顶分流游客

第二节 制度文化

企业制度文化是行为文化得以保证的前提,构建与企业文化相适应的制度体系,才能从根本上保证企业文化理念的贯彻落实。只有以文化为支撑,制度的执行才能顺利;文化只有以制度为依靠,才能保证管理的强制性。作为我国最早从事大型旅游客运索道运营管理的单位,在当时国内没有任何经验可以参考、借鉴的情况下,摸索创造了客运索道设备安全管理和运营服务的一整套运作模式、制度化和标准,为国内后续建成的旅游客运索道提供了示范、积累了经验,是国内客运索道行业起步的带动者和发展的推动者,发挥了旗帜引领作用。

一、制度体系的探索

中天门索道运营初期处于我国客运索道起步阶段,缺乏成熟的安全和管理经验,在不断摸索和实践中,为加强索道的经营管理、设备管理和安全运营,中天门索道根据当时工作的需要编制了《中天门索道公司规章制度》,内容涵盖了5个科室职责范围、24个岗位职责、11项制度、6项守则、11项一日工作程序、9项管理规定、4项安全责任书。1994年,后石坞索道、桃花源索道相继运营后,由于索道设备形式的不同,各索道站根据安全和运营需要量身定制了各管理站规章制度。后石坞索道站编制《后石坞索道公司规章制度》,共分二十四章;桃花源索道站编写了《服务工作指南》,1996年9月,桃花源索道编制了《索道管理手册》,共分为十章。2001年8月,桃花源索道以提高职工政治和业务素质、落实各项规章制度为指导,以强化制度管理、岗位量化管理为目的,编制《工作岗位量化考核管理手册》,在管理站内部推行岗位量化考核管理。2002年,泰山索道与山东大学人力资源研究所合作开发了人力资源管理体系建构项目,建立起了以绩效为依据的薪酬分配机制、以学习目标为基础的培训机制和以关键绩效指标为导向的绩效管理机制,实现了选人、用人、育人、激人、留人的良性互动。

二、制度体系的整合

2004年，随着泰山索道体制改革的完成，泰山索道踏上了新的征程。作为固本建设的重要工程，着眼于机制的建立完善，泰山索道亟须构建一个闭合的、关联的、科学的制度体系，这个制度体系既各有分工、互不冲突，又相互联系、协调配合，共同发挥作用，实现制度在更高层面的系统整合，提供一个强有力的制度保证。

2004年7月，《绩效考核实施细则》发布实施。该细则根据泰山索道的核心价值理念与工作标准，针对各部门及全体员工的工作产出与业绩进行的综合性考核与评价，建立起的绩效管理与绩效考核体系。通过绩效考核体系的实施，保证了泰山索道整体经营战略目标的实现，帮助每位员工实现了个人职业生涯的发展与规划，为员工晋升、岗位轮换、薪酬、福利、奖惩等人事决策提供客观依据，为建立科学、系统、高效的人力资源管理体系打下坚实的基础，促进了管理者与员工之间的沟通交流，增强了凝聚力、向心力，提升了工作业绩与服务质量，保障了泰山索道的可持续发展。

2005年10月，《泰山索道组织文化与管理规范》一书完成，形成了"决策管理科学化、设备管理航空化、队伍管理军事化、服务管理民航化"（简称"四化"）管理的具体标准和规范。该书分5篇16章50节，系统阐述了泰山索道的组织文化、管理理念、管理方法，囊括泰山索道决策管理、设备管理、队伍管理、服务管理的各项岗位职责、操作标准、工作流程、行为规范。通过提炼整合泰山索道20多年艰辛发展历程形成的优良传统和宝贵经验，搭建起科学、系统的以"四化"建设为标准的管理平台。

"决策管理科学化"标准完善了程序化决策的原则、程序、方法、步骤，明确了决策人及决策权限，同时按决策事件的轻、重、缓、急对非程序化决策进行分级分类，依据决策事件的影响程度确定科学的决策方法；"设备管理航空化"标准在充分挖掘设备管理方面成功经验的基础上，强调精、细、严、规范的原则，突出关键设备、重点部位的监护与管理，提炼总结出整条索道设备的关键控制点和标准化操作指导书，在设备管理和安全管理方面铺设了一条"发现问题、思考问题、解决问题"的通道；"队伍管理军事化"标准要求以军人的严明纪律、坚强意志、素质过硬、优良作风培养员工，促使各项工作过程中按照规范的工作流程、标准化的作业方法执行，培养一支"纪律严、业务精、作风硬、能力强"的员工队伍；"服务管理民航化"标准是借鉴民航业的规范化服务，结合客运索道实际，以人性化和亲情化为目标，提炼出每一个岗位对内、对外的服务程序和标准，将各项服务工作上升到规范化、制度化，有效避免因人而异的经验操作，消除主观因素造成的服务随意性，最大限度的满足游客需要。

三、制度体系的优化

制度建设是一项长期的、艰巨的任务。任何制度都要经历一个从建立到不断完善的过程，任何制度的资料和形式都需要根据企业经营的变化而不断废止和更新。30多年的探索，泰山索道在客运索道的安全、设备、服务管理等方面的模式，影响着中国索道行业的管理模式和发展趋势，在新形势、新问题面前，只有依靠制度创新，才能让泰山索道始终站在国内客运索道发展的前列。

2012年底，针对泰山景区节假日旅游高峰期游客爆满的井喷现象，泰山索道提出"服务流程再造、服务标准重塑"，实行"满厢定员"的工作举措，提高车厢乘坐率，发挥最大运力，高效、快捷组织控制、运送分流游客的初步意见；2013年3月，根据国家安全生产监督管理总局和国家质量监督检验检疫总局《关于在客运索道企业开展安全生产标准化建设》的指示精神，全面推进安全生产标准化建设工作。经过深入思考和广泛调研，决定安全生产标准化和运营服务标准化标准建设一起部署、同步推进。

2013年度泰山索道历时三个月，历经三次整体性修改完善，完成了所有制度、预案、程序、规范及图表等大量探索性文件的起草工作，包括400余项保障性制度、支撑性文件、落实性记录（表格）在内的标准化体系初步建立。40人的"四化"建设团队，坚持"三全"（即全员、全过程、全方位）和"四重"（即重在基础、重在基层、重在落实、重在治本）的指导思想，逐字逐条讨论研究《客运索道企业安全生产标准化评定标准》，与中国索道协会领导专家、兄弟索道负责人面对面交流沟通，重点围绕提高人员安全意识、规范安全行为，保持设备设施的安全性能和稳定状态，营造符合安全要求的生产经营环境等方面，健全安全生产责任制，落实安全生产责任主体，规范安全操作规程，使索道设备设施的监管、维护、检修、更新等每一个环节都有保障性制度、支撑性文件和落实性记录，使人员、设备设施、环境、制度始终运行在计划、执行、检查、处理的良性循环轨道，最终实现管理制度标准化、作业行为标准化、工作条件标准化、作业环境标准化。运营服务标准的制定，则着眼于整体的服务，采用系统的方法，通过改善整个服务体系内的分工和合作方式，优化整个服务流程，从而提高服务的效率，寻求服务质量的保证。在考虑服务整体、系统方法、标准化服务流程的基础上，结合索道所处地理位置、游客数量、细分游客来源、行业特征和服务特性等细节，以向游客提供便利为原则，以岗位职责为导向，对游客购票、进站、候车、检票、乘车等每个环节和流程进行优化和完善，确定每个岗位的服务内容、服务流程、安全职责和卫生职责，对每一项管理活动、每一个工作流程、每一处作业环境的评价都有明确的量值规定。

2014年，泰山索道进一步拓展标准化建设范围，推行机关工作标准化，完成了机关工作标准化的体系搭建，制订修订12个职能处室、95个具体岗位的工作职责，各项规章制度40项，工作流程标准31项，落实记录表格85项，机关各项工作步入制度化、程序化轨道。机关标准化以部门职责和岗位职责为基础，完善办事程序，健全工作制度，并根据部门（岗位）职责、工作制度、办事程序，搭建起了从任务交办、办理流程至过程记录、监督评价的PDCA标准化循环工作模式，机关各部门、各岗位工作流程进一步明晰、工作行为进一步规范、工作质量进一步提高，形成了每项工作均"有制度可依，有程序可循，有记录可查"，工作效率和工作质量得到了有效保障，为泰山索道内部标准化打造了制度保障。

2015年，泰山索道以安全生产标准化、运营服务标准化和机关标准化体系为基础，梳理分解职能职责，整合优化工作流程，完善明确工作要求，细化量化评价标准，探索搭建以定岗定员定责为主要内容的"三定"管理细则，推行岗位考核新机制，健全岗位职权考核体系，制定168个岗位的工作职责、流程、标准和335项岗位考核表，出台《岗位考核实施方案》，形成了覆盖全部岗位、全部人员，涵盖岗位职责、工作标准、工作流程、考核评分标准的岗位考核体系。

岗位考核实行自上而下、逐级考核、动态管理的方式，依据日常的工作表现和工作实绩，全面、细致、客观、公正地作出的整体评价，将考核结果作为调资、调岗以及奖惩、评先树优的重要依据。考核工作的开展增强了组织的运行效率，提高了员工的职业技能，推动了组织的良性发展，激发了员工工作热情，确保了工作的高效运行和各项工作任务顺利完成，在提高工作效能方面发挥了积极作用。2019年泰山索道突破传统观念和陈旧思维模式，对原有服务标准体系进行系统梳理、全面提升。深入分析行业服务实际，深度总结泰山索道三十余年运营服务经验教训，遵循"源于标准，遵循标准，高于标准"的高标准严要求，坚持"服务过程标准全覆盖，体系内标准协调统一，标准内容要高要求重实际，标准要从实践中来到实践中去"的指导思想，以乘客需求为出发点、以全员参与为落脚点、以设备安全为保障点、以设施完善为增长点、以体系构建为着力点、以优质服务为考核点，改革创新科学规划服务体系标准。重点对机构设置、目标规划、岗位职责、管理制度、工作流程、操作规范、工作标准进行了重新归纳整合、提炼完善，搭建起了包括服务通用基础标准体系、服务保障标准体系和服务提供标准体系三大体系、21个子体系、248项标准的新标准体系。

新标准体系按照"结合实际工作，结合具体岗位，结合乘客需要"的原则，用量化、细化、程序化的要求规范工作的环节和程序，明确了工作权责、优化了工作流程、规范了工作行为、细化了工作标准。新标准体系涵盖泰山索道的设备技术、安全生产、运营管理、服务提供、行政保证等各项工作的每一个环节和工作流程，实现了覆盖全面、内涵丰富、标准明确、程序完善、流程顺畅、可操作性强的目标，充分体现了"体系化、标准化、实用化、示范化"的要求，探索出了一条紧密结合泰山索道实际的服务标准建设之路。

2020年5月，泰山索道对各项管理制度了新一轮的梳理，整合、完善泰山索道各部室单位相关管理制度、流程、规范。废止了一些不适应形势发展，与法律、法规不符的管理制度，归并、修订了一部分性质、作用近似的制度，增添了近年来新的管理制度，最终形成《泰山索道管理制度汇编》。该汇编涉及泰山索道管理的各个方面，分为行政管理、安全技术管理、运营管理三类。行政管理涵盖行政工作、人事工作、财务工作、网络工作、基建工作、稽查工作、党建工作、后勤工作、车辆管理和索道管理站十个部分的66项管理规定；安全技术管理涵盖了安全监察工作、技术工作两部分68项管理规定；运营管理发布

11项管理制度。新的制度汇编设置合理、科学、简洁、清晰，具有较强的可操作性和实用性，对各部门工作起到积极的指导作用，进一步在规范员工管理、行为的同时，充分发挥泰山索道管理机构管理能力，为日后的制度完善和提高，提供依据和指导意见。

第三节　行为文化

文化只有和行动统一起来才有意义。泰山索道深知要使企业文化的品质、品格、品行得以实现，仅仅靠知晓企业的价值理念、精神支撑、行为规范还不够，必须要有相应的方式方法。这个方式方法，不是靠让广大员工死记硬背提炼出来的概念条文、规章制度，而是要让广大员工理解并能付诸行动，自觉执行这些理念、精神与行为要求。要做到这一点，员工最喜闻乐见的是靠大家"化"大家。泰山索道抓住有利时机，利用多种方式，从员工日常工作、生活中

图9-5　邀请山航"鲁雁乘务组"进行服务礼仪培训

挖掘、搜集、整理出典型案例，提炼出经典格言，让这些案例、格言化身为小品、歌谣、故事、标语、口号，让价值理念形象化、精神支撑口语化、行为规范具体化，以达到用身边的事教育身边的人、用身边的人提升身边的事的效果。

一、载体建设

思想的跳跃是为了行动的飞跃。通过各类活动的开展，使员工以主人翁的姿态在活动中自我教育、自我提高，丰富和活跃了员工的业余文化生活，陶冶了员工的情操，培养了员工的集体主义精神和团结进取、拼搏奉献精神，增强了向心力和凝聚力，增进了相互间的了解和友谊，展示了员工良好的精神风貌。

树立鲜明导向　通过深入开展多种形式的创建活动，精心组织真正深入人心、切实有效的活动，把员工的思想和行为引导到健康向上的事业中。积极参与全市"创建中国优秀旅游城市""创建省级文明单位""创建文明行业"等活动，在活动中提升员工主人翁意识和奉献精神。为切实提高服务水平，结合向劳动模范人物学习，先后组织开展了"三优一满意"（即优美环境、优良秩序、优质服务，游客满意）、"塑造三个形象"（即共产党形象、索道员工形象、单位

图9-6　2016年为泰山义工联合会登山提供志愿服务

形象）、"三比"（即比学习、比干劲、比贡献）、"旅游细微服务""争创服务明星"等系列活动；团委在全市旅游行业团员青年中率先发起倡导并深入开展了"青春在旅游业闪光"和"争创青年文明号"等活动。从抓职工思想道德建设入手，加强政治理论学习，先后开展了"三德"（即社会公德、职业道德、家庭美德）、"三爱一讲"（即爱祖国、爱城市、爱单位，讲职业道德）、"挑山工"主题实践、"泰安小美"志愿服务等活动，用全新的活动内容和形式，引导员工走向一个更新高度和深度。

　　在创建活动中，引入实际事例，挖掘在各岗位涌现出的典型事迹和先进个人，树立榜样，进行表彰，利用各种手段广泛宣传，组织学习。开展服务明星评选活动，营造浓厚的比学赶超氛围，大力倡导服务精神、奉献精神。

　　注重文化引领　发挥自身优势，坚持普及性和提高性相结合的原则，坚持知识性、娱乐性、趣味性相结合的原则，坚持业余自愿、形式多样、健康有益的原则，积极创新各种载体，利用旅游淡季的有利时机，举办员工运动会，在强健员工体魄的同时增加员工之间的合作精神和集体主义精神。开展以歌颂党、歌颂社会主义、歌颂旅游事业大发展和身边涌现的好人好事为主题的演讲、演唱、咏诗、征文、普通话比赛、文艺汇演、职工才艺展示等活动。与兄弟单位

图9-7　索道服务风采展示文艺演出

举办联欢晚会，积极参加上级有关单位组织的文艺演出活动，以日常工作为原型组织排练的摇滚快板、弦子鼓《走进新时代》、小品《风雨索道情》、大合唱《索道之歌》等节目，分别在市公交系统、旅游系统、全市庆"七一"文艺演出及山东电视台举办的星光电视文艺晚会上获奖，通过寓教于乐的方式，让员工们以主人翁的姿态在活动中自我教育、自我提升。

创办内部期刊　为宣传泰山索道内部组织文化、打造泰山索道服务品牌、树立典型、弘扬正气，搭建起广大员工展示才华的舞台，丰富员工精神生活。2006年6月，泰山索道创办《索道人》内部期刊，期刊以报道泰山索道重大事件、员工工作生活心得体会、建议意见、散文诗篇、好人好事、典型人物、组织文化和班组文化宣传、摄影书法绘画作品展示等内容为主，以员工原创稿件为主要内容，以不定期的形式印刷发行。2012年3月，内部期刊改版为《求索》月刊，设立了"新闻点击""表彰决定""不忘初心""警钟常鸣""班组文化""有感而发""求索思客"等多个专栏。依托《求索》平台，广大职工有更多的机会交流工作、学习、生活心得，相互借鉴企业管理、运营服务和设备维护等方面的技术经验，既增进了同事感情，又拓宽了工作思路，真正形成了风正、言顺、人和、业兴的健康向上的良好局面，成为泰山索道企业文化建设的亮点。《求索》内部刊物除印刷外，选题、撰稿、编辑、审核、排版、版面设计全部由员工自主完成，促进了员工技能的提升和精神的交流。

图9-8　内部刊物《求索》

传播索道声音　2012年，建成泰山索道企业网站，收集整理有代表性的文章刊登在网站专栏中，为广大员工提供了一个施展才华的舞台；2015年泰山索道对网站进行了改版，根据游客及工作需要增设立新闻动态、专题栏目、旅游资讯、互动交流等8个栏目，2021年增加线上购票栏目。改版后的网站发挥了介

图9-9　泰山索道官方网站

绍泰山索道、宣传泰山、增加了与目标游客的互动、及时得到游客的反馈信息、网络销售的作用。随着新媒体的出现，以个人传播为主的自媒体时代到来，泰山索道紧跟时代发展，搭乘时代快车，于2016年10月泰山索道开通微信服务号、2018年8月开通微信订阅号、2021年1月同步开通官方抖音号和微信视频号，借助自媒体覆盖范围广、传播速度快、影响力大、受众面广的特点，展示泰山索道独特的企业文化、泰山风光、工作动态，提高泰山索道可信度，增强泰山索道曝光度，提升泰山索道知名度。

强化员工培训　多年来，泰山索道将培育先进的企业文化和发挥人的主体作用作为企业管理的主导环节，关注员工的成长，致力于打造学习型企业，培养员工终身学习习惯。以提高员工队伍素质为目的，以冬季淡季大规模全方位培训为手段，开展形式多样的各类培训，为员工提供发展平台。一是结合工作实际情况拓展培训范围，将单一的机电、安全、服务等相关职业技能、职业纪律、职业责任培训，延伸到职业道德、思想品质、精神作风、泰山文化知识等全方位培训教育。找准切入点，选好结合点。一是根据人员岗位职责制定"菜单式"培训计划，精心组织培训内容，与授课老师积极沟通、共同备课，对培训具体环节、流程方式不断修改，真正做到因岗施教、因需施教。在培训中既追求岗位共性统一，又体现各岗位工作职责个性的前提下，让培训内容渗透到每位员工，确保培训不走过场。二是采用"请进来，走出去"的方式，确保培训多样性。在教育培训的师资和学习途径方面坚持高标准，聘请山东航空公司、山东农业大学、泰山学院、市委党校等相关行业知名专家、教授来泰山索道授课，深入山东航空、太古飞机维修、黄山索道、济南12345民生热线等国内、省内先进企业进行学习培训。三是增加培训趣味性，在培训课堂上添加服务场景重现、模拟现场讲解等方式，采取启发式、互动式、交流式的教学方法，活跃员工思维，引导参训员工进行主动思考，激发学习兴趣，深化对培训内容的理解，提高培训效率，让培训效应远远超过培训本身。四是采用"让员工上讲台"的方式，激发员工对本岗位工作内容的探索精神，让业务精湛的员工为同事们授课，一方面由于授课教师讲的都是最贴合实际的内容更利于员工的吸收，一方面也带动业务精英教学相长。五是把创建学习型组织与企业文化建设很好结合起来，通过培训和企业文化的熏陶，使员工严格自律，刻苦学习，踏实苦干，找到归属感，在平凡的岗位上实现自身价值。

二、服务文化行为

服务无界限，文化能共鸣。在这个服务至上的时代，游客越来越"苛刻"的服务需求，给泰山索道提出了新的挑战。服务行为以及由此产生的服务质量问题已成为评判竞争的焦点、亮点和热点。在服务文化体系建设的各个阶段中，泰山索道更关注员工整体服务行为的养成，从服务理念形成、服务能力培养、服务文化外显等一系列服务文化进行了统筹构建。追求高品质的服务文化，高标准的服务行为，提升服务文化贡献度，成为泰山索道谋求发展的必然选择，是责无旁贷的第一要务。

服务文化的起步阶段
索道运营初期到2005年，泰山索道从统一服务着装、站立服务、使用文明服务用语起步一步步探索服务文化，以"内强素质，外树形象"为工作动力，以社会公德、职

图9-10　服务形象风采展示

图9-11　早期服务培训

业道德、家庭美德相结合的"三德"教育为主要内容，以培养和树立"爱我索道，无私奉献"的企业精神为工作目标，以向社会郑重承诺"礼貌待客，和蔼可亲，排忧解难，无私奉献，义务咨询，百问不厌，拾金不昧，真诚归还"等服务内容为突破口，达到了"服务着装统一化，服务动作标准化，服务用语文明化，各项服务程序化"的标准。

开展"假如我是一名游客"的大讨论、微笑服务、旅游英语服务等形式灵活多样、内容丰富多彩的活动；充分利用宣传教育阵地的作用，大张旗鼓地宣传身边的先进事迹、好人好事，使全心全意为游客服务的思想深入每位员工心中，贯穿和体现于一言一行中。全方位、多角度地对员工进行服务理念灌输、服务行为培训，提高服务水平、服务质量和职业道德水平。通过公开监督电话，建立考核机制，适时推出"一日工作程序"等举措，让员工树立起"高标准、严要求、重质量、求实效"的工作作风，全身心投入、全天候服务、全过程负责、全方位组织。

提倡三心服务，即"热心、细心、耐心"。热心是指主动帮助游客解决困难，想游客之所想，急游客之所急，变被动服务为主动服务，帮助游客解决困难，使他们乘兴而来、尽兴游览、满意而归；细心是指在为游客服务的过程中，要通过细心观察，及时找出一些细微环节中存在的问题，千方百计改善服务质量，给游客提供无微不至的优质服务；耐心是指对一些态度不好的游客要耐心解释，既要坚持原则、不卑不亢，又要不失冷静、礼貌待客，用文明服务来化解矛盾，维护泰山索道形象。

1997年8月13日，泰山索道及时开通绿色通道，抢救一名在盘道上摔伤、生命危在旦夕的小游客寒松的事迹，被大众日报等新闻媒体评为"8·13见义勇为英雄群体"。泰山索道员工表现出来强烈的责任感和高度的使命感得到了社会各界的广泛赞誉。1988年泰山索道被国家旅游局评为全国旅游系统"优质服务先进单位"。1988年至1997年连续十年被评为"市级文明单位"；1998年被评为"省级文明单位""省旅游行业精神文明先进集体"和泰安市"窗口行业优质文明服务竞赛先进单位"、省级"青年文明号"等荣誉。据不完全统计，仅1998年涌现出来的好人好事就有上百起，拾金不昧金额总计达50多万元，帮助寻找失散亲人上百次。荣誉是对泰山索道的褒奖，也是对泰山索道服务文化的认可。

服务文化的发展阶段　理念是服务文化建设基础，是服务文化的精神内核，是影响服务行为的根本。2005年泰山索道顺应时代大潮，为把良好的、优质的服务精神转化为广大员工的精神动力和自觉行动，提炼整理出"诚信严实、快乐激情、随物赋形"的12字服务文化。"诚信严实"是泰山索道服务工作最基本的要求。泰山索道把"诚信"作为服务文化贯穿于整个服务工作之中，并通过严格的管理、严密的组织、严肃的态度、严明的纪律规范组织成员的思想和行为，达到作风上的求真务实，工作上的严细精实，使乘客得到实实在在的实惠。"快乐激情"是泰山索道服务人员对乘客的服务态度和在服务中展示出的精神风貌。泰山索道首先要求其成员自己要感到快乐，并把这种快乐传递给客人，在服务过程中树立"阳光心态"，始终保持快乐的心态，把高昂的激情投入服务工作中去。"随物赋形"，是指泰山索道的服务方式和服务内容是乘客需求或期望的积极应对，即服务人员通过体察乘客的需要，感受乘客的情绪，从乘客的角度寻找差距，提供体现个性特征的服务，要求服务人员"多才多艺"和具有灵活多变的适应能力，以及良好的工作态度、主动的服务意识、规范的操作程序以及敏锐的观察能力、灵活的处事方法、丰富的经验和良好的素质。

有了系统的服务文化理念，泰山索道从"硬"和"软"两个方面着手提升服务品质。"硬"就是完善硬件设施，改善硬件是提供优质服务的重要内涵，也是服务文化的基础。一切围绕如何提高安全保障水平和提高游客满意度，对硬件设施进行完善，为游客创造更加安全舒适的旅游条件和环境。2005年，中天门票房及候车通道进行优化改造实现了当年立项当年建设当年完成。新建成的中天门候车长廊成为泰山景区的一大亮点，在防风、防雨、规范秩序等方面的提升作用立竿见影，受到社会各界和广大游客的一致好评，中央电视台等媒体给予了正面宣传报道；更新标志标识，设计制作体现泰山索道特色、符合标准要求，兼具美观性、统一性、整体性、人性化标志标识和中外文对照的游客导览图300余处。"软"就是提高服务质量，服务质量是服务的核心和关键，从服务言行的规范到服务流程的优化，使游客从排队购票开始到离开索道站，全程都感受到安全、贴心、细微的服务。游客的满意度提升了，泰山索道的窗口形象更好了。优质的服务体现出泰山索道服务人员的素质和能力，完善的服务设施、良好的服务环境、多样化的服务内容、人性化的服务方式彰显出泰山索道的服务文化，这些都是最大限度让广大游客满意的重要保证。

服务文化的转型阶段　服务文化的主旨是将服务理念、服务意识渗透到职工的思想意识之中，促进其向规范的服务行为转化。2012年冬季培训，为营造"服务流程标准化再造"氛围，做好"服务流程再造，规范服务标准"工作，泰山索道聘请泰山学院知名教授，有针对性地开展了以"满厢定员"为核心的服务礼仪培训，帮助员工树立正确的服务观念、改进工作作风、提高工作效率、规范服务行为、提升沟通能力、引导和要求服务岗位人员增强主动服务意识，提升实际服务技能，将培训内容自然而然地转化成为日常工作言行。2013年1月5日，在泰安市电视台举行"服务流程标准化再造"服务礼仪比赛，此项活动的开展增强了一线员工的团队精神、协作意识，展示了员工昂扬向上、锐意进取、勇于创新的精神风貌。

2013年，泰山索道以运营服务标准化评估、整改、提升为契机，梳理细化工作流程、服务规范和管理制度，研究细分游客在客流稀少、客流高峰、极端天气、设备故障等不同状况下的心理特征和行为表现，充分发挥客运索道在快速疏散乘客、调节高峰客流、有效降低乘客聚集风险等方面的突出作用，区别不同情况，推

图9-12　泰山索道服务礼仪风采大赛

出了一大批特色亮点服务新标准。在国内客运索道行业首次提出并实行"弹性运营""满厢定员""分流减压""衍生服务"等索道运营服务新标准，切实做到精准应对精细服务，促进服务水平整体提升。这些标准的实施，在经济增效、现场管理等方面发挥了显而易见的积极作用。

2014年，泰山索道在获得全国同行业首批服务标准化5S的基础上，继续深入推进，以三项标准体系为引领，干部职工主动运用标准指导岗位工作，明晰作业流程，规范作业行为，完善工作记录，形成了深化标准化建设、践行标准化管理的良好局面。坚持人性化、亲情化、细微化服务理念，严格执行旅游服务标准化程序规范，健全完善游客投诉处理机制，广泛开展优质文明服务竞赛等主题实践活动，服务质量进一步提高，通过了政府级别省级服务标准化试点单位评审验收。2016年，进一步延伸和深化运营服务标准化，大力开展国家级服务业标准化试点，不断探索精细化服务和精准化服务。广泛开展了以为游客献爱心、提高服务质量为主题的"春雨行动"。以运营服务标准化评估、整改、提升为契机，梳理细化工作流程、工作方法和工作环节，研究细分游客在客流稀少、客流高峰、极端天气、设备故障等不同状况下的心理特征和行为表现，制订不同的精准应对措施。为解决旅游团队携带现金不方便或者部分游客现金不足的问题，在两条索道上下站都新增了银联卡售票窗口，结束了泰山索道不能刷卡买票的历史。2017年，新增了微信和支付宝购票支付方式，大大方便了游客。

服务文化的成型阶段　为更好地服务游客，满足不同的服务对象的不同需求，2021年度泰山索道成立客服中心，24小时为游客提供服务，解答游客咨询，倾听游客建议，妥善解决游客合理诉求。用实际行动千方百计地满足游客需要，真正确立起"以服务对象需求为导向、以服务对象满意为目标"的服务战略和机制。工作中员工认真践行服务理念，从游客角度出发，争当旅游服务"排头兵"。坚持"以游客为中心，把游客当亲人"的服务理念，以"让游客满意"为宗旨，树立"服务即产品"意识，始终把"一切为了游客满意"为目的和检验标准，推动"精准"服务，大力倡导"微笑"服务，设身处地为游客着想，想游客所想、急游客所急，提供系列"人性化"服务，注重提升旅游咨询水平，及时捕捉最鲜活、最真实、最全面的旅游服务讯息，帮助游客排忧解难、回答疑问，实现与游客"零距离"接触，形成了爱岗敬业、文明服务

图9-13　2018年"两岸同心泰山行，雪中送炭显真情"
　　　　服务活动

的良好氛围，用自己真诚的服务，赢得良好的口碑，为游客打造安心、舒心、放心、暖心的"四心"服务，以游客口碑筑牢"阳光服务，绿色通道"服务品牌基础。

服务对象是我们服务行为最权威的评判者，围绕满足游客对美好旅游体验的要求，每年都抓住旅游旺季游客高峰时段，进行两次游客满意度调查，了解游客的满意程度，征询游客的意见，搭建了与游客有效沟通的"和谐之桥"，赢得了游客信任。

在服务设施建设方面，高站位标准升级改造索道设备，2018年引进世界上最先进的DDD直驱索道新技术，对桃花源索道进行改造，增加设备的安全性和舒适性；高品位追求进行基础设施建设，改造南天门站、桃花源上下站售票处、两站乘客进出站通道，桃花源索道增设安全便捷的无障碍电梯通道，实施旅游卫生间提升工程，按3A+标准设计建设的无公害卫生间近千平方米，解决了乘客如厕难的问题；高起点谋划规范各类标志标识，改善网络通信质量，提供免费无线宽带上网服务，完善运营信息网络发布，升级票务系统，2021年9月网上售票系统顺利上线，实现了线上线下购票方式的全覆盖；在乘客通道加装电风扇、遮阳伞，提供行李寄存、免费雨衣等服务新举措，优化旅游服务环境，全心全意、尽心尽力为游客办实事、办好事，切实解决游客的操心事、烦心事和揪心事，不断增强游客获得感、幸福感和安全感。

泰山索道以人为本，借硬件跨越之势，凝发展之力，塑发展之形，不断提升服务软实力、改进服务举措、创新服务内容，不断给服务赋予新的内容，创造新的成果，并将新成果转化成为实实在在的高效、快捷的服务运行机制，使

图9-14　中天门索道下站服务全景图

硬件与软件呼应联动，物质层面和精神层面相映成辉，理念与行为相辅相成，推动泰山索道服务文化建设不断迈向更高的层次。

第四节　企业形象

企业文化与企业形象是相互交融、相互影响、相辅相成的有机整体。企业视觉识别系统是企业形象的具体视觉化表现，是通过具象的标识、图形和文字等内容展示企业文化的系统工程。

一、泰山索道标志

1984年10月，时任泰山索道秘书科科长的翟庆源，在整理、归类索道建设有关文件资料时，萌发了设计泰山索道标志的灵感。经过一段时间的构思酝酿和反复思考，确定主要的设计思路，突出索道的特点，强调泰山元素，用汉字做设计，以图形作标志。有一天，他在泰山西麓黄溪河水库路段，发现索道车厢临近中天门索道站房时，承载索、牵引索与车厢的位置朦胧显现出了"泰"

字的上部三横的景象，顿时灵感迸现，经过把"人"字变变形，让其与"水"字和"山"字组合成索道车厢，绝美的"泰山索道"标志横空出世。他立即回到办公室，画出构思框架的草图，第二天完成整体效果图。这个独具个性、能传达泰山索道核心要素和特色文化的标志设计，赢得了一致认可。此后，这个标志成了泰山索道的形象标志，在泰山索道的经营活动、广告宣传、文化建设、公益活动、工装制服上得到广泛应用，1988年8月4日在《泰安日报》刊载公示。该标志还以肩章、纽扣、领徽等形式，从第一批工装开始启用，沿用至2002年。

1992年，泰山桃花源、后石坞两条索道同时筹建。基于前期设计经验，翟庆源分别设计了桃花源索道标志和后石坞索道标志。后石坞索道属于观光型吊椅索道，以"后石坞"三个汉字汉语拼音的首字母"H、S、W"作为设计元素、经排列组合后完成。桃花源索道属于观光型吊厢索道，结合地理位置、周边环境因素，按照后石坞索道标志的设计理念，将"桃花源"三个汉字汉语拼音的首字母"T、H、Y"进行排列的方式设计。这两个标志图形结合两条索道所处位置和环境，组合排列为圆形标志，用最简单的画面，突出了直观、稳重的特点，表达了泰山索道圆融、圆满的祈盼，给游客留下深刻印象的同时，也与传统的"圆"文化相契合。

1997年，西双版纳野象谷索道根据索道所处的地点——野象谷这一特殊位置，以抽象的一只公象的象头为主体设计了具有指向功能的标志。1998年，邹城峄山索道以当地"凤凰石"的美丽传说为素材，将"峄山"两个字汉语拼音的首字母"Y、S"融入"凤凰"之型，以蘑菇形山石为基，设计完成了峄山索道标志。

2002年，泰山索道完成CIS企业形象策划，新的索道标志诞生。

该标志以"泰山日出"的壮观景象为创意源点，经巧妙的构思，利用夸张的艺术表现手法将泰山、太阳、索道三者融于一体，形成标志的整体图案。该标志以强劲的笔触造型生动自然地写意出泰山的形象，笔触的飞白与白色衬底在"半山腰"中自然形成云海的景象，与日出图案浑然一体，气势蓬勃、宏伟壮观，由山峰图案演变为象征索道的两条直线直穿云霄。整个标志以其简练的设计语言、独特的表现形式、鲜明的色彩对比、夸张的艺术造型，构成瞬间强烈的视觉冲击效果，给人以极强的速度感和力量感，具有鲜明的地方特色、浓厚的文化内涵和强烈的时代感，展现出泰山云海和泰山日出的自然奇观，呈现出一派朝气蓬勃、蒸蒸日上、欣欣向荣的美好景象，充分体现了"泰山索道"的特点。寓意"泰山索道"像一轮从泰山上冉冉升起的红日，迎接着光

图9-15　泰山索道标志

明与生机，前程似锦，有着美好的未来和辉煌的明天。享有"五岳独尊，雄震天下"之美誉的泰山以其雄伟壮观的气势巍然屹立在我们面前。泰山有着光辉灿烂的文化，更富含崇高而博大的精神内涵，它是我们中华民族求实进取精神的象征。

具有鲜明地方特色、浓厚的文化内涵和强烈的时代感"泰山索道"标志，在泰山索道公共关系用品、广告、标识牌、办公用品、办公场所得到广泛应用，社会公众认知度不断提高，成为泰山索道文化内涵、精神内涵和对外展示的形象，提升了泰山索道的美誉度和亲和力。

二、泰山索道商标

商标，体现着企业形象，是企业的精神名片，是企业的无形资产。在提高知名度，树立品牌形象，打造自我品牌中有着无可比拟的作用。

市场未动，商标先行。2006年，为提升泰山索道品牌知名度、美誉度，塑造行业标杆形象，提升旅游满意度，贯彻落实市委、市政府"富民强市作表率"战略决策，泰山索道成立商标管理工作领导小组，制定完善商标管理工作制度，以泰山索道标志图形为原型，向工商部门提出商标注册申请。2009年5月28日，泰山索道商标注册成功，国家工商总局商标局核准泰山索道商标注册类别为第39类，注册证号为5139629。泰山索道商标的使用，特别是注册商标后，泰山索道商标开始广泛用于索道票据、标志标识、办公函件、广告宣传等方面，提高了游客对泰山索道的辨识度，树立起泰山索道商标形象和企业形象。作为客运索道行业先锋的泰山索道，当商标与泰山索道联系起来后，商标的含义已远远超出识别标记本身，而成为泰山索道服务质量、信誉、知名度的载体，凝聚了泰山索道的智慧和心血。

2012年，泰山索道启动争创山东省著名商标和全国驰名商标工作。9月10日，泰山索道注册商标图形被山东省工商局认定为山东省著名商标。2015年，泰山索道"5139629号"注册商标图形获得了中国驰名商标这个"金字"招牌，标志着泰山索道这个品牌已被国内最权威部门认定，是货真价实而非自我标榜的"名牌"。中国驰名商标的成功认定，填补了泰安市旅游服务行业国家级的空白，对进一步提升和扩大泰安、泰山和泰山索道的知名度，促进泰安市旅游经济的进一步繁荣和发展起到了积极的推动作用。泰山索道"5139629号"注册商标图形核定服务项目包括旅客运输（游客）、汽车运输、空中运输、停车场、旅行社（不包括预订旅馆）、旅游安排、旅游预订、观光旅游共8大类。

为提升泰山索道的附加值，增强企业市场竞争力，泰山索道又注册泰山索道图标（18030622号）、泰安市泰山索道运营中心、桃花源、中天门、五岳独尊、岱宗七个商标，增加了核定服务项目，为今后发挥泰山索道多方面优势，赋能新型工业化，聚焦索道产业，延长产业链条、开展多元化经营，甚至实行跨界经营做了品牌上的准备。

路是一步步走出来的，40年来，泰山索道全体员工同心协力、努力拼搏，上下求索、不懈追求；40年来，泰山索道取得了丰硕的成果，但仍不骄不躁，不断改进；40年来，泰山索道精心创业，积累了成功经验，形成了自己的模式，在国内索道史上谱写了辉煌的一页，留下了一串坚持而深刻的脚印……荣誉是一种激励一种追求，是泰山索道的文化积淀，是泰山索道历史的缩影，是泰山索道全体员工的精神家园，有着承前启后的激励作用。忆往昔，看今朝，泰山索道人敢破敢立敢为人先，创造了一个又一个辉煌。

三、泰山索道品牌

品牌是企业文化的标志，是企业精神文化的外在体现，是企业核心价值观的载体，企业文化建设的关键就在于突出特色，塑造品牌。泰山索道作为国内客运索道的行业典范，充分认识到品牌建设与推广对提高知名度、美誉度，增强凝聚力、竞争力的重要性，一直致力于打造"阳光服务，绿色通道"的服务品牌。

2005年在泰山索道企业文化建设过程中，对品牌理念系统做了完善和规范。

品牌名称　"阳光服务，绿色通道。""阳光"寓意安全、文明、温馨、透明、周到、快乐，体现着泰山索道快乐服务的精神风貌和服务快乐的价值观；"绿色"是对生命的关爱、与自然的和谐，从另一个层面体现了泰山索道在输送伤病乘客、景区消防和治安等方面的社会功能。"阳光服务，绿色通道"品牌不仅能给乘客以"放心、健康、愉悦"的心理暗示，也昭示着泰山索道的服务视角从单纯注重安全上升到在继续保证安全的基础上提升服务水准和社会功能上来。

品牌核心价值观　"承载现代文明，传送泰山情谊。"泰山索道既是现代物质文明的直观体现，更是现代化服务元素的直接载体，承载着现代化的物质文明和现代化的精神文明。泰山索道作为泰山的窗口，希望通过其规范得体的言行举止及服务行为来诠释泰山文化、展现泰山文化和传播泰山文化，让乘客从泰山索道的服务中，充分领略到泰山古老而厚重的文化，充分感受到泰山人热情而友善的情谊。

品牌营销广告语　"伴君平步青云，保您一路平安。""平步青云"是乘客乘坐泰山索道，在短短不到7分钟时间里跨越崇山峻岭抵达南天门这一过程最生动、最形象、最贴切的描述。"伴君平步青云"表达了泰山索道祝福乘客万事如意、心想事成，能不断实现人生理想。"保您一路平安"传达出泰山索道能非常安全地运送乘客，保证乘客在泰山索道的服务区域内安全畅通，寓意泰山索道祝福乘客在人生漫长的旅途中永远平安。

2006年初，泰山索道服务品牌命名为山东省首批、泰安市唯一一家"山东省服务名牌"。

第十章

一览众山小——行业交流

　　一花独放不是春，百花齐放春满园。

　　泰山索道以"会当凌绝顶"的攀登意志，在客运索道的设备、技术、安全、运营、服务等多方面持续探索积累、不断实践创新，创造了一系列好做法、好经验。同时以"不让土壤"的博大胸怀，广泛学习借鉴其他索道的先进经验，充分汲取其他索道的教训，兼容并蓄、淬砺致臻。

　　40年来，泰山索道争当中国索道行业的领头羊，秉持开放、协作、共享理念，积极组织或参加行业性交流，制订或修订标准规范，协作技术攻关，发表研究成果，分享经验体会，承担课题研究，培训同行人员，协助其他索道诊断处置故障和大型设备检修维护，助力我国客运索道管理能力和管理水平全面提升。充分发挥泰山索道技术优势和管理经验，全力为2022年北京冬奥会索道安全运行保驾护航，全面展示中国索道行业的能力素质和责任担当，为促进我国客运索道行业高质量发展，贡献泰山索道智慧和力量。

第一节　综合交流

　　20世纪80年代末90年代初，泰山、黄山、峨眉山（以下简称"三山"）索道先后建成运营并取得显著经济效益和社会效益，在国家旅游局牵头下，三山索道形成管理经验交流例会惯例。同时，随着国内客运索道数量增加，泰山索道等发起召开中国客运索道年会、倡议成立中国客运索道协会，并于2003

年筹备成立中国索道协会，每年召开年会、组织论坛，包括华东、西南等区域性索道年会，成为泰山索道与国内其他索道交流沟通的舞台。同时，泰山索道先后为安徽黄山索道、广州白云山索道等培训人员，组织和参加索道相关专业技术培训和职业技能考核，与相关高等院校、科研机构和行业协会开展交流协作。

一、"三山"索道管理经验交流例会

1983年泰山索道建成运营，1986年黄山云谷索道和峨眉山金顶索道相继建成。这3条索道都是我国著名风景名胜区内建成的往复式索道，均采用日本技术设备并均由我国著名索道专家王庆武先生主持设计，在索道管理方面为我国早期客运索道发展做出了积极探索。1988年底，经王庆武提议、国家旅游局批准，由国家旅游局资源开发司牵头，组织泰山、黄山、峨眉山三条索道开展经营管理经验交流，每年召开1次例会、由三山索道轮流主办，俗称"三山索道年会"。1989～1993年，"三山"索道年会连续举行6届后停办。1989年1月10日至16日，首届"三山"索道年会在泰山索道召开。会议由北京有色冶金设计研究总院高级工程师王庆武主持，三山索道公司分别就索道经营管理、技术管理、财务管理、后勤管理、组织机构设置等情况进行了交流探讨，总结了经验教训，并实地考察泰山索道。北京有色冶金设计研究总院就三山索道提出的有关技术问题作了指导。会议一致认为，三条客运索道经济效益显著，中外游客反映良好，对促进三山地区旅游事业的发展起到了重要作用，客运索道在我国风景旅游区中含有广泛的发展前途。运营实践证明所引进的三条索道设备，技术先进，性能良好，事故率低，安全可靠。1989年和1990年第2届、第3届"三山"索道年会分别在黄山索道、峨眉山索道召开。1991年12月11～15日在泰山索道召开第4届"三山"索道年会。1992年12月和1993年11月分别在黄山索道和峨眉山索道召开第5届和第6届"三山"索道管理经验交流会。此后，"三山"索道年会停办。"三山"索道年会持续举办6年，为起步中的中国索道行业沟通交流、互通有无发挥了重要作用，也为探索行业内部交流探索了有效路径、积累了丰富经验。

二、通过中国索道协会等平台开展广泛交流

中国索道协会是由泰山索道等发起筹建，在国家安监局、国家质检总局和国家民政部关心支持下，于2003年依法登记成立的全国性非营利社会团体，是我国索道行业交流沟通的全国性平台，一年一度的中国索道协会理事会议或会员大会暨论坛，是我国索道行业交流业务、增进感情、展示技术进步和经营管理成果的行业盛会。

泰山索道等国内几家最早建成的索道，提出"天下索道是一家"理念，一直为成立全国性行业协会而努力。1989年9月25日，泰山索道、重庆索道、北京香山索道商议，联合发起准备成立"中国客运索道协会"，首届中国客运索道年会于11月7～11日在北京香山索道站召开，来自全国16条索道的35名代表参加会议。会议一致同意向国家建设部、国家旅游总局呈报《关于成立中国客运索道协会的请示报告》和《中国客运索道协会章程（草案）》，并提出了协会理事、常务理事、副理事长、理事长建议名单。1991年3月，泰山索道承办第2届中国客运索道年会，但中国客运索道协会未能成立、年会停办。

此后，泰山索道、北京香山索道、重庆嘉陵江索道等先后多次组织全国客运架空索道年会，国家索检中心举办多期全国客运索道站长（经理）培训班，成为国内索道行业交流经营管理经验的全国性平台。华东、西南等区域索道各自组织召开区域性索道年会，每两年召开一次、两个区域性年会错年举办，并邀请区域外知名度较高的索道参加，在全国性年会不召开的年份错年召开，这两个区域性年会也成了全国性的索道年会。

2003年，经过多年长期努力，特别是在国务院参事、国家安监局原副局长闪淳昌大力支持下，中国索道协会获准成立。4月23日，泰山索道在泰安召集中国索道协会筹委会分组会议，为中国索道协会成立作筹备。8月1日，中国索道协会在北京正式成立，泰山索道被选为副理事长单位，2020年第四届理事会开始，中国索道协会实行轮值理事长制度，泰山索道为轮值理事长单位。2005年，中国索道协会专家组成立，王晓晴为前三届专家组成员，刘保水为第四届专家组成员，葛遵瑞任应急专家组组长。年会期间，全国索道同行欢聚一堂、其乐融融，广泛交流、取长补短，极大融洽了政府主管部门与索道之间，索道

与设计、制造、安装等产业各链条之间的关系，深化了互信、增进了友谊、加深了合作、互通了经验，实现了共同进步提升。

泰山索道通过全国客运架空索道年会、全国客运索道站长（经理）培训班、中国索道协会年会暨论坛以及华东、西南索道年会等多种平台，广泛参与国内索道行业交流，每年安排相关人员参加各类索道年会，同时到沿线各相关索道参观交流、互学互鉴。泰山索道在行业内广受尊重和欢迎，与其他索道之间不定期互动交流，以实际行动践行"天下索道是一家"的理念。

2012年5月16~25日和2013年6月1~8日，泰山索道相关负责人分别率团到台北猫空索道和南投日月潭索道开展交流访问，扩大了泰山和泰山索道在台湾的知名度、美誉度，推动台湾游客到泰山交流旅行，泰山索道成为泰安与台湾旅游、文化和宗教交流的桥梁。

三、承办中国索道协会一届七次会议暨论坛

2008年11月8~10日，中国索道协会第一届理事会第七次会议暨"治理隐患保安全、自主创新促发展"论坛在泰安召开，由泰山索道承办。国务院参事、中国索道协会理事长闪淳昌，国家安监局、国家质检总局、公安部、国家安全

图10-1 泰山索道承办中国索道协会一届七次理事会暨论坛

生产应急救援指挥中心、山东省省委常委、副省长等各级领导，国内客运索道行业同仁，香港特别行政区机电工程署、香港海洋公园等香港地区索道行业代表400余人参加会议。

四、为其他索道进行培训

泰山索道作为我国第一条大型山岳型旅游客运索道，不仅拉开了我国客运索道发展的大幕，也为我国客运索道培养了大量专业人才，部分索道在建设期和正式运营前派出人员到泰山索道进行跟班实习、接受培训。

1980～1983年泰山索道建设时期，黄山第一条索道——云谷索道也开始筹建。为学习索道建设经验，黄山索道派出技术人员参与泰山索道建设。1986年4月1～22日，黄山索道设备技术、运营管理等25人到泰山索道实习，全面学习借鉴泰山索道的设备检修维护、运营服务管理等管理制度和工作模式，为1986年6月正式运营做好了充分准备。

1984年3月，广州市建委为加快白云山索道建设，专门到泰山索道对设备、运营等进行全程录像，于3月22日在研究论证会上播放。8月和9月，广州白云山索道分2批共16人到泰山索道接受技术培训，每批学习培训20天。1996年10月黄山太平索道20人到泰山索道培训一周。

2007年2月16日～3月5日，四川阿坝州黄龙索道2名技术骨干到中天门索道进行为期20天的学习培训。2013年10月28日～11月29日，山东蒙山索道5人在中天门索道接受为期一个月的学习培训。2016年，山东天蒙山索道投入运营前，安排各工种业务骨干到中天门索道接受为期2周的学习培训。2019年5月28日～6月7日，湖南莽山索道7人在桃花源索道进行10天的学习培训。

五、索道技术培训考核与交流

泰山索道于1981年10月组织业务骨干赴日本实习，为泰山索道此后的设备管理和安全运行打下了良好基础。此后，泰山索道积极参加国家索检中心、行业协会和设备制造商主办的各类技术培训，为相关培训编写教材，并有1名业务骨干受聘为中国索道协会培训讲师。2019年客运索道作业人员资格考试权限下放至省级后，泰山索道承担山东省客运索道作业人员资格考试试题题库编制和实际操作考试。

1996年1月1~25日，泰山索道与泰安市劳动局共同举办特种作业人员培训班，颁发全国统一的《特种作业人员操作证》。2008年1月11~20日，

图10-2　中心职工参加索道技能全国邀请赛

泰山索道全体机电人员参加中国索道协会在泰安举办的脱挂式索道第28届培训班，考试全部合格获颁《特种作业人员操作证》。2013年3月，6名业务骨干参加奥地利多贝玛亚公司在北京举办的脱挂式索道培训。2013年9月，2名业务骨干参加中国索道协会在湖北武当山索道举办的ABB直流传动及直流电机使用和维护保养知识培训。2019年12月，参加普陀山索道直升机应急救援演练观摩会。2020年12月24~28日，受邀派出2名业务骨干参加由黄山索道主办的2020年全国脱挂索道电气技能大赛，取得团体第2名。

2019年，根据最新的《特种设备作业人员考核规则》，客运索道等8大类特种设备作业人员的考核工作由各省（自治区、直辖市）自行开展，不再由国家统一组织。2019年底，受山东省特种设备协会委托，泰山索道编制完成全省客运索道作业人员资格考试命题题库，受到山东省特种设备协会高度评价，认为命题质量和评判标准细致程度非常高，特别对实操题目的设计非常满意。

2020年9月，受泰安市特种设备检验研究院委托，泰山索道首次承办全省索道作业人员实际操作考试，来自省内索道的30人分修理和司机2组参加考试。考试前协助举办为期5天的考试培训，安排5名专业技术人员进行专题授课。此后，后石坞索道成为全省客运索道作业人员资格考试实际操作技能考试培训基地和考点。

六、自主研发国内首条脱挂式全功能模拟教学索道

2012年起，泰山索道明确将应急管理的重心转移到提高设备故障应急处置能力上来。因为中天门、桃花源两条索道线路长、高差大、游客多，一旦发生索道设备故障，紧急救援难度非常大。为了确保游客安全，必须将安全的关口前移，在确保最后一道防线即紧急救援的同时，必须全面提高索道设备故障的应急处置能力，在索道设备发生故障停运后，能在最短时间内排查出故障点、进而解决故障，恢复索道运行。强化专业技术教育培训、开展设备故障模拟成为日常安全管理重点。但是，由于无法在运行中的索道上开展培训和模拟，针对性和实效性不强。经过反反复复的头脑风暴，泰山索道形成了研发"教学索道"的思路，无法在现实索道中进行模拟的故障可以在教学索道上进行模拟，而且通过动手制作教学索道各执行元件，是对索道原理、运行方式、设计思路的再学习、再研究。2015年、2016年，中天门、桃花源各自研发出简易的模拟索道，由于其功能较为简单、实用性不强。

2021年5月开始，泰山索道继续攻关，决心研发出功能更强大、真正的脱挂索道仿真模型，并从最难、也是脱挂索道最核心技术的抱索器开始。经脱挂

图10-3　脱挂式全功能模拟教学索道

方式研究、材料材质试验、加工工艺改进，历时3个月攻克第一个技术难关，制作出符合要求的抱索器。站内推车系统是泰山索道面临的第二个技术难题，既要选择合适的皮带轮和皮带，实现动力的有效传导而不能失能过多造成动力减弱，又要在空间狭窄的弯道通过合适的动力传递装置实现弯道推车，在推翻张紧轮和同步电机方案后，采用联轴器取得重大进展、有效实现了弯道的动力传递，克服了推车系统最大的障碍。各零部件完成后的全系统安装调试，也是一个不断摸索、反复改进的复杂过程。

经过近7个月的合力攻关，一条完整的脱挂式全功能教学模拟索道"横空出世"，集脱挂、直驱、张紧、制动、安全检测等智能化控制于一体，电气部分具备紧急停车按钮、工作停车按钮、正反转互锁以及进出站逻辑故障、进站区域故障等46项故障报警及功能，机械部分具备抱索器正反向自动脱挂系统、车厢站内加减速系统等12项功能，触摸屏功能显示包括绳速、变频器电压值、抱索力值、张紧拉力值等15项技术指标，真可谓"麻雀虽小，五脏俱全"。

更为重要的是，随着对客运索道技术原理的进一步消化吸收，泰山索道能继续在教学模拟索道上增添新功能、设置新故障，开展新的故障处置训练。同时，在教学模拟索道上模拟使用最新索道技术，提高新技术移植的可靠性，发挥其最大的"实战"作用。

研制过程中，泰山索道研发团队熟练掌握了CAD制图、3D建模打印、PLC编程、翻砂铸造等多项新技能，机械加工、电气控制、焊接等实际动手操作能力显著提升，对索道工作原理、各系统之间的逻辑关系有了更加深刻的认识。

这条国内第1条脱挂式全功能模拟教学索道，填补了国内客运索道行业教育培训教具的空白，集中展示了泰山索道雄厚的技术实力和研发水平，受到泰安市委、市政府充分肯定，各级主流媒体广泛宣传，获得了6项实用新型专利，分别是：

一种循环式教学索道装置。专利提供了一种调节方便精准、驱动效率高、传动稳定可靠、装配方便的循环式教学索道装置。创新点是将动力通过链条传输出去，防止打滑；动力轮的传动动力由万向节提供，适于非直线型传动，且传动平稳可靠；实时监测张紧装置的张紧度，并且调节反应快速，调节精确。

一种索道钢索张紧装置。专利提供了一种调节方便、调节精准、安全可靠的索道钢索张紧装置。创新点是可实时监测张紧装置的张紧度，并且调节反应快速，调节精确，保证了索道运行的安全。

一种站内索道吊厢转弯动力传动装置。专利提供了一种传动稳定可靠、装配方便的站内索道吊厢转弯动力传动装置。创新点是在上下站弯道处，动力轮的传动动力由万向节提供，适于非直线型传动，且传动平稳可靠，每个组件均匀分布于半圆形上，可使各个组件形状大小相同，便于生产及装配。

一种索道用脱挂抱索器。专利提供了一种简单、安装方便、安全可靠、通用性强的索道用脱挂抱索器。创新点是在抱索器脱挂时，可对活动钳口进行限位，避免因惯性、风力或其他因素导致活动钳口脱挂距离过大而产生脱落现象，保证了索道运行的安全。

一种索道站内传送系统取力装置。专利提供了一种简单、安装方便、驱动效率高的索道站内传送系统取力装置。创新点是将动力通过链条传输出去，防止打滑，此外，各个动力轮之间通过大槽轮与小槽轮将此动力相互传递，使每个动力轮都能得到足够动力，并且防止皮带在水平方向移动造成干扰，保证了索道的稳定运行。

一种索道抱索器脱挂控制装置。专利提供了一种结构简单、调节方便、适用范围广的索道抱索器脱挂控制装置。创新点是可确保抱索器快速打开和闭合，用于脱挂抱索器索道；此外，对于不同粗细钢丝绳及不同张紧度钢丝绳位置，均可做到对抱索器有效的打开和关闭，结构简单、调节方便、适用范围广，保障了索道的安全稳定运行。

图10-4　实用新型专利证书

图10-5 实用新型专利证书

七、产学研合作

2020年7月，泰山索道与中国特种设备检测研究院合作，开展"基于多源数据分析的机电类特种设备典型故障预测技术研究（2018YFC0809005）"课题研究，签订《客运索道驱动系统及其典型安全保护装置现场测试》合作协议。课题合作期间，泰山索道开展了故障模拟实验和现场测试，提供了不少于100条历史故障数据和至少10类失效零部件，并于2020年8月～2021年3月在泰山索道实践应用，并形成课题研究成果《国家重点研发计划应用证明》。8月，与中国特种设备检测研究院合作签订《历年客运索道事故风险分析（2002—2019）》技术服务协议，统计国内外索道事故案例数据，基于事故作出分析、识别主要风险源，总结规律、提出对策，形成研究成果《事故风险分析报告》。

2022年1月，协助中国索道协会，对山东、河北两地建成或运营15年以上的老旧索道改造需求做调查，征集各索道改造计划和工作难点，为中国索道协会开展全国老旧索道改造课题研究、提出政策建议提供科学依据。

2022年6月，泰山索道与山东科技大学合作共建"索道技术研究所"，聚焦客运索道行业发展全局性、战略性、前瞻性问题，深入开展学科建设、人才培养和实验室建设，打造形成索道行业从业人员教学培训、应急救援装备研发、检修维护工具革新、智慧索道信息化平台建设等智慧客运索道智能制造"泰山模式"。与山东科技大学、陕西骏景索道运营管理有限公司、山东省第一地质矿产勘查院、泰安瑞腾索道工程技术有限公司合作共建"交通运输及索道装备产业技术研究院",围绕国内索道行业的相关需求,共同开展索道运输装备及技术的研究探索,努力在做大做强索道产业集群、延伸产业链、拓展高质量发展空间方面提供"泰山方案"。

第二节　经验推广

泰山索道在行业内的领军地位和标杆作用,绝非完全因为背后倚靠的泰山,泰山索道秉承泰山独特的禀赋,自觉而主动地承担为行业探路的责任,却从不仰赖泰山的名望而故步自封、停滞不前。这个责任仿佛与生俱来、融入血液。40年来,泰山索道从未停止探寻追求的脚步,不负众望地创造一项又一项"行业第一";从不吝啬分享自己的成功经验,通过索道年会、人员培训、观摩交流等丰富多样的形式,一次又一次为索道行业作出示范、为其他索道提供帮助,精彩诠释了泰山索道开创我国客运索道发展新篇章的历史和现实意义。

一、客运索道应急救援"泰山模式"推广

泰山索道于2005年与泰安消防合作、开展联合应急救援的成功探索,构建了先进成熟、务实管用的客运索道应急救援体制机制,不仅为索道应急救援提供了解决方案,也为消防系统参与突发事件应急处置、开展客运索道应急救援探索了新路,对整个客运索道以及特种设备行业、消防系统和应急系统产生了较大影响。

闪淳昌,我国著名的应急管理专家,国务院原参事、国务院原应急管理专家组组长、原国家减灾委专家委员会副主任、原国家安全生产监督管理局副局长,中国索道协会第一任理事长,是我国《安全生产法》《国家突发公共事件总体应急预案》及多项安全法规标准主要起草人,主持过多起特大事故的调查

处理工作。泰山索道与泰安消防联合应急救援模式，引起了时任中国索道协会理事长闪淳昌的高度重视。作为应急领域的权威专家，他深知这一创新模式对我国应急管理体系和能力建设所带来的重要影响，决定以索道年会的形式，在全国索道行业和消防系统和应急管理系统推广这一经验做法，将中国索道协会一届七次理事会（2008年11月）安排在泰山索道，同时举办"治理隐患保安全、自主创新促发展"论坛、举行泰山索道联合应急救援演练。

从参加会议的部门单位以及领导级别，可以看出这次会议的意图指向和重要意义。参会的时任领导有，国家安监局副局长、国家应急救援指挥中心主任王德学，公安部纪委副书记、副督察长（原公安部消防局局长）、著名的消防专家陈家强少将，山东省省委常委、副省长王军民，国家质检总局总工程师张纲，国家安监局职业安全健康司司长任树奎，国家质检总局科技司司长武津生，国家质检总局特种设备局局长陈钢，国家安全生产应急救援指挥中心副主任李万疆，以及北京、河北、黑龙江等9省市的安监局、质检局和消防总队负责人。

如此高规格的会议，在中国索道史上是第一次、也是唯一一次。

参会领导在后石坞索道全程观摩了泰山索道联合应急救援演练。2009年，中国索道协会委托泰山索道开展《关于完善我国客运索道应急救援机制问题研究》课题研究，闪淳昌教授形成的《把公安消防队伍建设成为各级人民政府的综合性应急救援队伍》重要成果，得到国务院时任总理温家宝批示。

二、客运索道双重预防机制建设"泰山经验"推广

2017年，泰山索道作为第一起草单位，主导完成山东地方标准《特种设备安全风险分级管控体系细则》（DB37/T 3078—2017）和《特种设备事故隐患排查治理体系细则》（DB37/T 3079—2017），为山东省特种设备行业推进安全风险分级管控和隐患排查治理机制（简称"双重预防机制"）提供了规范性的建设标准。2018年，为推动两个山东地方标准落实落地，泰山索道率先开展客运索道双重预防机制建设，在国内客运索道行业建成第一个双重预防体系，主导编制《客运索道使用安全风险分级管控和事故隐患排查治理体系建设实施指南》（DB37/T 3454—2018）。山东省市场监督管理局认为，泰山索道在全省特种设备安全双重预防体系建设中积极开展工作，客运索道安全双重预防体系建设工

作突出，效果明显，具有全省推广借鉴意义，发挥了标杆企业示范引领作用，于2019年11月14日在泰山索道召开全省客运索道安全双重预防体系建设现场观摩会议，推广泰山索道双重预防体系建设先进经验，山东省市场监督管理局、省特种设备协会、各市市场监督管理局和客运索道运营使用单位共60余人参加现场观摩会议，国家市场监督管理总局特种设备安全监察局副局长张宏伟到会指导。山东省安全生产委员会发文，全面推广泰山索道安全风险分级管控和事故隐患排查治理体系建设工作经验。

　　泰山索道双重预防体系在全国客运索道行业引起强烈反响。2020年11月12日，中国索道协会在泰山索道召开全国客运索道安全双重预防体系建设泰山经验推介会。来自全国55家客运索道运营企业的200余名代表，就客运索道风险源定位、风险管控和隐患排查进行技术研讨交流，听取泰山索道经验介绍，观摩中天门和桃花源2条索道实践成果。会议认为，泰山索道始终坚持把"预防为主、关口前移"作为安全生产的主要抓手，以改革创新精神推动安全生产各项措施落实，在安全双重预防体系建设工作中敢闯敢试、先行先试，攻克难点、创造亮点，为确保客运索道安全筑牢了双重"防火墙"，为全国客运索道系统开展安全双重预防体系建设创造了可借鉴、可复制、可推广的"泰山经验"。

图10-6　全国客运索道双重预防体系建设泰山经验推介会

2021年2月，国家应急管理部在《应急管理简报》刊发简讯，介绍泰山索道安全双重预防体系建设工作。

第三节 标准建设

我国客运索道行业起步较晚、发展速度较慢、整体规模较小，相关法律法规、规范标准建设也较晚。作为规范客运索道经营管理法律法规基础和核心的《特种设备安全监察条例》和《特种设备安全法》分别于2003年和2013年颁布实施，首部部门规章和规范性文件《特种设备质量监督与安全监察规定》于2000年6月公布，第一个国家标准规范《客运架空索道安全规范》（GB 12352—1990）编制形成于1990年，由国家标准局于1991年颁布实施。负责管理全国索道游乐设施行业的标准化技术管理的全国索道与游乐设施标准化技术委员会（TC250）成立于2000年7月。经过40年发展，我国客运索道行业建成1个基础标准、9个产品标准、5个安全标准、3个方法标准、1个管理标准和2个行业标准。

一、创建一流的企业标准

泰山索道从1983年建成运营以来就高度重视制度建设，除了日常较为零散的制度建设外，分别于1989年、1994年、2005年、2012年和2021年开展5次大规模、集中性的制度建设，建成了完善的索道经营管理、设备技术管理、安全管理制度体系，其中部分成熟的制度孵化转化为国家标准、行业标准、地方标准和行业技术规范。2012年后，泰山索道走上标准建设的新路，实行标准化管理，积极承担各类标准编制任务，为促进行业标准建设做出了积极贡献。

2008年以来，泰山索道参与编制5项国家标准，分别是：《索道用钢丝绳检验和报废规范》（GB/T 9075—2008）、《客运架空索道风险评价方法》（GB/T 34024—2017）、《客运索道重大修理的技术要求》（GB/T 34368—2017）、《架空索道工程技术标准》（GB 50127—2020）、《客运索道使用管理》（GB/T 41094—2021）。完成1项TSG（特种设备安全技术规范）《客运索道安全管理人员和作业人员考核大纲》（TSG S6001—2008）编制。完成5项山东地方标准，分别是《特种设备安全风险分级管控体系细则》（DB37/T 3078—2017）、《特种设备事故隐患排查治理体系细则》（DB37/T 3079—2017）《客运索道使用安全风险分级管控和事故隐患排查治理体系建设实施指南》（DB37/T 3454—2018）、《客运索道安全评估指南》（DB37/T 4450—2021）、《特种设备突发事件应急处置技术指南　第1部分：客运索道》（DB37/T 4451.1—2021）。

已经立项、正在起草中的标准有《客运索道应急处置规范》《索道维修工保养工职业技能标准》和《客运索道运营使用合规管理指南》。

提出《旅游景区客运索道服务指南》行业标准立项和《客运索道乘客突发事件处置指南》山东省地方标准立项建议。

二、安全服务标准化建设

2012年，泰安市开展旅游满意度提升工程，泰山索道以"服务流程再造"为切入点，探索实行运营服务标准化管理模式，开始建设索道运营服务的标准化工作流程和服务规范。后续，将安全生产的标准化建设纳入进来、同步建设。2012年底、2013年初，泰山索道完成的文本起草，并开始试行。

2013年3月初，泰山索道到中国索道协会征求安全生产标准化和运营服务标准化2个文本的意见建议。中国索道协会相关专家对泰山索道开展标准化建设、推行标准化管理给予高度评价，称泰山索道是我国客运索道标准化建设"第一个吃螃蟹的人"。同时，中国索道协会表示，国家安监总局等部门已发文，对全国工贸行业企业安全生产标准化建设作出安排、提出要求，既然泰山索道已经建成了安全生产和运营服务两个标准化体系，全国客运索道行业具备了开展安全生产标准化和运营服务标准化建设的条件，将向国家安监总局和质检总局提出建议，并希望泰山索道能发挥示范带头作用，提高国内客运索道企业开展安全生产和运营服务标准化建设的积极性，推动全行业安全和服务标准评审。此后中国索道协会组织云南丽江索道等企业，编制完成全国客运索道企业安全服务质量等级评定的标准体系。在中国索道协会积极推动下，国家安监总局、国家质检总局决定在全国客运索道企业开展安全生产标准化建设工作，要求国内客运索道企业在2015年前全部完成安全服务质量等级评审达标。

2013年10月，国家安监总局、国家质检总局委托中国索道协会，在国内客运索道行业首次开展安全服务质量等级评审，泰山索道首批参评，被评为"国内客运索道安全生产标准化一级企业"，中天门索道、桃花源索道被评为服务质量等级最高的"5S"索道，后石坞被评为"4S"索道。此后，每3年评审1次。同时，泰山索道多名人员被中国索道协会聘为评审员，按照中国索道协会安排对其他索道安全服务质量工作进行评审。在2020年第3次评审中，泰山索道继续被评为"国内客运索道安全生产标准化一级企业"，中天门、桃花源和后石坞3条索道均被评为"5S"索道。

三、创建国家级旅游服务综合标准示范市

2013年6月，泰安市正式开展国家级旅游服务综合标准化示范市创建。泰山索道作为泰安市旅游服务窗口的典型和代表，加之已建成较为完善的标准化体系，作为泰安市旅游六大要素中"行"的代表企业，被列入创建单位、承担部分创建任务。2018年8月，国标委专家组对创建任务进行评估验收，泰山索道被推荐为首选和必检单位。评审专家对泰山索道承担的创建任务给予高度评价，认为"采取先行先试的方法，不断加强服务品牌创建，通过优化流程后加以固化的标准实施，形成了如泰山索道以'5S'安全服务质量等级为核心旅游企业"。泰山索道助力泰安市成为首例国家级旅游服务综合标准示范市。

四、服务（业）标准化试点示范

2015年12月，经专家评审，泰山索道成为省级服务标准化试点。2017年底，经国标委批准，泰山索道成为国家级服务业标准化试点，试点时间从2017年12月～2019年12月。试点期间，泰山索道建立健全了索道运营服务标准体系，包括服务通用基础、服务保障和服务提供3大体系、21个子体系、248项标准，涵盖设备技术、安全生产、运营管理、服务提供、行政保证等各项工作的

每一个环节和工作流程。

2019年11月，国标委专家组对泰山索道承担的国家级"泰山索道运营服务标准化试点"项目进行评估验收。专家组一致认为，该项目按照"结合实际工作，结合具体岗位，结合乘客需要"的原则，突破了传统观念和陈旧思维模式，标准体系覆盖全面、内涵丰富、标准明确、程序完善、流程顺畅、可操作性强，符合《服务业标准化试点实施细则》要求，充分体现了"体系化、标准化、实用化和示范化"，在全国索道行业中形成了可复制、可推广的模式，具有行业示范引领作用，并以96分的高分顺利通过评估验收，成为全国首个完成的国家级索道运营服务标准化试点项目。

2020年，泰山索道成功申报山东省标准化示范项目，泰山索道标准化工作重点由试点转向示范带动和经验推广。

2021年3月，受山东省标准化院邀请，泰山索道在山东省标准化工作培训班上作专题演讲。4月，泰山索道在山东省标准化协会举办的培训中作经验交流和案例分享。

泰山索道标准化建设工作得到媒体广泛宣传，《中国市场监管报》、《中国

图10-7　泰山索道运营服务标准化示范建设评估手册

质量报》、大众网、新浪网、《泰安日报》等多个媒体进行多次报道。

泰山索道还广泛开展标准化理论研究和实践总结。2020年以来在国家级学术期刊发表5篇高质量研究成果，参与编写《客运索道企业安全生产标准化管理应用指南》（应急管理出版社2020年9月出版）。

第四节　北京冬奥会、冬残奥会索道保障

2022年3月14日晚，国家体育场内，国际残奥会主席帕森斯宣布2022年北京冬残奥会闭幕。

或许，大多数人并不会将索道、甚至泰山索道，与2022年北京冬奥会、冬残奥会联系在一起。

事实上，索道在国外主要用于运送冰雪运动爱好者。2022年北京冬奥会延庆赛区内的国家高山滑雪中心建设了11条不同型式的索道，其中2条国产拖牵索道和9条奥地利多贝玛亚公司的循环式索道，包括循环脱挂式抱索器8人吊厢、6人吊椅索道和循环固定式抱索器4人吊椅索道。确保这些索道在2022年北京冬奥会、冬残奥会期间的安全可靠运行，意义重大、关系到国家形象。

2022年北京冬奥会和冬残奥会只有短短不到40天，但泰山索道对冬奥会索道的技术保障却从2020年1月持续到2022年4月，前后跨越3个年头、总保障时间超过1年，先后分4批33人次参与，"泰山经验"为2022年北京冬奥会、冬残奥会高山滑雪索道安全可靠运行保驾护航。除牵头方——北京八达岭索道，泰山索道是参与时间最早、保障时间最长、保障人员最多、承担任务最重的保障团队。

一、两次测试赛保障

按照国际奥委会、国际残奥委会要求，在每届奥运会和残奥会正式举办前10~24个月期间，所有比赛分项都要举办测试赛。作为2022年北京冬奥会的第

一场测试赛，2019／2020国际雪联高山滑雪世界杯延庆站比赛定于2020年2月15日至16日在北京延庆国家高山滑雪中心举行。

张洪波，北京八达岭文旅集团有限公司总工程师，享受国务院特殊津贴专家，北京冬奥会延庆场馆群运行团队索道经理，山东泰安人，曾先后在泰安建筑公司从事索道安装、在泰山索道从事设备安全管理。为了保证第一次测试赛期间索道安全运行，确保通过相关方面的评估，张洪波邀请泰山索道予以协助。2020年1月2日，泰山索道首次派出5人抵达国家高山滑雪中心，协助北京八达岭索道团队保障第一次测试赛期间的索道运行维护。因新冠肺炎疫情暴发，第一次测试赛取消，泰山索道5人团队完成设备调试检修和维护保养后返回泰安。这是北京地区以外首个进驻2022年北京冬奥会延庆赛区国家高山滑雪中心的索道运行维护保障团队。

2020年10月，北京八达岭文旅集团有限公司与泰山索道达成战略合作，由泰山索道协助北京八达岭索道团队，参与2022年北京冬奥会延庆赛区高山滑雪索道技术保障。

2021年2月13日至26日，2022年北京冬奥会"相约北京"第2次测试赛在延庆国家高山滑雪中心举行。由于第1次测试赛取消，这次测试赛将是北京冬奥会最后的预演，重要性不言而喻。泰山索道6人保障团队于2020年12月14日抵达延庆国家高山滑雪中心，再次协助北京八达岭索道团队提供技术保障，同时协助进行设备调试、为验收做准备。泰山索道保障团队克服天气严寒（北京遭遇60年一遇的极寒天气，最低气温近零下40摄氏度）、操作间狭小（集装箱改建）、基础设施不健全（无卫生间等）等诸多困难，解决了紧急驱动系统因天冷无法启动、运行前挂车扭矩故障等多项安全隐患，对全部11条索道进行了系统全面的检查检

图10-8　北京冬奥会延庆赛区C索

修和维护保养，并一次性全部通过验收，圆满完成了重大接待任务的索道安全运行保障和测试赛期间的运维保障。

二、北京冬奥会、冬残奥会保障

2021年8月10日，2022年北京冬奥会泰山索道保障团队首批7人抵达延庆国家高山滑雪中心，开始冬奥会赛前的索道设备检查维护。至10月底，泰山索道团队完成全部9条架空索道的全面检查和维修，包括支架托压索轮的磨损检查、更换和加油润滑，支架数据测量，风速风向仪的检查维护，18个站内机械区的轮胎磨损检查充气，站内各参数的数据汇总，钢丝绳绳头测量，各电机、道岔、拨齿、轨道、张紧系统、液压制动系统、润滑系统、皮带传动系统的检查和维护，全部驱动轮、回转轮的注油润滑，车库内皮带、电机、轮胎、传感器的检查、维护、清理和调整。更换C索驱动站张紧系统液压油，对C索回转站紧急驱动柴油机补充柴油和更换机油。更换A2、B1、B2、D等4条索道的齿轮油和C、B1、B2、F等4条索道200余台抱索器的分解拆卸检查。对全部吊厢、吊椅进行了检查，大大减轻了后期其他索道保障团队的工作压力，也为正式比赛期间的运行安全奠定了坚实基础。

10月28日，泰山索道第2批5名技术保障人员抵达北京延庆国家高山滑雪中心。根据总体安排，泰山索道保障团队主要负责A1、A2、B1、B2共4条主要交通干线索道的保障。泰山索道团队将泰山索道设备检修维护保养、备品备件管理、风险分级管控和隐患排查治理、

图10-9　泰山索道保障团队技术人员在C索保养加油

应急救援等方面的"泰山经验"，充分施展在冬奥会索道保障工作中。冬奥会开幕前，重点对A索设备进行了检查、维护和保养，调整A2驱动站接地铜刷装置，紧固26台道岔电机和全部接近开关、拉线开关、限位开关和控制室室内外端子，对4个站内平台控制柜和控制室内控制柜的设备作了标签标注，绘制了站内开关示意图和网络拓扑图，编写了倒变频器步骤流程、紧急驱动操作流程步骤和线路救援预案（垂直救援和水平救援），多次开展实际操作演练。更换A2回转站操作轮和平衡轮的润滑油，检查调整20个支架的U型针和部分RPD，检查了液压张紧和液压制动单元元器件等。

泰山索道保障团队组织开展了车库操作培训、控制室操作培训、变频器切换培训、紧急驱动培训（皮带、齿圈两种方式）、紧急救援培训、连接段道岔操作培训以及分段运行和联动运行的切换培训。在缺乏外方资料支撑情况下，探索出最快恢复A1、A2连接运行的操作流程总结，并制成应急处置卡，分享给其他索道保障团队。冬奥会期间，坚持每小时巡检1次，问题处置不过夜。冬奥会和冬残奥会转换期间，其他索道停运检修，但泰山索道负责保障的4条索道必须持续运行、无法停车检修，泰山索道团队创新探索出"不停车检修"工作方案，在保证索道正常运行情况下、高质量完成各项检修任务。

从2022年元旦开始至3月14日，历时2个多月、闭环管理状态下的北京冬奥会、冬残奥会正式比赛期间的索道保障任务，随着"大雪花"造型的北京冬残奥会主火炬缓缓熄灭，画上了圆满的句号。

泰山索道人以精湛的技术、过硬的作风、文明的服务，实现了设备"零故障"、运行"零意外停车"、服务"零投诉"，赢得各方面高度评价，向世界展示了中国索道的形象和泰山索道的智慧。尽管只是数万幕后英雄中普通的一员，但他们以神圣的责任感和使命感，忠于职守、履职尽责，为国之大事、全球盛事殚精竭虑、保驾护航，为泰山索道，也为自己的人生，书写了浓墨重彩的篇章。

附录1

泰山索道大事记

1978年

5月　外交部、国家旅游总局有关领导陪同外宾登泰山时提出修建索道。

6月2日　泰安地区革命委员会向山东省革命委员会提报《关于架设泰山索道的请示报告》。

7月　山东省计委、外办向北京有色冶金设计总院下达《委托设计任务书》。

11月　国家建委、国家旅游总局邀请25位专家、学者和有关人员，在泰安召开"会商会议"，原则同意在泰山建设索道。

1979年

8月2日　泰安地区行署计委、建委向山东省计委、建委提报《关于请求迅速审批泰安客运索道初步设计的报告》。

1980年

3月8日　山东省人民政府批准索道初步设计。

同日　山东省人民政府致函国家旅游总局，报告"同意北京有色冶金设计总院对泰山索道的走向和起、终点的选择"等事项。

28日　国家旅游总局、外贸部机械进出口公司与日本日棉实业株式会社签订设备引进合同，设备价格64万美元（后调整至70.5万美元）。

8月8～12日　国家建委、中国建筑学会、山东省人民政府以谷牧副总理的名义，邀请12位全国建筑和园林方面的专家、教授，对索道建设方案进一步进行论证，"同意选用中天门西侧凤凰岭（实为黄岘岭）到月观峰西侧的线路"。

15日　山东省政府向谷牧副总理并国家建委提报《关于泰山索道问题的报告》。

9月1日　根据谷牧副总理的批示，国家基本建设委员会下达《关于泰山索道问题的报告的批复》。

本年　泰安地区行政公署外事办公室批准成立索道科。

1981年

3月14日　泰安地区行政公署外事办公室批准成立索道筹建办公室。

7月1日　泰山（中天门）索道工程破土动工。

1983年

5月　泰安地区行政公署批准成立泰山索道公司。

6月　张寿恒任泰山索道公司党支部书记、经理。

8月5日　泰山中天门索道建成通车。中共中央政治局委员王震，中共中央书记处书记、国务委员谷牧及国家旅游总局局长韩克华，中共山东省委书记苏毅然、山东省省长梁步庭等领导人，日本国日中经济协会常任顾问冈琦嘉平太及日中经济协会访华团共250人出席通车仪式，王震为通车剪彩。

6日　接待联合国教科文组织总干事阿马杜赫塔尔·姆博。

20日　接待中共中央书记处书记、国务院原副总理余秋里。

11月28日　接待国务院副总理姚依林。

本月　泰山（中天门）索道通过山东省旅游局、山东省城乡建设委员会验收。

1984年

5月　郝兆臣任泰山索道公司经理。

6月11日　接待中共中央政治局委员、全国政协主席邓颖超。

1985年

3月1日 接待中共中央政治局委员、全国人大常委会委员长彭真。

9月15日 接待新加坡共和国总理李光耀、副总理王鼎昌。

10月21日 接待中共中央政治局委员、国务委员方毅。

27日 接待全国政协副主席吕正操。

11月4～6日 泰山（中天门）索道通过国家验收委员会验收。

1986年

1月1日 泰山（中天门）索道正式投入运营。

5月8日 接待全国人大常委会副委员长廖汉生。

22日 接待全国人大常委会副委员长赛福鼎。

6月8日 接待前西德总理施密特。

1987年

3月4日 接待美国国务卿舒尔茨。

4月25日 接待朝鲜驻华大使玄峻极。

5月4日 接待泰国甘拉亚尼公主。

17日 接待国务院副总理田纪云。

8月17日 接待国务委员姬鹏飞。

22日 接待国务院原副总理陈锡联。

1988年

4月7日 接待中顾委常委胡乔木。

5月12日 接待爱尔兰总统希勒里。

6月24日 接待全国政协副主席、著名科学家钱伟长。

7月23日   接待中共中央政治局委员、上海市委书记兼市长江泽民。

9月12日   接待中共中央政治局委员胡耀邦。

14日   接待原中国人民解放军总参谋长杨得志。

10月29日   接待国务院副总理吴学谦。

本月   经泰安市人民政府批准，泰山索道公司为副县级事业单位，实行企业化管理。

1989年

1月10～16日   在泰山大酒店召开全国大型索道研讨会（简称"三山索道年会"），黄山索道、峨眉山索道参加。

4月3日   接待中顾委常委黄华。

5月27日   接待民主柬埔寨主席诺罗敦·西哈努克亲王。

6月   时贞文任泰山索道公司经理。

1990年

2月28日   接待中共中央政治局常委、中央书记处书记李瑞环。

7月12日   接待加拿大前总理皮埃尔·特鲁多。

8月8日   接待国务委员、财政部部长王丙乾。

9月27日   接待全国人大常委会副委员长彭冲。

10月15日   接待国务委员、中国人民银行行长李贵鲜。

1991年

4月5日   接待全国人大常委会原委员长彭真。

8日   接待英国外交大臣道格拉斯·赫德。

本月   泰安市泰山索道站成立。

6月2日   接待巴布亚新几内亚总督塞雷·艾里。

10月8日   接待朝鲜劳动党中央书记、共和国主席金日成。

10月31日　接待国务院总理李鹏。

1992年

1月　被评为全国旅游行业先进集体。

2月11日　泰安市政府1992年第三次常务会议研究决定建设泰山后石坞和桃花源索道。

5月28日　接待朝鲜最高人民会议议长杨亨燮。

同日　泰山后石坞、桃花源索道建设工程奠基。

9月12日　接待中央军委副主席刘华清。

10月4日　接待奥地利前总统基希·施莱格。

11月25日　接待泰国甘拉亚妮·瓦塔娜公主。

本月　泰安外事办公室与旅游局分设，泰安市泰山索道站隶属泰安市旅游局。

1993年

3月6日　被列为泰安市股份制试点企业。

9日　被国家旅游局评为"全国旅游行业先进集体"。

4月22日　接待新加坡共和国总理吴作栋。

7月2日　接待中共中央政治局原常委宋平。

8月28日　泰山后石坞索道建成通车。

11月8日　泰山桃花源索道建成通车。

1994年

1月　泰安市泰山索道总公司成立。

5月19日　接待国家副主席荣毅仁。

6月25日　接待中共中央书记处书记丁关根。

10月3日　接待原国家主席杨尚昆。

7日　接待新加坡共和国资政李光耀。

15日　召开第一届股东大会，选举产生第一届董事会、监事会，聘任总经理、董事会秘书，组建经理层。

本月　经山东省体改委同意，泰安市泰山索道总公司经定向募集及改制，成立山东泰山旅游索道股份有限公司，李爱国任党总支书记、总经理，张寿恒不再担任中共泰山索道总公司总支部委员会书记职务，时贞文不再担任泰山索道总公司总经理职务。

1995年

9月11日　接待全国人大常委会委员长乔石。

10月29日　经国家旅游局批准，公司为国家旅游局挂靠企业（国家旅游局旅人劳发〔1999〕58号）。

1996年

5月21日　接待最高人民检察院检察长张思卿。

7月6日　接待国务委员兼国家体改委主任李铁映。

9月23日　公司股票在上海证券交易所挂牌上市交易，股票代码为600756，股票简称"泰山旅游"。

10月15日　接待新加坡共和国副总理李显龙。

17日　接待韩国新政治国民议会总裁、亚太和平财团理事长金大中。

本年　中天门索道运营科乙班被山东省旅游局、共青团山东省委授予"山东省旅游行业青年文明号"。

1997年

5月2日　日运营收入首次突破100万元大关。

8月30日　中天门索道获泰安市"8·13"见义勇为英雄群体称号（1997年8月13日，济宁游客小寒松在泰山游玩时不慎摔伤，生命垂危，中天门索道等开展救援接力，小寒松最终获救，大众日报刊发长篇新闻，并评选出见义勇为英雄群体）。

12月2日　泰安市泰山旅游集团成立，为泰安市政府授权经营国有资产的四大企业集团之一。泰山旅游集团以山东泰山旅游索道股份有限公司为核心企业，包括泰山宾馆、泰山中国国际旅行社、泰安市神憩宾馆、泰安市旅游汽车公司、泰安市客运车队、泰安市泰山女儿商贸有限公司等六家成员企业。

12月28日　"架空索道非线性自适应动态补偿系统"通过山东省科委组织的成果鉴定。

本年　被评为"泰安市文明单位"。

1998年

1月9日　李爱国任泰安市泰山旅游集团有限公司董事长。

2月23日　王宗月任中共泰安市泰山旅游集团有限公司委员会书记。

3月27日　接待几内亚共和国外交部部长拉明·卡马拉。

4月22日　被山东省旅游局评为"山东省旅游行业精神文明先进集体"。

28日　成立版纳野象谷分公司。

5月8日　云南西双版纳野象谷索道建成通车。

6月11日　被评为泰安市精神文明建设示范点。

8月4日　内设机构调整，撤销后勤管理部、生产技术部，成立工程技术部、安全生产委员会办公室，保卫部合并至办公室。

9月10日　接待日本驻华大使谷野作太郎。

22日　接待新加坡驻华大使陈燮荣。

29日　山东邹城峄山索道建成通车。

30日　接待国务院原副总理谷牧。

10月2日　接待中央政治局委员、中科院院长李铁映。

24日　接待团中央书记迢音朝鲁。

1999年

5月1日　接待日本众议院议员保风兴治。

本年　被山东省旅游局评为"全省旅游行业先进集体"。

本年　被国家人事部、国家旅游局授予"全国旅游系统先进集体"荣誉称号。

2000年

1月21日　泰安市政府停止国有资产授权经营，公司国有资产由泰安市国有资产经营有限公司管理。

3月11日　接待泰国公主诗琳通。

28日　成立嵩山少林索道分公司。

4月8日　接待欧盟十四国驻华使节。

5月12日～9月30日　中天门索道由双牵引三线往复式客运索道改造为单线循环自动脱挂吊厢式客运索道。

7月23日　接待国家教育部部长陈至立。

10月31日　与山东浪潮集团资产重组（主要方式是泰安市政府向山东浪潮集团所属浪潮齐鲁软件产业股份有限公司转让其持有的"泰山旅游"国有股股权；泰安市政府向"泰山旅游"购买泰山三条索道国有资产）。

2001年

1月31日　公司与山东浪潮集团资产置换正式移交日（基准日）。

4月14日　接待驻港领事访问团。

5月26日　接待韩国新千年民主党访问团。

27日　泰安市泰山旅游索道有限责任公司成立（从上市公司山东泰山旅游索道股份有限公司中退出的泰山三条索道资产与泰山旅游集团其他企业组建而成），李爱国任董事长。

6月9日　接待全国人大常委会副委员长曹志。

18日　内设机构调整，增设保卫部。

8月21日　索道自动售检票系统正式投入使用。

27日　内设机构调整，增设企业发展部、企业管理部、物业管理部、审计部，证券部更名为资本运营部。

9月7日　接待全国人大常委会副委员长、全国妇联主席彭珮云。

20日　接待全国人大常委会副委员长何鲁丽。

11月18日　接待尼日利亚驻华大使。

31日　内设机构调整，撤销索道宾馆，改设生活服务科，隶属办公室管理。

2002 年

2月17日　接待全国人大常委会副委员长姜春云。

28日　接待尼日利亚人民民主党全国书记文森特·奥布拉福。

6月11日　接待全国政协副主席任建新。

7月　被省精神文明建设委员会评为"创建文明行业示范点"。

11月20日　接待乌克兰总统库奇马。

本年　中天门索道运营科乙班被国家旅游局、共青团中央评为"全国青年文明号"。

2003 年

1月9日　响应市政府号召，捐款137400元救助灾区群众。

2月1日　接待黑龙江省省长宋法棠。

3月1日　由山东大学人力资源研究所完成的绩效考核方案正式实施。

4月22日　召集中国索道协会筹委会分组会议。

6月21日　接待全国政协主席贾庆林。

25日　成立泰山茶苑分公司。

7月5日　接待全国政协常委卢荣景。

13日　接待全国人大常委会委员、原空军司令于振武上将。

19日 接待香港李家杰先生率领的经济代表团。

8月3日 接待越南国会副主席张光得。

9月14日 接待全国政协副主席、全国工商联主席黄孟复。

本月 当选为中国索道协会副理事长单位。

11月21日 泰安市泰山索道运营中心成立（根据中共泰安市委办公室《市委办公室 市政府办公室关于调整泰山索道管理体制的通知》，将泰山索道公司从泰山旅游集团公司中剥离出来，成立泰安市泰山索道运营中心，为市政府直属正县级事业单位，实行企业化管理）。

2004 年

1月4日 中共泰安市泰山索道运营中心委员会成立，李爱国任党委书记。

2月5日 李爱国任泰安市泰山索道运营中心主任。

2月16日 接待韩国仁川市长安相洙。

9日 经泰安市编办批准，内部设置办公室、财务处、组织人事处、技术处、运营管理处、安全监察处、后勤管理处等7个职能处室；以及中天门索道管理站、桃花源索道管理站、后石坞索道管理站、汽车队等4个分支机构。

5月2日 接待中共中央政治局常委李长春。

23日 接待葡中世代友好联合会理事会主席贡萨维斯将军。

7月12日 接待越南最高人民检察院院长何孟智。

23日 接待全国人大常委会副委员长、中科院院长路甬祥。

10月9日 接待国务院副总理吴仪。

14日 接待全国政协原副主席叶选平。

12月30日 泰安市委将泰山索道运营中心调整为由泰山景区党工委、管委会代管，机构规格、人员编制、经费管理和运营机制不变。

2005 年

4月5日 接待全国人大常委会副委员长李铁映。

30日 接待联合国前副秘书长冀朝铸。

7月7日　接待赞比亚国民议会议长姆瓦纳姆万布瓦。

8月28日　接待中央政治局原常委、国务院原副总理李岚清。

10月3日　接待全国人大常委会副委员长、全国妇联主席顾秀莲。

同日　接待全国政协副主席周铁农。

2006年

4月7日　接待全国妇联副主席、书记处书记莫文秀。

12日　接待中央警卫局局长由喜贵。

5月1日　接待原中共中央总书记、国家主席、中央军委主席江泽民。

19日　接待全国政协副主席、原香港特别行政区行政长官董建华。

29日　接待全国政协原副主席王文元。

6月6日　接待全国政协原副主席杨汝岱。

7月13日　接待委内瑞拉全国代表大会主席尼古拉斯·马杜罗。

8月11日　接待全国政协教科文卫体委员会副主任袁伟民。

12月6日　王晓晴任泰安市泰山索道运营中心党委书记。

2007年

4月23日　接待韩国京畿道知事金文洙。

26日　接待中央纪委原书记尉健行。

6月23日　接待泰国三军总司令本桑将军。

12月30日　接待外交部党组书记、副部长王毅。

2008年

5月12日　接待最高人民法院原院长肖扬。

13日　召开特别会议，传达市委、市政府关于"四川汶川5·12特大地震有关情况和全市支援四川抗震救灾工作措施的通报"，部署支援四川地震灾区的救助措施。

19日　14时28分，全体职工为四川汶川大地震遇难者默哀3分钟，沉痛哀悼遇难同胞。

7月20日　接待韩国首尔特别市市长吴世勋。

22日　北京2008年奥运圣火经中天门索道到达泰山南天门。

25日　接待全国政协副主席王志珍。

8月5日　接待联合国教科文组织总干事松浦晃一郎。

27日　接待诺贝尔物理学奖获得者、美国麻省理工学院丁肇中教授。

9月24日　接待越共中央前总书记黎可漂。

10月9日　接待中央军委原副主席、国务委员兼国防部长迟浩田。

11月8～9日　承办中国索道协会第一届理事会第七次会议暨"治理隐患保安全、自主创新促发展"论坛，举行泰安公安消防六中队与泰山索道的联合应急救援演练。

2009年

3月18日　接待朝鲜总理金英日。

31日　接待国务委员、国防部长梁光烈。

7月14日　接待全国人大常委会副委员长严隽琪。

8月1日　接待第十一届全运会火种采集人员。

4日　接待全国政协副主席李兆焯。

27日　接待全国政协委员、香港立法会议员霍震霆。

9月6日　接待博鳌亚洲论坛秘书长龙永图。

8日　接待邵逸夫先生。

10月16日　接待外交部副部长何亚非。

2010年

1月30日　接待韩国驻华大使柳佑益。

3月11日　接待韩国国防大学校总长朴昌明。

4月28日　接待中央军委原副主席、国务委员兼国防部长曹刚川。

5月5日　接待中国国民党荣誉主席连战。

6月16日　接待全国人大常委会副委员长桑国卫。

7月3日　接待欧洲外交官访问团。

16日　接待全国政协副主席何鲁丽。

8月29日　接待日本前参议院议长江田五月。

9月18日　接待全国人大常委会副委员长华建敏。

20日　接待汤加公主皮洛莱乌·图伊塔。

10月10日　接待全国政协副主席何厚铧。

11月7日　接待全国政协副主席厉无畏。

2011年

4月9日　接待欧洲驻华大使代表团。

5月7日　接待拉美和加勒比海驻华使节代表团。

11日　接待中国国民党荣誉主席吴伯雄。

6月15日　接待新加坡企业代表团。

19日　接待朝鲜农业代表团。

8月31日　接待朝鲜驻华大使池在龙。

9月12日　接待全国人大常委会副委员长许嘉璐。

11月3日　泰安市政府任命翟松杰为泰山索道运营中心主任、葛遵瑞为泰山索道运营中心副主任（列副主任第一位）；免去李爱国泰山索道运营中心主任职务。

同日　中共泰安市委决定，葛遵瑞同志任泰山索道运营中心党委副书记；李爱国同志不再担任泰山索道运营中心党委副书记职务。

2012年

3月1日　内部刊物《求索》出刊。

同日　在山东卫视天气预报栏目播出"泰山索道，平安相伴"的形象宣传广告。

25日　实施旅游满意度提升工程。

本月　建成运行中心网站（网址：www.tsropeway.com）。

4月9日　召开"富民强市作表率活动"动员大会，活动持续三个月。

同日　实行机关员工周六、周日下基层制度。

16日　实行工作日志制度。

28日　桃花源索道旅游团队优惠由20免1调整为10免1。

5月2日　新增网络信息管理处和稽查处两个内部机构。

5日　接待全国人大常委会副委员长周铁农。

16～25日　中心副主任陈旭等同志赴台湾参访交流，重点考察了台北猫空索道和南投日月潭索道。

21日　桃花源索道支架整体更换工程开始基础施工阶段。

6月4日　接待全国人大常委会委员、财经委副主任委员，原海关总署署长牟新生。

11～22日　中心党委副书记、副主任葛遵瑞等赴奥地利考察设备。

7月2日　桃花源索道支架改造工程基础施工结束。

8日　接待日本前首相鸠山由纪夫。

8月1日　试行《泰山索道设备检查维护质量安全监督细则》《泰山索道设备检查维护工作责任制》。

本月　开始"履职尽责求突破　科学发展上台阶"学习教育活动，为期两个月。

本月　被中国索道协会评为全国客运索道企业文化先进单位。

9月3日　正式实施督查通报问责制度。

4日　接待台湾中华文化总会会长刘兆玄。

10日　中心5139629号注册商标图形被山东省工商局认定为山东省著名商标。

10月2日　国家旅游局副局长、全国假日办执行主任祝善忠检查泰山索道假日工作情况。

3日　国家质检总局特设局副局长刘朝申、中国索道协会副理事长甄正义等检查泰山索道假日安全生产工作。

8日　桃花源索道支架更换工程开始二期施工。

同日 中心副主任陈旭等同志应邀参加第十三届西南（成都）索道年会。

本月 被评为山东省第九届消费者满意单位。

11月9日 中心主任翟松杰等赴湖北十堰参加中国索道协会二届四次理事会暨论坛。

15日 中天门索道站检票岗工作人员李胜利被授予"好客泰山人 满意在泰安——十大服务明星"荣誉称号。

20日 山东卫视《调查》栏目播出中天门索道站机电科科长艾宪忠先进事迹。

21日 泰山索道票价调整得到山东省物价局批复，泰山中天门、桃花源索道票价调整为单程每人次100元。后石坞索道票价仍按单程每人次20元执行。

2013年

1月5日 在泰安电视台举办"泰山索道服务礼仪风采展示大赛"。

13日 接待日本自民党总务会代理会长小坂宪次。

25日 与泰安市武警支队在泰安电视台举办春节联欢晚会。

27日 桃花源索道支架更换工程竣工，恢复对外运营。

本月 三条索道顺利通过国家索检中心的换证检验。

2月1日 中天门、桃花源索道执行新票价（单程每人次100元）。

3月7日 启动服务标准化建设工作。后中国索道协会在国内索道行业开展客运索道企业安全生产标准化评定工作，泰安市启动创建国家级旅游综合服务示范市工作、并将中心列为试点单位，中心将标准化建设扩展至安全生产和运营服务两个方面。

29日 中央电视台新闻频道在中天门索道站就"五一"节日工作现场采访中心副主任陈旭，并在当日"直通景区"节目中播出。

30日 中央电视台新闻频道播出中天门索道站机电科科长艾宪忠在11号支架检修维护、保证索道运行安全的工作情况。

5月20日 调整旅游团队优惠政策，中天门索道取消20免1，桃花源索道继续实行10免1。

2014年

3月25日　召开"党的群众路线教育实践活动"动员大会。

同日　国务院安委会第八督查组莅临督导安全生产工作。

4月　中天门索道上站游客长廊建成。

17日　青岛世园索道运营管理（托管）工作正式启动。

5月19日　中天门索道换绳工作开始，6月15日顺利完成。

11月17日　中共泰安市委决定，翟松杰同志任泰山索道运营中心党委书记。

12月13日　山东航空公司精品航空示范乘务组"韩晶示范组"乘务长韩晶为中心员工进行礼仪培训。

本年　实行满厢定员和弹性运营新举措。

2015年

6月5日　"泰山索道"图形商标被国家工商总局商标局认定为"驰名商标"。8月，收到中国索道协会贺信。

9月4日　接待联合国秘书长潘基文。

11月14～15日　参加中国索道协会三届二次理事会暨论坛会议。

12月2～4日　参加第十五届华东索道安全论坛。

本年　被评为山东省文明单位，并持续保持。

2016年

5月　开展"两学一做"主题教育活动。

6月12～26日　山东天蒙山索道员工在中天门索道站接受培训。

10月　中心职工刘勇获评"山东好人"。

11月21～27日　中天门索道停运检修施工。更换调试迂回轮、驱动轮轴承更换，及新减速机、备用主电机等。

11月14～16日　中国索道协会三届三次理事会于北京召开，党委副书记葛遵瑞参加。

11月23～25日　第十五届西部索道年会在陕西华山召开，党委副书记李西军参加。

2017年

6月19日　桃花源索道维修改造工程一期施工开始，8月23日结束。

7月25日　中天门、后石坞索道顺利通过安全生产标准化和安全服务质量复评。

10月　微信购票系统上线运行。

10月16日　桃花源索道维修改造工程冬季施工开始，至12月30日结束。

11月8～9日　承办中国索道协会全体会员大会。

2018年

4月8日　桃花源索道维修改造二期工程启动，26日暂停施工。5月2日恢复施工，9月15日竣工。

17日　召开"党的建设规范化创建活动"动员大会。

7月　被评为"2018年央视春晚泰安分会场工作先进单位"。

8月10日　中天门索道管理站被评为泰安市"安如泰山科学预防示范单位"。

9月　启动双重预防体系建设。

本月　桃花源索道成立安检科。

10月29日　召开"埋头苦干、争创一流，勇做新时代泰山'挑山工'"主题实践活动动员大会。

11月26～29日　党委副书记、副主任葛遵瑞带队参加中国索道协会三届五次理事会暨论坛，泰山索道3篇论文获得优秀论文奖并作专题发言。

2019年

2月26日　中共泰安市委决定，翟松杰同志任泰安市泰山索道运营中心党委副书记，不再担任泰山索道运营中心党委书记职务；贾代常同志任泰安市泰山索道运营中心党委书记。

3月 成立"六大提升"工作领导小组（党的建设提升、技术安全管理提升、运营服务管理提升、全员素质能力提升、环境及硬件设施提升、企业文化建设提升）。

3月5日 赴山航集团山东太古飞机工程有限公司开展寻标对标。

4月2日 邀请山东航空公司客舱服务部济南大队鲁雁乘务组指导礼仪培训。

6月3～28日 中天门索道设备检修，主要进行了驱动轮弹性链条联轴器改造、驱动轮架锚固杆振动处理、11#支架C柱更换及全部六个轮组拆件等项目。

7月1日 选派訾燕妮到泰安高新区管委会社会事业局挂职一年。

6日 桃花源索道改造提升项目受到参加2019年上半年全市重点建设项目观摩评议各级领导高度评价。

20日 选派乔伟田、李灿宇中心参加"万名干部下基层"活动，为期两年。

8月5日 举办"泰山索道安全运行36周年暨弘扬新时代泰山'挑山工'精神"座谈会。

9月12日 召开"不忘初心、牢记使命"主题教育动员大会。

16～20日 桃花源索道运载索二次编绳。

11月9日 国家标准委专家组对"国家级索道运营服务标准化试点"评审验收。

14日、15日 山东省市场监督管理局在泰安召开全省客运索道安全双重预防体系建设现场观摩会，推广泰山安全双重预防体系建设先进经验。

12月31日 中共泰安市委决定，葛遵瑞同志任泰安市泰山索道运营中心主任，翟松杰同志不再担任泰安市泰山索道运营中心主任职务。

本年 被泰安市委市直机关工委表彰为"机关党建工作示范单位"。

2020年

1月25日～3月20日 因新冠肺炎疫情，泰山景区暂停开放，3条索道暂停运营。

3月6日 徐娜获得"全国消防救援队伍优秀女家属"荣誉称号。

20日 在职161名党员和40名退休党员为抗击新冠肺炎疫情捐款20150元。4月再次捐款17万余元。

4月 作出"管理 能力 效益"三大提升工作部署。

5月 被市直机关工委表彰为"机关党建工作示范单位"。

6月 经泰安市委机构编制委员会批准,增设宣传处。

8月 国家标准化管理委员会确定泰山索道承担的国家级服务业标准化试点项目验收评估合格。

8月25日 中天门索道管理站、桃花源索道管理站通过中国索道协会组织的安全生产标准化复审。

9月 与泰安特检院合作,成功举办《特种设备作业人员考核规则》(TSG Z6001—2019)实施后泰安市首期客运索道作业人员资格考试。

10月12日 选派蔡云波参加"加强农村基层党组织建设"肥城工作队,赴肥城百尺村工作,为期2年。

11月12日 中国索道协会在泰安召开全国客运索道安全双重预防体系建设泰山经验推介会。

11月27日 党委副书记、主任葛遵瑞率队赴云南昆明参加中国索道协会第四届会员暨索道论坛会议。

12月2~4日 三条索道通过国家索检中心组织的年检。

12月14日~次年3月16日 派出6名技术骨干参加2022年北京冬奥会高山滑雪索道设备调试验收及"相约北京"第一次测试赛期间的索道技术保障。

12月28日 被泰安市委、市政府授予"创建全国文明城市先进单位"荣誉称号,李峰、刘辉荣记嘉奖。

本年 被泰安市委市直机关工委表彰为"机关党建工作示范单位"。

2021年

1月5日 被泰安市委、市政府授予"抗击新冠肺炎疫情先进集体"荣誉称号。

本月 被评为"山东标准化协会2020年度优秀会员单位"。

2月2日 官方抖音号、微信视频号正式上线运行。

3月26日　由省政府安委会主办，省应急管理厅、省卫生健康委、省文化和旅游厅、省市场监管局、省消防总队、泰安市人民政府承办的"应急救援综合实战演练"在桃花源索道成功举行，这是泰安市首次组织的特种设备应急救援演练。

3月31日　党委副书记、主任葛遵瑞赴北京参加中国索道协会理事长会议。

4月　被明确为市政府直属公益二类事业单位，党委改设党组，有关干部市管职务相应易名，内设机构名称由"处"调整为"部"、职责职能不变，机构规格、管理体制等保持不变。

5月　中天门索道管理站运营科乙班荣获泰安青年学做新时代泰山"挑山工"先进集体。

6月28日　泰安市召开"两优一先"表彰暨新时代泰山"挑山工"表扬大会，江波被表彰为泰安市优秀共产党员。

7月　承办2021年泰安市首次客运索道作业人员资格考试实际操作技能考试。

8月　选派7人参加北京2022年冬奥会索道技术保障。

9月2日　后石坞索道更换钢丝绳。全长1170米的新钢丝绳由520名挑山工历时7个小时安全抵达后石坞索道，9月26日完成更换。

20日　线上售票系统正式上线运行。

本月　成立客服中心。

10月2日　国家市场监管总局特种设备局开展客运索道安全督导调研。

28日　派出泰山索道运营中心服务保障北京2020冬奥会团队12人，参加2022年北京冬奥会索道技术保障。

12月28～30日　中国索道协会四届一次理事会暨索道技术论坛在江西省萍乡市隆重召开，党组副书记、主任葛遵瑞一行10人参加会议。

12月13日　泰山索道编制的《客运索道安全评估指南》（DB37/T 4450—2021）和《特种设备突发事件应急处置技术指南　第1部分：客运索道》（DB37/T 4451.1—2021）两项标准，由山东省市场监督管理局发布实施。

本年　被泰安市委市直机关工委表彰为"机关党建工作示范单位"。

2022年

2月25～27日　副主任王军带队赴天柱山大龙窝索道参加第十八届华东索道年会。

本月　成功研发国内首条拖挂式全功能模拟教学索道，引起广泛关注。

3月20日～4月11日　因新冠肺炎疫情，泰山景区暂停开放，3条索道暂停对外运营。

本月　刘勇被评为泰安市第七届道德模范。

4月19日　对北京2022年冬奥会泰山索道保障团队进行表彰，授予李鑫尧"北京2022年冬奥会索道保障标兵"荣誉称号。

6月10日　与山东科技大学合作共建"索道技术研究所"签约。

20日　与山东科技大学等多方合作共建"交通运输及索道装备产业技术研究院"签约。

7月26日　党组副书记、主任葛遵瑞参加2022年中国索道协会副理事长会议（桂林）。

本月　徐娜家庭荣获"2022年山东省最美家庭"荣誉称号。

11月25日　中共泰安市委决定，葛遵瑞同志任泰安市泰山索道运营中心党组书记，姜林同志任泰安市泰山索道运营中心党组副书记。

泰安市人民政府决定，姜林为泰安市泰山索道运营中心主任，免去葛遵瑞的泰安市泰山索道运营中心主任职务。

附录2

泰山索道荣誉榜

1983年　山东省爱国卫生先进单位（山东省爱国卫生运动委员会）

1988年　全国旅游服务先进单位（国家旅游局）

1989年　市级文明单位（中共泰安市委泰安市人民政府）

1992年　全国旅游行业先进集体（国家旅游局　中国财贸公会全国委员会）

1993年　省旅游行业先进集体（山东省旅游局　山东省财贸工会）

1997年　山东省青年文明号（山东省旅游局　共青团山东省委）

1998年　全省旅游行业精神文明建设先进集体（山东省旅游局）

1999年　全国旅游系统先进集体（人事部　国家旅游局）

1999年　全省旅游系统先进单位（山东省旅游局　山东省人事厅）

2000年　山东富民兴鲁劳动先进班组（山东省总工会）

2000年　山东省五四红旗团委创建单位（共青团山东省委）

2001年　青年文明号标兵单位、青年文明号信用建设示范单位（山东省创建青年文明号活动组织委员会）

2002年　山东省职工体育工作先进单位（山东省总工会山东省体育局　山东省经济贸易委员会）

2002年　全国青年文明号（国家旅游局　共青团中央）

2005年　全国"十佳"客运索道（中国索道协会）

2006年　山东省服务名牌（山东省名牌战略推进委员会山东省质量技术监督局　山东省质量评价协会）

2012年　全国客运索道企业文化先进单位（中国索道协会）

2012年　山东消费者满意单位（山东省第九届消费者满意单位创建活动组委会）

2013年　安全生产标准化一级企业（中国索道协会颁发国家安全生产监督管理总局监制）

2015年　安全生产基层基础工作先进企业（山东省人民政府安全生产委员会）

2015年　中国驰名商标（国家工商行政管理总局）

2015年至今　省级文明单位（山东省精神文明建设委员会）

2019年　国家级服务业标准化试点（国家标准化管理委员会）

2020年　机关党建工作示范单位（泰安市委市直机关工委）

2020年　创建全国文明城市先进单位（中共泰安市委　泰安市人民政府）

2021年　抗击新冠肺炎疫情先进集体（中共泰安市委　泰安市人民政府）

2021年　泰安青年学做新时代泰山"挑山工"先进集体（中共泰安市委组织部　共青团泰安市委　泰安市青年联合会）

2021年　全省质量改进优秀成果（山东省质量评价协会）　全省企业品牌创新成果（山东省质量评价协会）

2022年　北京2022年冬奥会、冬残奥会运维保障索道安全卫士（中国索道协会　多贝玛亚运送系统有限公司）

后　记

　　泰山，是包罗万象的鸿篇巨制，是大自然和先贤前人留下的巨大宝藏。在全面建设社会主义现代化国家新征程上，泰山这座中华民族的圣山、神山、生命之山，对增进文化自信、凝聚民族伟力，必将发挥更加重要而独特的作用。

　　泰山索道因泰山而兴、顺时代而生。

　　从1978年因解决登山交通问题、提高国家形象而提出修建动议，到各方专家对路线、站址历时一年的科学论证、精挑细选，再到动用地方和军队劳动力50余万个，人挑肩抬运输各种材料、工具、机具等2万余吨、索道机械设备150余吨，克服重重困难，历经两年多的艰苦奋战，泰山索道这条承载着改革开放、国富民强希望的"天路"，终于在王震、谷牧两位党和国家领导人的见证下，于1983年8月5日建成通车，开启了泰山保护与发展的新纪元，充分彰显了中华儿女的团结拼搏智慧和集中力量办大事的社会主义制度优越性。

　　40年来，泰山索道始终秉持安全发展、绿色发展理念，积极拥抱泰山，主动融入泰山，在泰山的保护和发展中发挥着不可替代的作用，成为泰山不可或缺的重要组成部分；40年来，泰山索道始终秉持"平安相伴，快乐共享"核心价值理念，勇于改革、锐意进取，勤奋务实、开拓创新，不负泰山盛名、不辱引领使命，创造了我国客运索道管理的"泰山模式"和发展的"泰山经验"。

　　在泰山索道安全运营40周年之际，回眸历史，总结经验，继往开来，编纂《泰山索道志》，恰逢其时。更难得的是忝列《中华泰山文库》书系，这是泰山对泰山索道的厚爱，这是泰山索道献给泰山的厚礼！

　　《泰山索道志》编纂过程中，广泛采取座谈访谈、查阅档案文件、征集实物资料和音频视频素材等多种方式，对泰山索道发展历程、重要事件、企业文化、对外交流、经验教训等内容进行充分挖掘整理，力求保持脉络清晰、记录客观，真实、准确、全面反映泰山索道及其背后恢宏的时代背景、历史价值和现实意义。

　　《泰山索道志》编纂出版得到众多人士大力支持。《中华泰山文库》主编刘慧，特约编审王玉林、张玉胜、赵鹏，从编纂提议到纲目设置，从初稿编审再到出版安排，全程给予关心指导。泰山索道退休老领导、老同志李爱国、王晓晴、公信峰、陈旭、翟庆源、王瑞国、杨永莲、徐兴明、宋弘琦等，泰山货运索道负责人姜波和原工程师张洪杰接受采访、提供素材。翟庆源收集提供了大量素材，并协助走访了参与泰山索道建设决策的部分泰安老领导。泰安市外事办公室秘书科原科长贾贞远老先生无私提供了22期泰山索道建设简报。山东大学2022级中国民间文学硕士研究生王仁之协助检索提供了大量史料。编纂过程中，部分内容参考了中国索道协会编写的《中国索道史》。在此对所有为泰山索道建设和发展作出贡献的人，为《泰山索道志》编纂提供帮助的人，表示衷心的感谢！

　　在全体编纂人员共同努力下，历时半年时间，《泰山索道志》编纂终见成果。当然，受编纂人员能力水平等多因素所限，《泰山索道志》定会存在不足之处，诚挚希望读者批评指正。

　　逝者如斯！四十年不过弹指挥间，企业青春永驻！

　　祈愿，人间正道，天路更宽畅。

编 者

2022年12月